中国不良资产管理行业系列教材

中国不良资产管理操作实务

李传全 刘庆富 余 晶 编著

复旦大学出版社

中国不良资产管理行业系列教材

·专家委员会·

主　　任　　张　军
副 主 任　　李心丹
委　　员　　陈诗一　胡金焱　梁　琪　吴卫星　方　颖
　　　　　　杨晓光　周亚虹　李仲飞　张顺明　范剑勇

·编撰委员会·

主　　任　　孙建华
副 主 任　　李伟达
执行编委　　李传全　刘庆富
委　　员　　陆秋君　钱　烈　余　晶　冯　毅

作者简介

李传全,复旦大学金融学博士。现任浙商资产副董事长、首席战略官、研究院院长,浙江国贸集团博士后工作站博士后导师,浙江工商大学金融学院(浙商资产管理学院)联合院长,广东财经大学客座教授。曾在多家金融类和实体企业中担任要职,在不良资产管理领域具有较为丰富的运营管理和理论研究经验,指导了我国地方AMC行业第一位博士后。在证券、信托及资产证券化等领域也有着深入的研究探索,是国内较早研究资产证券化的学者之一。

刘庆富,复旦大学经济学院教授、博士生导师。东南大学管理科学与工程博士、复旦大学金融学博士后、美国斯坦福大学访问学者,2017入选"上海市浦江人才"计划。现任复旦-斯坦福中国金融科技与安全研究院执行院长,复旦-中植大数据金融与投资研究院学术副院长和上海市金融大数据联合创新实验室副主任;兼任复旦大学大数据学院教授和北京雁栖湖应用数学研究院教授。主要研究兴趣为金融科技、大数据金融、绿色金融及不良资产处置。曾在 Journal of Econometrics、Journal of International Money and Finance 等国内外重要期刊发表论文100余篇,出版专著三部,主持国家自然科学基金委、科技部、教育部等课题20余项,研究成果多次获得会议最佳论文奖或一等奖,学术观点和访谈也被多家主流媒体刊登和(或)转载。

余 晶,复旦大学经济学博士(产业经济学专业),高级金融风险管理师,民革党员。现任浙商资产研究院董事、专家研究员、副院长。曾经在上海模具技术研究院、美建建筑系统有限公司、长江精工钢结构(集团)股份有限公司、上海绿筑住宅系统有限公司、上海金沣禾泰投资管理有限公司等单位工作并担任管理职务。熟悉信息产业、制造业、建筑业、不良资产等相关行业,重点关注产业发展分析、金融风险管理和不良资产研究等领域。

序　言

经济是肌体，金融是血脉，二者相互依赖，相辅相成，金融的活跃与稳定直接影响经济的状况。金融安全是国家安全的重要支柱，防范化解金融风险，尤其是系统性金融风险，是金融工作的根本性任务和永恒主题。经过不懈努力，我国已取得阶段性的金融风险防范成果，金融风险得以收敛。然而，面临需求收缩、供给冲击、预期转弱的三重压力，我国金融发展中的各类风险挑战仍不可忽视。因此，必须积极而审慎地防范处置各类金融风险，以确保金融体系的安全、高效和稳健运行。作为防范化解金融风险的重要力量，不良资产管理行业的关键作用日益显现。经过20多年的持续发展，我国不良资产管理行业已成为我国多层次金融体系的重要组成部分，充当着金融业的"稳定器"与"安全网"。

近年来，国内不良资产的规模和类型不断增加，推动不良资产管理行业进入快速发展期。正如过往中国的其他新兴金融业务，一旦市场认识到不良资产管理的潜力和吸引力，各类投资和服务机构便纷纷涌入该领域。回顾近几年不良资产市场的发展，促进行业制度完备、规范业务发展、理顺监管体系等成为行业面临的重要任务。而这些重要任务的圆满完成又有赖于行业的统一认知。因此，有必要对行业基础性理论和实务知识体系进行系统性构建，以消除认识误区，使方兴未艾的不良资产管理行业更加健康发展，能在防范化解金融风险、支持实体经济发展等方面发挥更大的作用。

目前，行业参与者及相关人士对不良资产管理系统性理论和实务知识的需求强烈。不良资产管理领域多有书籍出版，但大多聚焦于行业发展建议或某些专业实务问题的解决，尚缺乏集理论与实践于一体的全景式专业系列教材。一定意义上，本系列教材的出版，填补了这一领域的空白。不良资产管理行业是一项实践性、综合性、学科交叉性等特色突出的金融领域。向社会呈现一部系统性集成性的系列教材，既能满足广大读者的学习需要，也是对行业做的一次全面系统的理论演绎和实务梳理总结；无论对行业发展抑或对资产管理专业的学科建设都具有重大意义。

本系列教材的专业性体现在其知识结构、逻辑和整体性符合当前金融专业书籍的要求。所有知识点，如概念、理论、结论和解析，均遵循不良资产管理行业的普遍认知来进行阐述。理论与实务相结合，概念与案例相结合，以通俗易懂的方式，为读者呈现实务操作的方法和路径。

本系列教材由浙商资产和浙商资产研究院与复旦大学经济学院和复旦-斯坦福中国金融科技与安全研究院联合组织专业人员共同编著。浙商资产和浙商资产研究院的编著人员在不良资产管理行业深耕多年，深知行业发展脉络，具有丰富的实践经验；复旦大学经济学院和复旦-斯坦福中国金融科技与安全研究院的编著人员则拥有深厚的经济、金融等相关领域理论基础。理论的高度与实践的深度的有机结合使本系列教材对于不良资产管理领域的诸多问题有了清晰的答案，凸显了本系列教材的实战性和生命力，也体现出其出版的现实意义和理论价值。

现实世界中的不良资产情况复杂、价值各异，可以说不良资产管理既是科学,也是艺术。成功的不良资产管理在科学与艺术之间寻找价值平衡。在这个意义上,不良资产管理一线参与者的经验、体验,甚至教训,都构成不可或缺的生动教材。我相信,本系列教材的出版是对中国不良资产管理行业的发展的重要贡献。

复旦大学经济学院院长

2023年7月

总　序

通常意义上，1999年四大资产管理公司成立可以认为是中国不良资产管理行业的起始点。经过20多年的持续发展，不良资产管理行业从无到有，已经成为我国多层次金融体系中不可或缺的一部分，是逆周期调节的重要工具，也是金融业重要且必要的"稳定器"与"安全网"。纵观中国不良资产管理行业的历史，从最初接收四大国有商业银行和国家开发银行剥离的1.4万亿元政策性不良贷款开始，到商业化转型，再到完全市场化收购处置不良资产，无论是四大资产管理公司还是地方资产管理公司，都为促进实体经济增长和转型、守住不发生系统性风险底线、维护国家金融安全提供了重要保障，较好发挥了"防化金融风险、服务实体经济"的功能作用。

中国不良资产管理行业历经20多年发展，已逐渐形成自身特色。这种特色主要体现在体系化、市场化、全面性、多层次性和行业性。中国不良资产行业已形成一级市场到二级市场的市场体系，初步构建了制度体系和监管体系，形成与金融体系无缝衔接的子体系，行业的体系化体制安排基本形成。市场化主要表现在肇始于政策性安排的运行机制已经完成市场化的定价机制和运行机制转型。全面性主要表现为不良资产市场的区域与类型的全覆盖，即形成了从全国到区域，从金融不良到非金融不良，从银行端到政府端再到企业端的全面覆盖。多层次性在于已形成从维护市场有序性的许可制度到多样性社会力量的深度参与，形成了高效的传导机制和化解机制。

当然，从某种程度上讲，行业性是这些特色的集中体现。不同于其他地区和国家，中国不良资产管理已经初步完成了行业塑形，具有清晰的行业特征：数量足够多的市场参与主体，初步完备的制度框架，巨大的市场容量和较深的市场交易厚度。

从行业参与主体来看，目前有五大资产管理公司（2021年第五家全国性资产管理公司——银河资产开业，形成了全国性的五大资产管理公司）、59家持牌的地方资产管理公司、银行系的金融资产投资公司、大量非持牌民营公司以及外资机构的投资商，同时还有为资产管理公司提供相应服务的律师事务所、资产评估所等各类服务商，形成了较为稳定的市场生态圈和产业链。从行业制度看，业务运行的法律制度、监管制度、市场规则等基本成形。再看市场规模和交易厚度，目前银行业不良资产余额已经接近三万亿级规模，非银金融、非金等不良资产市场增长也非常之快，都在万亿级别，标的多样化特征显著，市场空间广阔。从运行机制看，市场化的定价机制、交易机制和处置机制，活跃且有厚度的市场交易，结合较大的市场容量，为市场的长期可持续发展提供了较好的保障。这些维度充分说明，中国不良资产管理具有常态化制度安排的行业特征，不再是危机时的权宜性的政策性安排；行业性是中国不良资产管理行业各项特色的集中体现，这种特色在一定程度上决定了其制度安排的高效性。

但是，中国不良资产管理行业在发展中也存在着一些问题。一是行业制度还不够完备，尤其是地方资产管理公司至今尚未形成比较统一明确的监管规则，各地方金融监管机构的监管规则差异性明显。二是业务规则的不统一。经常会遇到监管无明文规定某项业务能否实施的问题，存在监管滞后的情况。三是市场地位不平等。虽然地方资产管理公司的业务资质由原银保监会颁发，与五大资产管理公司做同样的业务，但是被视为地方性类金融机构，未获得金融机构资质许可。四是监管主体的不统一。目前我国对地方资产管理公司的机构监管的具体方式是中央负责业务资质，地方负责主体监管，而地方监管部门除了地方金融监管局，股东层面的管控主体又存在着国资委与财政的差别，多个监管主体之间存在不同的监管要求。五是司法的不统一。主要表现在同一法律要求对于不同的区域、不同类型的公司，在某些法律场景，对于金融资产管理公司和地方资产管理公司存在适法不统一的情况。

瑕不掩瑜，虽然中国不良资产行业发展中存在着一些问题，但其过去20多年在维护国家金融安全、服务实体经济方面所作出的贡献，充分说明了其常态化行业性安排具有独特的金融制度优势。我们所面临的任务是如何进一步完备这一制度安排，更好地发挥其金融功能定位。这就要求包括从业主体、政府监管部门、学界等在内的社会各界力量，加大研究力度，总结经验，统一认知，推进行业走向成熟。

应该说，过去20多年，行业研究对推动行业发展发挥了重要的作用。从四大资产管理公司设立到其商业化转型，再到地方资产管理公司的诞生和市场化机制的建立，都凝聚了商界、学界和政府部门大量的心血，结出了丰硕成果，为行业的发展实践作出了巨大贡献。当然，这期间由于中国经济金融改革发展的持续深化，不良资产管理行业也伴随着经济的腾飞而飞快成长，一定程度上，研究与行业高速发展的现实还存在差距。今天来看，制约行业发展的因素很大程度上来自各方对行业属性和如何发展的基本问题的认知不到位、不统一，而解决这种不到位和不统一的问题对研究提出了更高的要求。纵观行业领域的研究，理论方面多集中在早期四大资产管理公司的设立和转型以及市场化探索方面，实践方面则多集中在包括地方资产管理公司在内的公司运作和发展方面。行业走到今天，我们需要对相对初步成形的不良资产管理行业进行历时性和共时性的梳理总结，站在行业全局性视角进行基础研究，挖掘行业基本属性、功能和机制，为完善和优化行业的制度监管框架提供统一性认知。这两个方面的任务，是摆在学界、商界和监管部门面前的重要研究课题。

在研究的基础上编撰系列性教材是对行业进行历时性和共时性总结的最佳路径。目前，无论是可供从业人员系统学习的教材，抑或是不良资产管理学科专业本身都还是一片空白。一套完整的系列教材将全面总结行业历史和现状，不仅为行业从业者提供学习素材，同时也为包括监管部门在内的各界人士全面统一认识行业提供支持。系列教材横向和纵向的全面性将为深入研究行业的基本属性、功能和运行机制打下基础。

基于此，浙商资产和浙商资产研究院联合复旦大学经济学院和复旦-斯坦福中国金融科技与安全研究院组织强大的专家队伍，编著了这套"中国不良资产管理行业系列教材"。希望借此填补行业系列教材的空白，推进不良资产管理学科建设；同时通过从全局到局部，从理论到实务对行业进行全方位总结，为行业深层次问题的研究提供基础。

一直以来，浙商资产高度重视行业研究，成立之初就成立了浙商资产研究院，深耕行业发展的同时，为行业的发展持续贡献诸多成果，其研究成果也得到了国内外行业专家的广泛认同。2018年开始，浙商资产研究院联合复旦-斯坦福中国金融科技与安全研究院首度研发"复旦-浙商中国不良资产行业发展指数"，持续展示中国不良资产管理行业的发展趋势，填补了这一领域的研究空白。这一研究成果也被作为复旦大学智库建设的代表报送国务院办公厅，获得了浙江省国资委优秀研究课题二等奖，得到了行业各界的广泛好评。这次"中国不良资产管理行业系列教材"的隆重推出，又是复旦大学和浙商资产产教融合的一大典范，必将对资产管理行业的深度研究、对资产管理专业学科建设以及行业健康发展产生深远影响。

本系列教材由四本书组成，分别为《中国不良资产管理行业概论》《中国不良资产管理操作实务》《中国不良资产管理法律实务》《中国不良资产管理评估实务》。系列教材既对不良资产管理行业的历史、现状及未来展望做了全景式的历时性分析和共时性展示，又全面覆盖了不良资产管理实务操作所涉及的主要方面，力求横向到边、纵向到底。理论层面，以不良资产管理基本概念和科学分类为基本起点，沿着行业发展、实务操作、法律法规和价值评估四个维度循序展开；同时又以当前行业实务为基础，构建完整操作实务以及相应的法律和评估知识体系，充分展现了专业性、综合性的统一融合，可谓四位一体。

本系列教材以学历教育及实务培训为导向，主要面向学生及不良资产管理行业从业人员，目标在于让读者能够全面了解不良资产管理行业整体情况，并快速掌握基本业务操作要领。作为填补这一国内空白领域的系列教材，我们在多个方面进行了创新，主要如下。

一是理论层面的拓展。目前已有的不良资产管理领域书籍在理论层面或多或少都有涉及，主要从不良资产的概念、成因等角度进行阐述。本系列教材在理论层面进行了拓展，在不良资产分类与辨析、不良资产管理分类、业务类型分类、发展历史及行业功能特征等多方面进行了理论塑造。围绕行业实际，从专业层面对实务内容进行了理论阐释与分析，一定程度上丰富了现有的理论体系。

二是行业知识系统化。不良资产管理涉及的行业知识面较广，现有的相关书籍在行业知识的系统性方面较弱。本系列教材在行业知识系统性方面进行了探索，将不良资产管理中较为重要的概念、实务操作、评估以及法律分别单独成册进行了较为详尽的讲解，将行业知识进行了系统集成，丰富了行业研究的理论体系化构建。

三是多学科交叉融合。不良资产管理本身就是综合性较强的领域，实务操作中涉及多个专业领域的交叉融合。本系列教材针对行业特性，在编撰过程中将经济学、金融学、管理学、资产评估学、法学等学科知识进行了交叉融合,多维度分析具体实务操作与案例,多管齐下展现不良资产管理所需的知识与能力。总之,本系列教材运用学科交叉融合,更好地让读者理解不良资产管理的要义。

四是强化实务应用性。目前不良资产管理领域相关书籍以理论探讨居多,而针对系统性实务操作的较少,特别是可以作为教材范本的少之又少。本系列教材正是从这个视角出发进行有益探索,手把手地传授实务操作,具有较好的实践指导性,是行业实务领域中的一大突破。

在本教材编撰过程中,参与各方倾注了辛勤的汗水。专家指导委员会主任张军教授及其他专家委员为本教材的知识体系搭建进行了系统性理论指导。编辑委员会主任孙建华董事长统筹教材的编辑出版工作、指导教材的知识体系安排。副主任李伟达总经理对于教材主要内容给予了实操性专业指导。执行编委李传全博士全面负责教材的具体编撰工作,制定编撰计划,确定教材的选题范围、体例框架、内容结构以及教材内部的逻辑关联,优化与构建包括基本概念界定、业务分类、管理主体分类、历史划分等在内的教材所共同遵循的基础理论体系,指导教材的撰写、修改和审校。执行编委刘庆富教授主要参与教材的理论指导,负责教材的出版组织工作。陆秋君博士负责法律实务的编撰组织、部分章节的撰写和统稿工作;钱烈先生负责评估实务的编撰组织、全书主要章节的撰写和统稿工作;冯毅博士负责行业概论的编撰组织、部分章节的撰写和统稿工作;余晶博士负责操作实务的编撰组织、部分章节的撰写和统稿工作。

其他参与本系列教材的编撰人员包括:《中国不良资产管理行业概论》,陈宇轩、赖文龙、孙力、刘丁、车广野、胡从一;《中国不良资产管理操作实务》,宋波、蒋炜、项玫、许祎斐、陶梦婷、褚希颖、戴苗、孙铮;《中国不良资产管理法律实务》,陈超、徐含露、袁淑静、吕佩云、卢山、陈晨、胡鑫漯;《中国不良资产管理评估实务》，游歆、王皓清、楼泽、倪萍、杜蒙、姚良怀、陈康扬、傅流仰。在此，对各位专家为本系列教材所贡献的智慧表示感谢！

应该说，本系列教材是复旦大学和浙商资产产教融合的又一重大成果。系列教材从理论以及实务层面对于不良资产管理进行了较为全面的介绍与讲解，覆盖了不良资产管理工作所涉及的主要领域，填补了行业及教育领域的空白。但客观而言，由于编撰团队自身行业经验不足，对行业以及实务认识有限，加之中国不良资产行业处在不断的发展变化中，诸多方面尚不定型，教材有些方面难免出现偏误或局限于一家之言。诚请行业内和教育界各位专家不吝指教，提出宝贵意见。

随着监管政策的持续优化调整以及不良资产市场自身的持续发展，中国不良资产管理行业也必将从初创走向成熟。这就要求我们与时俱进，持续关注行业内外部变化情况，根据行业发展情况不断扩展和修正本系列教材，塑造经典，使之成为持续推进资产管理学科建设和行业健康发展的重要力量。

是为序。

浙江省国贸集团党委副书记、总经理
浙商资产党委书记、董事长
2023年7月

致 读 者

《中国不良资产管理操作实务》力求全面展示目前中国不良资产管理实务的全景，较为全面而又落地性地介绍了不良资产管理行业的生态主体分类、不良资产实务基础、不良资产主要管理业务到不良资产风险管理及未来实务趋势。在分类方面，本书创新性地从投资商和服务商两类进行概念导入，并以此为基础介绍各业务的特点。在介绍包括尽职调查、评估估值等工作的基础上，本书分别以收购、处置、投资和管理四大类维度介绍当前行业中的各类业务。在识别不良资产管理中的主要风险的基础上，本书介绍了不同类型风险的主要管理举措。最后，本书对不良资产管理实务方面的发展趋势做了前瞻性的展望。全教材紧扣实际操作，力求最大限度"接地气"，通过方法教授和案例分析，生动演示资产管理实务的鲜活画面。

全书共分为十五章，每章围绕一个主题展开。章与章之间既在流程上相互关联，又在内容上自成一体。读者可以按章节顺序阅读，也可以根据需要直接阅读相关章节。

第一章介绍了与不良资产相关的基本概念。本章在全书中起到导引的作用，让读者建立起对不良资产管理的第一印象。本章内容可以结合系列教材中《中国不良资产管理行业概论》一书进行阅读，便于加深对于基础概念的理解。

第二章涉及尽职调查、估值定价、资产组包三项基础工作。本章介绍了各项基础工作的基本概念和主要方法。进一步的专业领域应用可以阅读系列教材中的《中国不良资产管理法律实务》和《中国不良资产管理评估实务》。读者可以学习掌握开展各项基础工作的能力，实现不良资产行业的入门。

第三章至第十章的内容围绕不良资产管理业务。其中，第三章至第九章介绍收购类业务、处置类业务、金融投资类业务和管理类业务。第十章介绍新获批的个人不良贷款收购处置业务。四大类别业务是不良资产管理中最重要的业务形态，处于核心地位。

第十一章和第十二章介绍管理机构的业务特色，包括核心管理机构和辅助管理机构。通过这两章的内容，读者可以在了解管理机构行业分类的基础上，进一步认识各类机构的业务优势和发展特色。

第十三章和第十四章介绍不良资产业务的主要风险来源和风险管理措施。

第十五章阐述中国不良资产管理的发展趋势，并介绍行业创新发展相关内容。科技手段的进步、处置手段的创新有助于提升处置效率和风险化解能力。

本书可供高等学校师生，资产管理公司相关从业人员，银行等金融机构相关从业人员，会计师事务所、资产评估机构、律师事务所等中介机构的相关人员以及社会各界研究人员学习、培训和研究之用。本书在编著过程中力求严谨、细致，但由于编著者水平有限，书中难免有疏漏之处，恳请广大读者给予批评指正，也欢迎读者从各方面提出宝贵意见，以使本书日臻完善。

目 录

第一章
不良资产管理实务概述

第一节　不良资产概念及其市场　/　003

第二节　不良资产管理的目的　/　009

第三节　不良资产管理的机构　/　011

第四节　不良资产管理的主要业务　/　015

第五节　不良资产管理的基础理论　/　019

本章小结　/　023

本章重要术语　/　025

复习思考题　/　025

第二章
不良资产管理的基础工作

第一节　尽职调查　/　030

第二节　估值定价　/　036

第三节　资产组包　/　041

本章小结　/　044

本章重要术语　/　046

复习思考题　/　046

第三章
不良资产自营收购业务

第一节 业务概述 / 050

第二节 业务特点 / 057

第三节 交易对手 / 059

第四节 交易模式 / 061

第五节 基本流程 / 068

第六节 风控要点 / 072

第七节 市场案例 / 073

本章小结 / 075

本章重要术语 / 076

复习思考题 / 077

第四章
不良资产受托收购业务

第一节 业务概述 / 081

第二节 业务特点 / 083

第三节 交易对手 / 085

第四节 交易模式 / 086

第五节 基本流程 / 091

第六节 风控要点 / 094

第七节 市场案例 / 096

本章小结 / 097

本章重要术语 / 099

复习思考题 / 099

第五章
不良资产远期收购业务

第一节　业务概述 / 103

第二节　业务特点 / 105

第三节　交易对手 / 106

第四节　交易模式 / 107

第五节　基本流程 / 110

第六节　风控要点 / 111

第七节　市场案例 / 112

本章小结 / 113

本章重要术语 / 114

复习思考题 / 114

第六章
不良资产的传统处置类业务

第一节　传统处置方式概述 / 117

第二节　直接催收 / 119

第三节　司法清收 / 122

第四节　债权/收益权转让 / 126

第五节　破产清收 / 133

第六节　委托处置 / 140

第七节　资产证券化 / 144

本章小结 / 152

本章重要术语 / 153

复习思考题 / 153

第七章
不良资产的投行化处置类业务

第一节　债务重组 / 158

第二节　破产重整 / 166

第三节　共益债 / 178

第四节　市场化债转股 / 185

本章小结 / 193

本章重要术语 / 195

复习思考题 / 195

第八章
不良资产的金融投资类业务

第一节　不良资产证券化次级投资业务 / 200

第二节　违约债券投资业务 / 209

第三节　上市公司股票质押纾困业务 / 214

本章小结 / 220

本章重要术语 / 222

复习思考题 / 222

第九章
不良资产的管理类业务

第一节　投行顾问业务 / 226

第二节　受托管理业务 / 228

第三节　破产管理业务 / 232

第四节　基金管理业务 / 237

本章小结 / 242

本章重要术语 / 243

复习思考题 / 243

第十章
批量个人不良贷款收购处置业务

第一节 批量个人不良贷款概述 / 248

第二节 收购业务 / 251

第三节 处置业务 / 263

第四节 市场案例 / 273

本章小结 / 275

本章重要术语 / 276

复习思考题 / 276

第十一章
核心管理机构的业务特色

第一节 金融资产管理公司 / 279

第二节 金融资产投资公司 / 286

第三节 地方资产管理公司 / 290

第四节 民营资产管理公司 / 294

第五节 国际资产管理公司 / 295

本章小结 / 297

本章重要术语 / 298

复习思考题 / 299

第十二章
辅助管理机构的业务特色

第一节　处置服务商 / 303

第二节　专业服务商 / 307

第三节　交易服务商 / 310

第四节　综合服务商 / 313

本章小结 / 316

本章重要术语 / 318

复习思考题 / 318

第十三章
不良资产业务的主要风险

第一节　操作风险 / 322

第二节　信用风险 / 329

第三节　市场风险 / 333

第四节　合规风险 / 336

第五节　其他风险 / 338

第六节　市场案例 / 339

本章小结 / 341

本章重要术语 / 342

复习思考题 / 343

第十四章
不良资产业务的风险管理措施

第一节　操作风险的管理措施 / 348

第二节　信用风险的管理措施 / 361

第三节　市场风险的管理措施 / 364

第四节　合规风险的管理措施 / 369

第五节　其他风险的管理措施 / 373

本章小结 / 376

本章重要术语 / 378

复习思考题 / 378

第十五章
中国不良资产管理的发展趋势

第一节　业务领域的发展趋势 / 381

第二节　技术领域的发展趋势 / 386

本章重要术语 / 390

复习思考题 / 390

部分参考答案 / 391

参考文献 / 412

第一章

不良资产管理实务概述

不良资产管理围绕着风险与价值展开,可概括为防范风险、化解风险、发现价值、实现价值:防范风险是基础,化解风险是核心;发现价值是前提,实现价值是目标。

从全世界范围来看,如何化解和处置不良资产是一个普遍性问题。许多国家和地区的银行系统都曾经在不同时期不同程度地出现过因产生大量不良资产而导致的金融危机。为此,世界各国纷纷成立专门的危机处理机构来化解不良资产危机。危机处理机构对不良资产危机化解的行动落实到实践层面就产生了不良资产管理实务。

20世纪90年代末期,中国在筹备组建四大金融资产管理公司之初,国内银行业及金融专家们针对国外的实践经验专门进行过梳理和提炼。从过往的横向比较研究可以看出,国与国之间的实践差别很大。中国的不良资产管理实践形成了具有中国特色的不良资产管理实务。在基本概念、市场发展、管理目的、管理机构、主要业务和理论基础等诸多方面,中国不良资产管理实务与其他国家的管理实践有互通之处,也有其自身的特点。

第一节　不良资产概念及其市场

一、不良资产的概念和分类

不良资产(non-performing assets, NPAs)指现实状态下无法给资产持有者带来合理预期收益的资产。不良资产所涉及的最大领域是银行体系，所以一般情形下提及"不良资产"，主要指银行体系所产生的不良资产，即不良贷款（non-performing loans, NPLs）。事实上，不良资产是一个非常宽泛的概念，在业务经营过程中产生的质量低下、无法回收或无法足额回收的资产都能够包含在不良资产的范畴里。

不良资产主要包括金融不良资产和非金融不良资产两大类，其中金融不良资产又可分为银行不良资产与非银行金融不良资产两个小类。

金融不良资产[①]，根据原中国银行业监督管理委员会（以下简称"原银监会"）、财政部2005年发布的《不良金融资产处置尽职指引》（银监发〔2005〕72号），指的是"银行业金融机构和金融资产管理公司经营中形成、通过购买或其他方式取得的不良信贷资产和非信贷资产，如不良债权、股权和实物类资产等"。

银行不良资产，根据中国人民银行2001年发布的《贷款风险分类指导原则》（银发〔2001〕416号）（已失效）、原银监会2007年发布的《贷款风险分类指引》（银监发〔2007〕54号），以及原中国银行保险监督管理委员会（以下简称"原银保监会"）2019年发布的《商业银行金融资产风险分类暂行办法（征求意见稿）》，商业银行应将包括但不限于贷款、债券和其他投资、同业资产、应收款项等的金融资产按照风险程度分为五类，分别为正常类、关注类、次级类、可疑类、损失类，后三类合称银行不良资产。在我国金融体系中，银行业占据极为重要的地位，因此在很长一段时间里，对于不良资产的定义都局限在最狭窄的银行"次级、可疑和损失"三类风险等级的金融资产中。而随着我国经济快速发展，金融体系不断扩大和完善，银行不良资产的内涵愈发多元化和复杂化。

2023年2月11日，原银保监会、中国人民银行联合发布了《商业银行

---

① 虽然财政部发布的文件中称为"不良金融资产"，但不良资产管理行业内通称"金融不良资产"。本书遵循行业惯例，下文不再一一说明。

金融资产风险分类办法》（银保监会、人民银行令〔2013〕1号），自2023年7月1日起实施，过渡期至2025年12月31日。该办法和2019年征求意见稿相比变化较小，但和当前的五级分类规则相比，则大幅提高了要求。该办法正式将五级分类对象从传统贷款扩展到对表内承担信用风险的金融资产，包括但不限于贷款、债券和其他投资、同业资产、应收款项等，对于表外项目中承担信用风险的应按照表内资产相关要求开展风险分类。

非银行金融不良资产，主要指信托公司、券商资管、基金子公司、金融租赁公司、财务公司、汽车金融公司、消费金融公司等非银行类金融机构开展租赁或借贷等业务而产生的不良资产。

非金融不良资产，根据原银监会、财政部2015年发布的《金融资产管理公司开展非金融机构不良资产业务管理办法》（财金〔2015〕56号），指"非金融机构基于日常生产经营活动或因借贷关系产生的不良资产"，其中除了"不良债权、股权和实物类资产"，还包括"各类金融机构作为中间人委托管理其他法人或自然人财产形成的不良资产"。具体表现形式是企业之间形成的商业债权、低于初始获取价格的土地使用权、收费权等。

二、不良资产的市场简述

中国不良资产管理市场的发展历程，也是防范化解金融风险的历程。

中国不良资产市场，始于国有大型商业银行的政策性剥离。20世纪80年代起，国企改革、农村经济体制改革、外贸经济转型等多种经济体制改革实行，国企的融资来源从国家划拨变为银行贷款。从20世纪80年代到20世纪90年代，随着经济快速增长，经济环境过热，这一时期国有商业银行信贷规模高速攀升，投资膨胀、低效贷款、重复建设，产生大量泡沫。

1997年，亚洲金融危机爆发，大量不良资产产生，国有商业银行面临严重的资产质量问题，不良率飙升至34%。[①]

1999年，国务院办公厅转发人民银行、财政部、证监会《关于组建中国信达资产管理公司意见的通知》(国办发〔1999〕33号)和《关于组建中国华融资产管理公司、中国长城资产管理公司和中国东方资产管理公司意见的通知》(国办发〔1999〕66号)，批准成立中国信达资产管理公司、中国东方资产管理公司、中国长城资产管理公司、中国华融资产管理公司（以下简称"中国信达""中国东方""中国长城""中国华融"）四家金融资产管理公司（以下简称"四大AMC"）[②]。根据上述通知，四大AMC是国有独资非银行金融机构，注册资本均为100亿元，由财政部核拨，其主要任务是分别对口收购、管理、处置从四大国有银行剥离的不良资产，以最大限度保全资产、减少损失为主要经营目标。

2000年底，四大AMC基本完成了机构设置和人员招聘，也基本完成了四大国有银行不良资产的接收工作，其中中国信达承接建设银行政策性剥离的不良贷款3 730亿元，中国华融承接工商银行4 007亿元，中国长城承接农业银行3 458亿元，中国东方承接中国银行2 674亿元，合计约1.4万亿元。此为四大AMC政策性业务的开端。

2004年至2005年，四大AMC通过竞标方式收购了工商银行、中国银行、建设银行股改过程中第二次剥离的不良贷款，同时接受财政部的委托对其进行处置。第二次剥离采取了公开招标、报价竞标等更为市场化的方式，是四大AMC商业化转型的萌芽。2004年4月，财政部发布《金融资产管理公司商业化收购业务风险管理办法》(财金

---

① 陈成：《金融资产管理公司转型问题研究——国际经验与我国现状》，《改革与战略》2012年第11期。

② 资产管理公司，即asset management company，缩写为AMC。

〔2004〕40号之附件三），对四大AMC的商业化收购业务进行规范，为四大AMC商业化转型打下了基础。该办法规定，商业化收购业务是指四大AMC"根据市场原则购买出让方的资产，并对所收购的资产进行管理和处置，最终实现现金回收的业务"。

2006年，随着四大AMC陆续完成财政部政策性不良资产回收考核目标任务，四大AMC成立之初承接的政策性剥离不良资产基本处置完毕，政策性业务时期进入尾声。2006年，财政部向四家AMC下发《关于金融资产管理公司改革发展的意见》，确定了金融资产管理公司向现代金融服务企业转型的相关事项。四大AMC开始探索符合自身实际的商业化转型路径。

在商业化转型阶段，四大AMC积极探索业务多元化，逐步建立市场化综合运营平台、金融服务平台，为后续的全面商业化打下了坚实基础。随着股份制改革陆续启动，四大AMC开始迈向全面商业化时期。

四大AMC全面商业化的同时，受次贷危机等因素影响，银行不良贷款规模逐渐累积。《中国货币政策执行报告（二〇一〇年第四季度）》中，中国人民银行首次提出加强系统性风险防范，守住不发生系统性风险的底线。这一时期的不良资产呈现出分散化、碎片化的特征，民营企业成为不良资产的主要来源，中小银行不良贷款存量快速增长。在这一背景下，不良资产管理行业的一股新兴力量即将登上历史舞台。

2012年，为应对规模日益庞大、结构日趋复杂的不良资产，弥补四大AMC覆盖面及处置效率上的不足，财政部、原银监会出台《金融企业不良资产批量转让管理办法》（财金〔2012〕6号）允许设立地方资产管理公司，进行不良资产的批量收购处置。自此，地方资产管理公司进入不良资产市场舞台，成为行业新玩家。随着参与者数量增加，不良资产行业市场化程度逐步提高，且随着时间发展，地方资产管理公司迅速扩容，至2022年底全国地方AMC数量已达59家。

2016年，随着经济增速逐渐放缓，加上经济结构调整等因素，一些企业运营能力下降，现金流开始紧张，此前积累的高债务、高杠杆风险问题逐渐暴露。在深化供给侧结构性改革，加速去杠杆、调结构的背景下，《国务院关于积极稳妥降低企业杠杆率的意见》（国发〔2016〕54号）发布，并附有《关于市场化银行债权转股权的指导意见》，提出金融资产投资公司"通过自愿平等协商开展债转股业务"，此后五大国有商业银行陆续设立了金融资产投资公司（asset investment companies, AIC）。从目前五大行金融资产投资公司的业务开展情况来看，五大行金融资产投资公司的主要业务是开展降杠杆债转股业务与不良资产债转股业务。

2020年，中美第一阶段经贸协议签署仪式在白宫东厅举行，不良资产被纳入中美贸易协定。协议说明，允许外资申请资产管理公司牌照。获取资产管理公司牌照意味着外资可直接从中资银行收购不良债权，不良资产行业竞争格局多元化程度进一步加深。

同在2020年，中国银河资产管理有限责任公司获原银保监会批准成立，四大AMC格局发生改变，第五大金融资产管理公司正式落地，全国牌照持有机构数量增加。

经过20多年的发展，不良资产管理市场逐步实现从行政性市场向商业化市场的转变。随着市场化主体的不断增加，市场的竞争带来了市场的效率提升。截至2022年底，形成了以5家全国性AMC、59家地方AMC、5家银行系AIC、外资资产管理机构和民营资产管理机构共同组成的市场竞争格局。

三、不良资产管理的定义

不良资产管理本质是赋予不良资产转让的流动性权利、在"时间"

和"空间"两个维度对不良资产价值重新发现和再分配的过程。不良资产管理围绕着风险与价值展开，可概括为防范风险、化解风险、发现价值、实现价值：防范风险是基础，化解风险是核心；发现价值是前提，实现价值是目标。通过围绕风险开展管理活动获得价值。这里的价值，包含经济价值和社会价值。

行业进入者所获得的价值是资产价值与价格间的保留差异在空间和时间两个维度上的再分配。从经济价值维度来看，资产价值低估且存在价值修复的可能，才说明存在投资机遇，具备管理价值。高估的资产或不具备价值修复能力的资产，是不具备管理价值的资产。从社会价值维度来看，行业参与者通常承担一定的社会责任。从经济价值和社会价值综合来看不具备价值的资产，如变卖后会影响重大民生的资产等，也不在管理范围之内。

第二节　不良资产管理的目的

不良资产管理的目的可概括为：风险防范与化解，价值发现与实现。前者以保障金融安全为责任起点，体现了不良资产管理的宏观价值。后者以实现市场化为功能起点，体现了不良资产管理的微观价值。

一、风险防范与化解

风险包括两个方面：金融体系中的风险和实体经济中的风险。在现实情景中，金融体系与实体经济中的风险会相互关联、相互传导。如果得不到妥善处置，风险在传导过程中甚至会不断放大，形成风险累积的滚雪球效应；反之，通过处置降低或消除风险及其传导，也能够对未来风险起到增强抵抗能力和防范的效果。经过20多年的发展，不良资产管理逐渐从初期的防范化解金融体系风险为主，向兼顾维护金融体系稳定和救助实体经济脱困两个方向发展。图1-1展示了金融风险与实体企业风险的滚雪球效应。

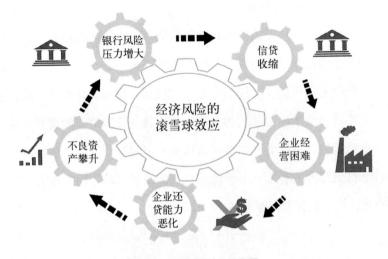

图1-1 滚雪球效应示意图

对于不良资产行业中的各类管理机构，尤其是对于金融资产管理公司、地方资产管理公司及金融资产投资公司而言，监管机构批准设立此类机构的主要目的就是防范化解金融风险，降低经济系统运行风险，切断机构出险带来的连锁反应，降低金融风险对经济稳定的影响。

不良资产管理用于防范和化解风险的主要手段是处置不良资产，盘活存量资产。其中，不良资产多数来自金融体系，存量资产多数从属实体经济。处置盘活的方式既有通过打折、打包、打官司的偏重金融债权端的传统方式，也有通过重组、重整、重构的偏重经济实体端的创新方式。采用这些方式的目的都是解决企业债务包袱、救助困境企业脱困、保持金融体系稳定、促进经济健康发展。

二、价值发现与实现

价值发现是指发现资产价值和价格之间存在差异，具备投资价值的不良资产。资产价值与价格间的差异由多种可能因素造成，或是由于资产处于经济周期的萧条阶段，或是资产持有方有极强的短期变现需求，或是出现市场风险、运营风险等。不良资产价格低于实际价值，导致价值错配，从而产生潜在投资价值。

无论是金融资产管理公司、地方资产管理公司及金融资产投资公司，还是民营、外资资产管理公司，对实现市场化收益都有需求。通过科学有效的资产管理，提升资产价值，提高资产处置效益，提升经济收益，为企业实现利润。此所谓浙商资产提出的"让不良向良而生"。

提高资产价值具备两方面含义。一方面，通过债务重组、对接产业资本、剥离不良资产等方式，化解企业债务风险，盘活企业，使具备发展前景、暂时遇到流动性困难的企业正常、稳健运营，提升资产运用效率。另一方面，被剥离、处置的不良资产经过资源再分配，流转到有对应需求、具备相应运营资源的承接方，重新发挥出资产本身的价值。在防范化解风险的同时，实现不良资产管理的价值提升。

第三节　不良资产管理的机构

一、核心管理机构：投资商

核心管理机构指不良资产的投资商。不良资产行业的核心管理机构格局可以概括为"5＋地方系＋银行系＋外资系＋N"，各类主体特性如表1-1所示。"5"即五大金融资产管理公司（又称"五大AMC"），"地方系"指地方资产管理公司（又称"地方AMC"），"银行系"指金融资产投资公司（又称"AIC"），"外资系"和"N"分别指外资和民营资产管理公司。近年来，不良资产行业竞争激烈程度不断加剧：一是金融资产管理公司强势回归不良资产管理主业；二是第五大金融资产管理公司又横空出世加入战局；三是地方资产管理公司加速引进战略投资者（以下简称"引战"）增资扩充资本；四是金融资产投资公司加入不良资产战局；五是民营及外资机构各显神通，尤其是持牌外资有望入局。随着持牌机构数量不断增加，不良资产行业的竞争预期将会越来越激烈。

包括新设银河资产在内的五大金融资产管理公司为全国性持牌机构，可以在全国范围内开展业务。除新设的银河资产以外，原四大金融资产管理公司拥有多元化金融牌照，涵盖证券、保险、银行、期货、信托等主要金融业务。自2018年原银保监会提出引导金融资产管理公司回归主业以来，四大AMC加速回归本源，一方面不良资产管理业务占比提升，另一方面逐步剥离转让旗下小贷公司、地方AMC等板块。

地方资产管理公司深耕区域市场，较金融资产管理公司具备更强的地缘性，依托区域资源及本地化竞争优势实现差异化发展，实现错位竞争。相对于五大AMC，地方AMC规模体量较小，资金实力较弱，在大体量的不良处置项目上竞争力不及五大AMC。相对地，地方AMC相较五大AMC而言，体制机制更为灵活，不断创新业务模式，深耕区域不良资产管理业务。自2015年首例地方AMC增资以来，地方AMC纷纷跳上"混改""引战""增资"快车道，扩大资本实力，提升竞争力，增强抗风险能力。

金融资产投资公司依托银行，具备规模优势及资金成本优势。金融资产投资公司持续在债转股业务上展开运作，并不断拓宽业务范围，

表1-1 不良资产行业参与主体特性分析

机构类型	牌照范围	处置方式	融资渠道	业务能力	地缘优势	体制机制
五大金融资产管理公司	全国	多样化处置	贷款、同业拆借、发债、基金	多年业务经验，业务能力较强，公司内资源协同能力强	央企背景，区域优势较弱	传统国企机制
地方资产管理公司	本省区域	处置方式较为单一	贷款、发债、基金、引战	业务经验较弱，业务团队有待加强，依靠本省资源开展业务	与所在区域地方政府密切，了解地方情况	机制较为灵活，部分机构为混合所有制，更为灵活
金融资产投资公司	债转股业务	债转股	贷款、同业拆借、发债、基金	刚成立，业务能力有待培育	央企背景，区域优势较弱	传统国企机制
民营资产管理公司	无	多样化处置	贷款、基金	业务资源广阔	熟悉区域情况	机制灵活
外资资产管理公司	无	多样化处置	贷款、基金、资本市场募集	业务经验丰富，处置能力强，资本运作能力强	区域优势较弱	机制灵活

目前金融资产投资公司在限定条件下可以开展不以债转股为目的的股权投资业务。换句话说,金融资产投资公司从事非债转股业务的缺口打开,后续发展空间广阔。

民营资产管理公司作为非持牌机构主要在二级市场发挥重要作用,随着不良资产市场的快速发展,民营资产管理公司的数量也在不断增长。民营资产管理公司的体制机制灵活度高,处置方式多样化,是不良资产市场生态圈重要组成部分。

外资资产管理公司具有丰富的海外处置经验和较强的资本运作能力,但相对本土机构,外资机构对区域市场的熟悉程度较弱,地缘性较差。与国内服务商合作是其重要的展业方式。

二、辅助管理机构:服务商

辅助管理机构指围绕不良资产行业产业链上下游提供多种商业服务的服务商。辅助管理机构可以分为处置服务商、专业服务商、交易服务商和综合服务商。

处置服务商,指为不良资产的拥有者或投资者提供债权转让、诉讼追偿、企业重组市场化债转股、破产重整、破产清算和资产证券化等不良资产处置服务的机构。从服务范围看,有些处置机构提供全方位的处置服务,有些处置机构专精于某一领域的处置服务。从区域范围看,有些处置机构覆盖全国,有些处置机构深耕某一地区。由于不良资产处置具有一定的地缘性,委托方会选择在当地富有经验的处置机构委托处置。

专业服务商,指律师事务所、会计师事务所、资产评估所等提供专业服务的中介机构。在不良资产实务中,律师事务所专注于法律服务的全流程跟踪,一般提供法律尽职调查、不良资产收购法律服务、不良资产处置法律服务、破产重整投资法律服务、不良资产投资主体设立法律服务等。在不良资产实务中，会计师事务所擅长会计处理和信息审计，一般提供债务重组解决方案、借贷人解决方案、破产解决方案、企业重组咨询等服务。资产评估所一般以独立第三方身份提供对不良资产的专业评估和判断服务，通过综合考虑、认定处置方案与资产内在价值的关系，给出对资产价值的评估，供市场参与者参考。

交易服务商，指通过发布资产标的信息，撮合交易，有独立的交易系统和结算系统保障交易的稳定性和安全性的第三方交易平台。交易服务商包括线上、线下的交易平台与交易所等。交易平台可以是一级市场中不良资产供给方和资产管理公司对接的平台，也可以是二级市场的信息披露和展示平台（将信息提供给更多的需求方，从而撮合交易完成）。

综合服务商，指为不良资产行业的资产方、资金方以及其他需求方提供全方位服务的综合服务机构。区别于处置服务商、专业服务商以及交易服务商，综合服务商不仅能够提供专业的咨询、尽调、管理、处置、评估、法务、平台交易等全面的不良资产服务，同时能够整合其他服务商作为其服务能力的有力支撑。

第四节　不良资产管理的主要业务

不良资产管理的主要业务包括收购业务、处置业务、金融投资类业务、管理类业务等，各类业务又可以从收购方式、价值实现手段、投资标的、管理方式等维度进行细分，详见下文具体阐述。

一、收购业务

不良资产的收购业务，指资产管理机构或投资机构利用自身专业能力、资源和优势，向不良资产持有人收购不良资产的业务。从收购来源分类，可将其分为非金融机构不良资产收购业务、非银行业金融机构不良资产收购业务，以及银行业不良资产收购业务。从收购方式分类，可分为不良资产自营收购业务、不良资产受托收购业务和不良资产远期收购业务三种业务类型。

不良资产自营收购业务，指管理机构以自行经营为目的，根据市场原则收购出让方的不良资产。管理机构根据尽职调查及定价结果，通过参与招标、拍卖或公开竞价等公开竞争方式或与资产转让方个别协商方式收购不良资产，并进行管理、经营和处置。

不良资产受托收购业务，指管理机构接受委托方的委托，按双方约定的价格、收购方式，代理委托方对特定不良资产进行收购。根据拟收购资产的类型，可分为金融不良资产受托收购和非金融不良资产受托收购。根据收购的资金来源，又可以分为配资受托不良资产收购和全额受托不良资产收购。在配资受托不良资产收购业务中，管理机构需要为委托方提供资金垫付，并收取一定的资金收益。在全额受托不良资产收购业务中，收购资金由委托方提供，管理机构仅承担受托收购职责。

不良资产远期收购业务，指管理机构依托不良资产管理及处置的专业能力，应申请人的要求，向债权人出具承诺函或签订相关协议，承诺在出现指定的收购条件时无条件以确定价格收购债权，并提供资产估值、运行监管、风险监测、不良处置等风险管理服务，根据服务事项收取一定报酬的业务。

二、处置业务

不良资产的处置业务，指管理机构通过发挥专业能力，综合运用多种处置手段与方法,对所持有的不良资产进行处置,以获取经济收益的业务。根据实现价值手段的不同,处置业务可以进一步细分为传统处置类业务和投行化处置类业务。

传统处置类业务,指不良资产管理机构运用传统处置方式开展的不良资产处置业务。传统处置方式是指对不良债权自身或不良债权的抵(质)押物、担保人等进行直接处置,具体包括:直接催收、司法清收、债权/收益权转让、破产清收、委托处置、资产证券化等。

投行化处置类业务,指不良资产管理机构运用投行化处置手段开展的不良资产处置业务,这也是近年来很多资产管理公司提到的"不良+投行"概念。投行化处置类业务通常以收购债权或债权投资的形式介入,部分项目存在转股或股权收购的情况。具体来说,投行化处置方式业务包括债务重组、破产重整、共益债和市场化债转股等。

传统处置方式,侧重于从出让方低价获取资产包,快速实现债权变现,通过收购与处置的价差获取收益,可以看作"冰棍理论"(详见本章第五节)的应用。而投行化处置方式,注重于改善企业的经营状况,恢复企业的造血功能,通过企业价值提升获取收益,可以看作"根雕理论"(详见本章第五节)的应用。

三、金融投资类业务

不良资产的金融投资类业务,指以投资标准化金融产品的形式开展的不良资产投资和管理业务。不良资产的金融投资类业务主要包括三种类型,即不良资产证券化次级投资业务、违约信用债投资业务和上市公司股权质押纾困业务。

不良资产证券化次级投资业务,指管理机构以投资银行或其他金融机构发行的基于不良资产作为底层资产的资产证券化产品次级份额的形式开展的不良资产投资和管理业务。不良资产证券化产品一般分为优先级份额和次级份额。优先级份额为固定收益，次级份额为浮动收益。银行类机构是最大的优先级份额投资方。不良资产管理机构由于自身的专业能力和高资金成本的特点，往往投资于次级份额。

违约信用债投资业务可分为重组导向性投资和财务性投资两种。重组导向性投资，即深度介入企业重整或重组，恢复出险企业正常生产经营，实现企业管理能力和企业价值的提升。主动参与投资对信用债预期违约企业风险化解本身并不仅仅是针对信用债本身的风险处理，而是全面梳理该出险企业包括信用债在内的全部债务，系统性地化解债务风险。财务性投资指通过为出险企业及其债券交易、债权交易提供流动性支持，缓解出险企业再融资压力和债券、债权持有人施加的压力。

上市公司股权质押纾困业务，指管理机构通过收购上市公司股票质押出险资产的方式为上市公司纾困的业务。2017年的股市下跌引发了大面积困境上市公司救助，上市公司股权质押纾困业务从2018年开始备受不良资产管理行业关注。

四、管理类业务

不良资产的管理类业务，指管理机构接受委托方委托或指定，对问题企业或问题资产进行管理的业务，主要依靠管理机构在不良资产管理和风险处置方面的能力和经验，在处置过程中化解金融风险，重塑企业价值，维持社会稳定。不良资产的管理类业务包括投行顾问业务、受托管理业务、破产管理业务和基金管理业务。

投行顾问业务，指管理机构以顾问的身份，提供咨询服务协助金融机构、工商企业或投资者完成不良资产相关管理或交易活动的业务。

管理机构以收取顾问服务费的形式获得收入。

受托管理业务，指出资者或其代表在所有权不变的条件下，以契约形式在一定时期内将企业的法人财产权部分或全部让渡给管理机构经营或管理。

破产管理业务，指在法院的指挥和监督之下全面接管拟关闭、破产、清算企业或金融机构的财产、负债和人员，并负责对其进行保管、清理、估价、处理和分配，以使其完成从市场退出的过程。一般破产管理人由法院通过相关程序选定符合资质的律师事务所、会计师事务所或资产管理公司担任。资产管理公司在不良资产处置中积累了较多的经验和资源，可在破产管理中提供较为综合的专业服务。

基金管理业务，指管理机构通过非公开方式向特定主体募集基金，用于不良资产、债权型、权益型等类型资产的投资，在投资实施过程中考虑将来的权益增值、资产增值、退出机制等因素，最后通过企业上市、并购重组等方式取得收益的业务。

第五节　不良资产管理的基础理论

不良资产管理的目的是管理机构通过管理手段实现不良资产的价值提升和价值回收。关于不良资产管理为什么能够提升不良资产价值的机制和如何提升价值的路径的问题，需要运用管理学或经济学理论来进行理论解释和规划引导。在基础理论的指导下，管理机构发展出了诸如时间换空间、资产分类、资产重组、再投资、快速变现等管理策略。管理策略的丰富大大提高了不良资产的处置效率，提升了不良资产的价值实现。关于不良资产管理的基础理论主要有期权周期理论、资源错配理论、根雕理论和冰棍理论等。

一、期权周期理论

经济周期波动过程中会令价格与价值出现背离。价格与价值背离程度的涨跌会产生波动中的投资机会。在经济下行时，信贷和经济过度紧缩导致信贷资金和总有效需求下降，企业现金来源收缩，经营困难，资金链断裂，发生违约，金融风险不断积累，不良资产大量产生。资产价格呈现持续下跌的态势。特别是已经呈现不良的资产，其折价幅度会增加。此时不良资产的价格将低于实际价值，由此产生不良资产的投资价值。待经济进入景气时期，资产的价值恢复，投资者收购的不良资产经过管理、重组、整合，通过时间沉淀得到修复和提升，再通过向市场出售不良资产，回收资产价值。

二、资源错配理论

资源配置是指由于资源的有限性，必须将有限的资源以某种方式合理地分配到社会的各个领域当中去，以期做到社会产出最大化，即用最少的资源耗费，实现资源的最佳利用，获得最佳的效益产出。

不良资产是一种低效资产，是社会经济运行中由于资源配置不当使得资产未得到最有效利用而形成的产物。不良资产被认为是放在错误位置而没有发挥出其应有效益的资产，是一种配置不当的资源。通过把配置不当的资源进行重新整合，配置到合适位置，就能够挖掘不良资产的潜在价值。饮料公司A跨业经营酒店业，由于对酒店业经营经验不足，酒店经营不善，出现亏损，又因杠杆过高，出现资金断链，引发债务危机，抵押物为该酒店。资产管理公司对饮料公司A进行债务重组，剥离亏损酒店业务，对接具备酒店运营多年经验的大型连锁酒店集团B，酒店集团B收购该酒店后，对其进行重新装修，配备专业酒店经营团队，使用酒店集体B的品牌名称，酒店经营效益扭亏为盈。饮料公司A剥离亏损业务后，专注于其擅长的饮料业务，经营业绩好转。

银行等不良资产出让方有时会按行业组合资产包，即把该行业及相关产业有关的不良资产集中出让。对这类特定的行业包感兴趣的投资者通常也是专精于该行业的相关产业投资者，对该类不良资产出让方而言，这些投资者的收购报价往往有一定的吸引力，他们对行业了解程度高，也有利于该类不良资产的化解与盘活。

三、根雕理论

根雕理论是指在不良资产处置中探索运用投资银行手段不断丰富和提升不良资产内在价值，实现回收价值最大化的理论。这样的做法可以比喻为沙里淘金，把"枯树根"变成"艺术品"。"根雕理论"的提出者是四大国有AMC之一的中国信达。中国信达认为不能将不良资产简单地一卖了之，而是应按照"两个千方百计"（千方百计提高回收率、千方百计降低处置成本）的原则进行处置。

根雕比树根材料更能卖个好价钱。对于不良资产，资产管理公司可以选择长期持有及精雕细琢，以时间换空间来获取更大的收益。

但是，"根雕艺术"极度考验资产管理公司对不良资产处置的专业性。相比正常贷款依据标准化的贷款合同从信用良好的借款人那儿定期回收本息的流程化管理，不良贷款的类别及发生信用问题的时间、领域等各不相同，借款人陷入困境的原因千差万别，担保品（如有）的价值波动及如何处置也是各有千秋，处置机构面临的首先是不良资产的信息不对称问题，随后是针对情况各异的不良资产如何采取有效处置手段最大程度回收资金的巨大挑战。

四、冰棍理论

冰棍理论最早由中国工商银行原行长杨凯生提出，并在2017年由其大力宣传而广为人知。他认为：不良资产会随着时间的推移而降低价值，处置不良资产就像卖冰棍，冰棍在手里时间长了，就融化了，不良资产也是如此。该理论认为，不良资产的价值会随着时间的推移慢慢损失，就像冰棍一样，逐渐融化，最终损失殆尽，所以又被称为"贬值效应""冰棍效应"。该理论强调在保证回收率的前提下，应当提高不良资产处置的时效性。

该理论在某些方面是适用的。当不良资产的底层资产物是机器设备时，如果不及时处置，随着时间的推移，机器设备会慢慢折旧，到最后也就没价值了。但有时候该理论也会受到质疑。在中国，不良资产的底层资产物往往跟土地联系在一起。当今，世界上很多政府都是凯恩斯主义的坚定拥护者，强调用货币和财政政策调控经济增长。在宽松的货币政策下，通货膨胀不可避免。作为实物的土地作为避险资产，受到追捧，其价格也随着通货膨胀一路走高。在控制持有风险和周期的基础上，如果不良资产的持有成本增长速度低于通货膨胀的速度，那么持有底层资产为土地的不良资产长期来看价格是不断走高的。

五、其他理论

除上文提到的不良资产处置理论外，还有几种理论也是耳熟能详，包括小鸡理论、轮胎理论、苹果理论和资产组合理论等。小鸡理论指的是对待不良资产要像对待小鸡一样，先养大再卖，实现价值最大化。轮胎理论认为刚收购的不良资产就像一辆缺少轮胎的二手车，如果直接变卖，因其无法行驶，并不值钱，但是装上轮胎，这辆车就有实用价值，就能卖更高的价钱。苹果理论认为不良资产就像是一筐有好有坏的苹果，整体卖掉可能卖不出好价钱，倘若把它们仔细分类处理，则可以达到总体收益的最大化。资产组合理论则认为在处置不良资产的方式选择上，可以通过资产组合打包出售来分散风险，提高抵御风险的能力。

实质上，这几种理论大同小异，其本质就是通过经营和持有不良资产，扩大其内在价值，以时间换空间，待时机成熟，再进行变卖，获取最大利益。比如一个商场由于经营不善，持续多年亏损，成为不良资产。如果资产管理公司处置这个不良资产只是简单地变卖，既难变卖，又难卖高价，但是如果这家资产管理公司能引入运营方，重新经营商场，待商场自身获得稳定的利润后，再在市场上售卖，就能取得高价。因为商场自身稳定的现金流和回报对于潜在投资者来说很具有吸引力，而在原来经营不善的条件下，潜在投资者还需要花大量时间和精力使得商场重新走上正轨。这种优劣造成了同一资产前后价格的不同。

本 章 小 结

不良资产指在现实状态下无法给资产持有者带来合理预期收益的资产。不良资产主要包括金融不良资产和非金融不良资产两大类。其中，金融不良资产又可分为银行不良资产与非银行金融不良资产两个小类。不良资产管理本质是赋予不良资产转让流动性、在"时间"和"空间"两个维度对不良资产价值重新发现和再分配的过程。

不良资产管理机构可以分为两类,即核心管理机构(投资商)和辅助管理机构(服务商)。不良资产行业的核心管理机构格局可以概括为"5+地方系+银行系+外资系+N"。辅助管理机构围绕不良资产行业产业链上下游提供多种商业服务,可以分为处置服务商、专业服务商、交易服务商和综合服务商。

不良资产管理的主要业务包括四大类,分别是收购、处置、金融投资类和管理类业务。其中,收购业务可分为不良资产自营收购业务、不良资产受托收购业务和不良资产远期收购业务。处置业务可以分为传统处置类和投行化处置类业务。金融投资类业务包括不良资产证券化次级投资业务、违约债权投资业务和上市公司股权质押纾困业务等。管理类业务包括投行顾问业务、受托管理业务、破产管理业务和基金管理业务。

不良资产管理的目的可概括为:风险防范与化解,价值发现与实现。前者以保障金融安全为责任起点,体现了不良资产管理的宏观价值。后者以实现市场化为功能起点,体现了不良资产管理的微观价值。

不良资产管理的理论基础主要有期权周期理论、资源错配理论、根雕理论和冰棍理论等。各种理论从以时间换空间、有效配置资源、深度挖掘价值和快速变现等不同的角度为不良资产管理的实践提供理论指导。

不良资产市场的广阔前景吸引了越来越多的参与机构进入市场,市场竞争激烈程度也在不断提升。对于不良资产行业的参与者而言,管理能力和资金实力是两大核心竞争力。随着市场参与者数量逐渐增长,市场化程度进一步加深,资产管理能力的重要性将愈发突出,牌照价值逐渐降低。资产管理能力,即资产收购、资产处置、过程控制、监督评价的能力,对于市场参与者能否从市场竞争中脱颖而出,将越来越重要。

本章重要术语

不良资产

不良资产管理

核心管理机构

辅助管理机构

复习思考题

1. 不良资产管理的目的是什么?
2. 不良资产管理机构分为几种类型?
3. 不良资产管理的主要业务有哪些?
4. 什么是根雕理论,有什么借鉴意义?
5. 什么是冰棍理论,有什么借鉴意义?

第二章

不良资产管理的基础工作

估值结果的准确与否对不良资产处置有着较大的影响：估值过低，处置过程中容易出现道德风险，导致资产受损；估值过高，影响团队处置的积极性，且需多次挂牌，降低了资产处置效率和收益。

不良资产管理的基础工作是指在开展不良资产管理业务的过程中，为业务开展提供基础材料和基础依据的工作，其中包括尽职调查、估值定价和资产组包。首先，不良资产管理的各类业务以这三项工作的成果为基础，不良资产的收购业务、处置业务、金融投资类业务和管理类业务都在这些工作的基础成果上展开。其次，这些工作也是进入不良资产行业的基础，只有掌握了这些基础工作能力，才能说在不良资产行业入门。因此，这三项工作被统称为不良资产管理的基础工作。虽然基础工作都属于不良资产行业的日常工作，但绝不是说这些基础工作对专业知识没有要求。恰恰相反，基础工作都是专业性要求很强的工作。在这些工作中，对法律、评估、经济等专业知识的运用要求很高。本章将介绍这些基础工作的基本概念和主要方法。

从不良资产交易示意图（如图2-1所示）中可以看出，尽职调查、估值定价、资产组包这三项工作在管理机构的工作中处于基础地位。不良资产交易的运行依赖于基础工作的成果。图中的其他不良资产管理相关概念，如批量转让、单户转让、收购、处置等概念将在后续的章节进行介绍。

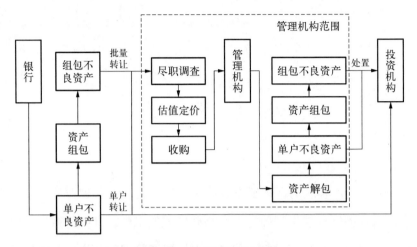

图 2-1 不良资产交易示意图

第一节 尽职调查

尽职调查是一个核实信息、发现风险和评估价值的过程，简称"尽调"。尽职调查人员根据调查得到的信息，判断不良资产的价值、债务人和保证人的偿债能力和不良资产中蕴含的法律风险，并初步确定实现债权价值的途径，总结债权价值实现的可能性，为后期收购、处置提供价值参考依据。在收购前尽调之后，往往还会在处置阶段进行二次尽调，甚至多次尽调。目的就是在尽调过程中深入了解债权，发现瑕疵和亮点。重点项目应在尽调过程中预先做好处置计划，提前做好资产处置的预案，充分提升效率和实现价值。

一、尽职调查的原则

尽职调查工作应遵循客观真实、全面审慎、突出重点的原则。

(一) 客观真实原则

尽调人员在现场及非现场尽调过程中应根据资产现状，客观、真实地对资产真正价值及风险进行挖掘、摸排，杜绝人为因素等非客观原因导致对资产进行"推测"尽调，如根据卖方人员的描述片面尽调对资产非理性地推断、预测判断。客观真实的尽调就是全面地对资产进行"画像"，呈现其最真实的一面。

（二）全面审慎原则

不良资产的尽调涉及对资产的全面性、真实性的核查，须全面披露资产收购的法律风险、市场风险及后期经营风险等，尽调人员须保持在现场及非现场尽可能收集材料，力求全方位、多角度审视资产的实质，审慎地解读收集的资料，以求为收购资产的报告提供全面真实、坚强有力的收购定价依据。

（三）突出重点原则

突出重点原则与上述的全面审慎原则并不冲突，在全面收集材料的基础上突出重点，对影响不良资产收购及处置的因素重点考察及提炼，比如债权法律风险相关的债权真实性、诉讼及执行时效，影响债权估值的优先于抵（质）押权利的其他权利（如工程款优先权等）、抵（质）押物变现的障碍以及抵（质）押物周边市场的同类资产价格等。故尽调过程中需全面考察，重点归纳。

二、尽职调查的分类

根据目的及实施的阶段不同，尽职调查可分为买方尽职调查、资产日常管理尽职调查和资产处置尽职调查（卖方尽职调查）。买方尽职调查指管理机构作为意向购买人，根据资产转让方提供的资料和调查条件进行尽职调查，对相关资产的状况、权属关系、市场前景及收购或受托的可能性进行调查，预测收入和成本、风险和损失，为收购决策提供依据。资产日常管理尽职调查是指管理机构对接收或受托的资产根据日常管理或定期估值需要，补充、更新资产信息，了解资产的变动情况和价值变化趋势，为资产处置时机和资产处置方式的选择提供基础。资产处置尽职调查是指管理机构对接收或受托的资产进行尽职调查，全面了解处置资产情况，分析处置时机，为资产处置方式选择、资产估值以及方案的制定和实施提供依据。采用资产转让、资产证券化等处置方式时也称"卖方尽职调查"。

根据调查途径，尽职调查可以分为非现场调查、现场调查与外围调查。非现场调查指通过查阅档案资料，了解资产情况，搜集、整理资产信息。尽职调查人员应对每个资产处置项目进行非现场调查。非现场调查着重核实档案资料的真实性、完整性和有效性。现场调查指通过走访债务人和保证人、勘查或核实担保物，了解资产情况，搜集、核实、补充资产信息。调查人员可根据实际情况确定现场调查范围，对项目较多的资产包，可适当减少现场调查项目的数量。现场调查应着重核实数据资料的真实性、有效性和相关性。外围调查指通过向工商、税务、房产、土地等行政或资产登记管理部门进行查询，或通过其他相关方面调查了解资产有关情况。外围调查着重通过补充阅档来查验现场调查和非现场调查信息。

按调查对象或范围划分，尽职调查可以分为全面调查、重点调查和抽样调查。全面调查指对拟收购不良资产中所有项目及内容逐个进行调查。重点调查指选取拟收购资产中具有代表性、能够反映资产总体基本情况的大额债权、重要抵（质）押债权和重要物权股权资产进行调查。抽样调查指按照一定原则，从拟收购资产中，抽取部分债权样本进行调查，用所得到的样本调查数据推断总体情况。

按实施执行调查的人员分类，尽职调查可分为内部调查和外部调查。内部调查指由资产管理公司业务部门和相关部门（法律合规部门、评估管理部门、信息技术部门等）设计尽职调查方案，实施尽职调查并提出调查结果。外部调查指委托外部中介机构负责资产的尽职调查，由中介机构制定尽职调查工作方案、确定调查内容和方法，设计尽职调查工作表，组织完成尽职调查表的填制工作，整理相关文档，出具尽职调查报告。

从在不良资产管理业务中的重要程度来看，最重要的两方面尽职调查是法律尽职调查和估值尽职调查。

三、法律尽职调查

不良资产法律尽职调查，主要是指委托方委托律师事务所等中介机构，运用法律专业技能，通过原始材料阅档、现场查勘、相关部门查询、网搜、访谈等方法，对拟收购的不良资产法律相关事项进行调查及分析判断，最后形成书面法律尽职调查报告，为委托方顺利实施不良资产项目提供决策参考和依据的过程。不良资产行业中很大一部分获利空间源自交易相对方的信息不对称，在信息不对称关系当中，掌握了更多信息的交易方能够收获其他参与方可能无法获取的额外收益，开展不良资产法律尽职调查可以获取更多资产信息以消减信息不对称背后的潜在道德风险，以便对资产现状及价值作出科学、客观的判断。

在不良资产管理业务中，法律尽职调查主要起到以下三方面的重要作用。

（一）收购方决策的前提

法律尽职调查是不良资产收购方风险控制的主要手段之一，是收购方决策的前提条件。收购方从获悉资产拟对外转让消息，到最后决策是否参与资产标的的竞争，到以何种策略参与，中间需要经历对资产专业的法律尽职调查等系列流程作为最终决策的前提。以银行贷款为例，按原银监会2007年发布的《贷款风险分类指引》（银监发〔2007〕54号），银行贷款分为正常、关注、次级、可疑、损失五类，其中后三类合称为不良贷款。对于不良贷款，银行通常会尝试自行清收，而对被推入资产交易市场的不良贷款，或多或少存在一些瑕疵，在出让方提供有限文件材料的限制下，要求收购方通过法律尽职调查去伪存真、去粗取精、由此及彼、由表及里地探索标的资产的真实价值与价值陷阱，弱化信息不对称所产生的风险，对标的资产的购买价值作出合理判断。

（二）估值定价的依据

法律尽职调查结果是资产估值定价的重要依据。不同于股权投资、金融产品投资、房地产投资看重被投资标的资产的后期增值，不良资产项目的收益与收购时的资产包的打折幅度呈高度正相关性，收购定价是该投资链条中最重要的环节。收购方依托于法律尽职调查得到的权利有效性、资产抵（质）押率、风险瑕疵等信息均是资产估值定价模型中的重要变量，综合评估部门的专业评估、法律尽职调查以及收购方风险偏好等因素，最终形成不良资产的估值定价。

（三）制定处置预案的基础

法律尽职调查是收购方制定后续处置预案的基础。受让资产后，收购方通常需以尽职调查结果为基础，以综合效益与风险为原则，结合经济周期、收购成本、融资成本、其他成本及各项税费等因素制定后续的处置预案，综合考虑常规清收（含诉讼、催收等）、和解调解、债权/收益权转让、以物抵债等之间的利益均衡。不同类型的资产可对应制定不同的处置预案：对价值合理易处置的资产，可以尽快推动处置，收回成本；对低估的周期性资产可等待适当时机以谋求其资产价值的更大化；对有经营价值的资产可通过对资产改造升级获取超额收益。

四、估值尽职调查

估值尽职调查是指业务部门通过核查项目档案，勘查或核实抵（质）押物及实物，走访债务人、保证人、股权企业及关联人等（统称为"债务主体"），收集和整理资产信息，并对有关信息核查、分析、评价和验证，填写估值尽调工作底稿，汇总有关资料等一系列工作。

估值尽职调查应始终围绕价值发现与风险防范来展开，"价值发现""风险防范"两者同等重要，要避免一味强调价值或片面强调风险。

估值尽职调查以法律尽职调查为基础开展相关工作。估值尽职调查的内容主要包括：资产法律关系与状态判断、资产价值判断等。估值尽职调查维度应包含债权转让的合规性、债务结构、法律信息、风险信息及处置信息。

估值尽职调查的范围包括资产包的基本情况及资产包质量的相关数据。根据不良债权是否存在抵（质）押权利，可以分为具备优先偿债能力的债权和一般偿债能力的债权，根据不同的债权种类分别进行有重点的估值尽职调查：

（1）优先偿债能力估值尽职调查指在确认抵（质）押物权利具有法律有效性的前提下，尽调人员对债权抵（质）押物的现实状况、瑕疵事项、变现能力进行调查分析，确定抵（质）押物估值参数的过程。根据抵（质）押物的种类和特点，进行现场访谈和实地勘查，了解抵（质）押物现状，收集估值所需信息。

（2）一般偿债能力估值尽职调查指在债权合法有效的前提下，对债务主体的资产负债进行调查分析，确定债权的一般受偿金额。通过阅档、实地勘查、向权属登记部门查询等多种途径相互印证，调查债务主体可偿债资产的情况。

估值尽职调查过程中需按照阅档、现场勘查、干系人走访、资料查询四个流程进行。尽职调查应获取债权的法律状态、实物状态、干系人经营情况、还款意愿等基础信息。使用资料时应分类整理、相互印证。

估值尽职调查是动态发展的过程，为确保不良资产收购业务质量，管理机构应当根据不良资产的所处行业、地区、环境等具体情况，适当调整、增加、完善估值尽职调查工作。

第二节 估值定价

不良资产估值是指从技术分析的角度对估值基准日特定目的下不良资产的价值进行分析、估算，为即将发生的经济行为提供价值参考。不良资产定价则是综合多方面因素，决定资产收购或出售底价的过程。不良资产评估的本质就是基于尽职调查所获得的债务人及干系人可用于偿还债权人债务的财产线索的估算。该财产线索的估算可以是抵（质）押的变现价值估算、保证人偿债能力的估算或债务人持续经营现金流的测算等。

一、不良资产估值定价的特点

不良资产估值定价除了具备资产评估的一般特征外，还具有如下特点。

（一）对可追偿财产线索的价值判断

投资人购置债权类不良资产后的主要收益来源为对抵（质）押物的处置、对担保人及债务人的追偿。故不良资产评估业务，本质上是对债务人和债务责任关联人可以偿还贷款资产线索的查证、资产变现值的估算，对经营现金流的判定，对其他任何可能偿还贷款的线索以及可回收贷款的判定。

（二）对象具有特异性

不良资产的存在形式多种多样，有债权、物权、股权三种形态。不同的不良资产之间可比性差，尤其是随着交易结构的设计更加灵活，每项不良资产几乎都是根据不同的合约条款"量身定制"，其流动性、偿还期限、风险程度各有差异，使不良资产估值定价的对象具有单一性和特异性。因此，对每一项待评估的不良资产，都需要分析研究其种类、特点和收益模式，不良资产估值定价只有根据不同的评估对象、不同的评估目的和不同的交易方式，结合具体的评估时点，采用不同的评估方法，才能正确反映不同不良资产的真实价值。

（三）关注金融市场的风险与不确定性

一方面，金融市场充满竞争与风险，一定量的不良资产在未来到底能产生多大的预期收益，有相当的不确定性。因此，在不良资产评估实践中，需要高度关注金融市场可能存在的风险，并在参数确定和模型运用中充分考虑。另一方面，由于不良资产的流动性和价值波动性，债务人的经营状况、宏观经济环境的变化都会影响不良资产的价值。如银行存款利率、通货膨胀率和宏观经济政策信息，甚至国际金融市场的波动都会影响不良资产的价值，这使不良资产的价值随时都在发生变化，而估值定价是针对某一时点上的价值估算。因此，在估值定价实践中，估值基准日的选择要尽可能与定价使用时点接近，以提高不良资产估值定价的准确性。

（四）关注金融管制政策和市场调控政策

不良资产市场存在较强的信息不对称性。在不同的金融管制措施和金融市场调控政策下，不良资产价值会发生变化，因此，对金融资产进行估值，应充分考虑现行金融管制政策和金融市场调控政策等金融监管法律法规政策对金融资产价值的影响。估值人员需要密切关注不良资产评估涉及的法律、法规和规范性文件，并充分考虑其对估值风险的影响。在估算不良资产价值时，估值人员不仅要关注金融监管指标，还需要关注金融行业的风险指标变化趋势及金融企业客户的风险偏好程度对不良资产价值的影响。估值人员应不断加强对宏观经济形势的研究及对相关金融政策的把握，进而提高不良资产估值定价的准确性。

二、不良资产估值定价的主要任务

（一）确定收购价格

国际上知名不良资产管理公司，如韩国的KAMCO、美国的FDIC所经营的不良资产大多为不动产抵押物，而转轨国家的不良资产管理公司处置不良资产的重点往往是资不抵债的整个企业。对于不良资产管理公司来说仅仅知道一个企业的资产价值、负债情况是不够的。不良资产管理公司最迫切需要了解和掌握的是，在被评估企业资产、负债能够确定的情况下，根据拟收购的该企业的债权总量和债权的担保形态，分析判断被评估债权可能回收的金额。也就是说，在传统的资产评估的基础上，不良资产管理公司需要进一步评判被评估企业以现有资产偿债的能力。由于评估的对象大多是关停、倒闭企业，相关资料往往并不齐全，且不良债权没有相对公开透明的市场，故很难获得一个清晰确定的债权价值参考依据，通常需要根据相关受偿来源进行估算。不良资产管理公司一般以此测算出的受偿金额作为对债权出让方进行收购谈判的重要参考依据，也是与出让方进行谈判的参考价格底牌。

(二)存续期间管控及会计价值计量

财政部2017年发布了《企业会计准则第22号——金融工具确认和计量》(财会〔2017〕7号)。根据修订后的新金融工具准则,不良资产属于以公允价值计量且其变动计入当期损益的金融资产。当初始确认完成进入后续计量时,在每个财务报告日,企业应当对不良资产以公允价值计量并将其变动计入当期损益。由于不良资产种类复杂且无透明的交易市场,无法直接取得相关报价,故需要借助估值技术确定资产的公允价值。

从不良资产管理公司管控角度分析,$\dfrac{\text{不良资产公允价值}}{\text{不良资产成本余额}}$和$\dfrac{\text{不良资产公允价值}}{\text{不良资产债权余额}}$这两个指标能清晰地反映公司未来的盈利潜力。定期的不良资产评估能有效辅助管理决策。

(三)确定处置底价

在资产管理与处置之间存在一个相当重要的环节,即对已接收的不良资产的实际价值进行评估。通过不良资产评估得到的处置估值是对外招拍挂的基准价格。因此,估值结果的准确与否对不良资产处置有着较大的影响:估值过低,处置过程中容易出现道德风险,导致资产受损;估值过高,影响团队处置的积极性,且需多次挂牌,降低了资产处置效率和收益。不良资产债权评估有助于决定具体的处置方式。但资产处置工作需要经过许多环节,而估值定价通常只是资产处置工作过程的一个必要环节,这使实现回收价值最大化带有很大的不确定性。估值结果过高,处置时无人应价是常有的事。长期卖不出,不良资产保养又成了问题,时间越长,标的资产因冰棍效应实际价值流失越严重。而且,估值定价结果只是相对准确,且具有一定的模糊性。除了做好不良资产估值定价工作外,其他环节的工作也不能忽视。可见,做好资产估值定价并不等于实现处置回收最大化。尽管如此,对资产估值定价工作绝不可以掉以轻心。在大多数情况下，资产回收最大化的实现离不开合理、客观、公正的不良资产估值定价工作。

三、不良资产估值定价的基本方法

不良资产估值定价的基本方法主要有以下三类，即市场法、成本法和收益法。

（一）市场法

使用市场法对不良资产进行估值定价时，以可比参照物的市场价格作为资产价值确定的基础来评估资产价值。使用市场法确定不良资产价值的前提是存在活跃的公开市场，此外还能够找到对于被评估资产而言具有可比性的资产以及与可比资产相关的交易数据及信息。

在实务中，采用市场法进行资产评估的主要适用场景是评估经常发生交易且数量较多、具备可比性的押品，如成套住宅。具体计算方法包括现行市价法、市价折扣法、价格指数法、成新率价格调整法、因素调整法等。

（二）成本法

使用成本法对不良资产进行估值定价，是通过确定被评估资产的重置成本，并在此基础上扣除相关的贬值来进行估值。成本法评估资产对资料收集提出了较高的要求，要求进行评估的专业人员充分掌握同一地区同类资产的价格构成，充分了解各种相关因素，合理考虑各项贬值因素。使用成本法进行估值定价是建立在资产具有经济效用的前提下，即假设资产可以继续使用，且在使用过程中能为资产所有方带来经济利益。

在实务中，采用成本法进行资产评估的主要适用场景是评估成本数据易于取得的机器设备类押品和市场流动性稍差的非收益性房地产，如工业厂房、仓库、码头、机场、办公楼、图书馆、体育馆、医院大楼、学校校舍等。具体计算方法包括复原重置成本法、更新重置成本法等。

（三）收益法

使用收益法对不良资产进行估值定价时，以被评估资产的预期收益作为资产价值确定的基础，在此基础上将预期收益通过选取合适的资本化率或报酬率进行折现来确定处置时的资产价值。使用收益法的前提条件是被评估资产有可预测并能够以货币衡量的未来预期收益、可预测的获利年限、可预测并能够以货币衡量的预期收益所承担的风险。

在实务中，采用收益法进行资产评估的主要适用场景是评估可独立经营或者具有潜在收益的资产，如成套机器设备、收益性房产、森林资源、债券、股权、知识产权等。具体计算方法包括直接资本化法、报酬资本化法等。

第三节　资　产　组　包

资产组包是指，一般不良资产出让方按照自身资产处置需求及不良资产投资方的偏好，按不同地域、行业、类别拟批量转让不良资产的范围和标准，对不良资产予以分类整理，把一定户数和金额的不良资产组合成为资产包。根据不良资产分布和市场行情，合理确定批量转让不良资产的种类和规模。

一、资产组包的一般原则

（一）地域性原则

不同地区的经济运行状况往往会决定不良资产的出让总量、实际交易量以及一二级不良资产投资市场的交易活跃度，所以不良资产具有明显的地域属性。

银行等不良资产出让方出于其在日常业务开展过程中的经营管理权限等因素，往往会在分级经营区域内对自身经营管理的金融资产进行风险分类，对所在区域的不良资产进行组包出让。对于受让不良资产的投资方而言，资产包的区域性尤为重要，甚至将所在区域作为是否收购不良资产考虑的首要因素。因为不同投资方在不同区域的尽调、估值及清收能力差别较大。某一投资方往往对某一区域的不良资产收购需求较大，而对其未投放资金或人力的区域，收包需求较小，即便收购后者区域资产包，收购时的审慎性程度也较高。故地域性原则成为不良资产出让及收购的首要原则。

（二）行业性原则

一般行业的流动性风险往往会突破区域限制，造成某一省市、某几个省市乃至全国范围该行业相关企业的金融贷款坏账，甚至引发该行业上下游产业链一系列、多产业的不良资产爆发。故银行等不良资产出让方往往会将该行业及相关产业的不良资产组包集中出让，投资者也往往是相关产业的产业投资者，对该类不良资产出让方而言，该类投资者的收购价格往往有一定优势，也有利于该类不良资产的化解与盘活。

（三）类别原则

以银行为例，不良资产一般按照银行贷款风险分类，或按不良资产的担保措施分类。

首先就贷款风险分类而言，银行类机构的贷款分为正常、关注、次级、可疑、损失五类。后三类为不良贷款。不同银行对次级、可疑、损失三类不良资产出让定价不同，次级类最高，损失类最低，银行根据经营业绩需求，可出让不同类型的不良资产完成当期的经营业绩。

不良资产投资方对不同种类的不良资产偏好程度也不同，此处需特别说明的是并非次级类不良资产收益率（如清收回款与收购价款之比）一定比损失类不良资产收益率高，除内部不良资产出让原则外，银行也会根据不良资产投资方的偏好程度进行组包。

其次，金融不良资产根据其担保措施分为抵（质）押类贷款金融不良资产和信用担保类贷款金融不良资产。底层资产为抵（质）押物的抵（质）押类贷款债权清收回款高于信用担保类贷款债权，组包的考虑因素也同银行内部经营需求及不良资产投资方偏好有关。在不良资产交易中，不良资产包存在纯抵（质）押贷款金融不良资产包、纯信用担保贷款金融不良资产包以及二者兼有的混合不良资产包，实际业务中混合不良资产包占比较多。

二、常见的组包类型

资产组包的目的是促成不良资产交易的达成。资产组包后通过批量交易的方式，提高资产流转效率。为更好地实现这一目标，常见的组包类型有以下三种。

（一）转让方混搭组包

混搭组包是组包交易的常见方式。不良资产出表方为提高不良资产包的出让价格，又试图批量出让一些看似无价值的损失类资产，往往会将可回收价值大的抵（质）押类贷款金融不良债权与回收价值较低的信用担保类金融不良债权组合在一个"包"中，将资产包以"肉+骨"的形式呈现给不良资产投资方，提高不良资产投资方的收购意愿，留给不良资产投资方更多的利润想象空间。

（二）出让方自行组包

不良资产出让方按照自身资产处置需要，按不同地域、行业、类别的债权或抵债实物混合组包，经内部程序审批后向社会推介。这种类型的资产包常见于金融企业多年以来都难以处理的"硬骨头"项目，其通常主动组包向社会推介。

（三）商议组包

一些具备实力的不良资产投资方会主动向金融企业或AMC提出购买特定资产包的要约邀请，由双方协商按地域、行业、类别灵活组包。

在商议过程中，买方利用大资金等优势掌握一定程度的谈判话语权，其利用信息不对称，将心仪的项目"装"进资产包内，并通过"大包"或"混包"排除其他竞争对手。通常对于这些实力较强的投资方，银行类等金融企业或AMC都会在衡量自身需求后，满足其组包请求。

值得注意的是，具备突出专业能力的投资者往往会主动搜寻其擅长处置、盘活的不良资产，主动寻找投资机会，包括但不限于主动了解困境企业的境况及投资价值，并主动接洽尚未有出让计划的金融企业或者AMC。金融企业或者AMC根据该类投资者的需求，被动组包出让。相比于转让方发起主动组包的交易，我们可以将被动组包称为"反向组包"。随着社会不良资产交易的活跃度逐渐上升，不良资产投资主体的类型多样化及数量的增长，反向组包交易越来越常见。

本 章 小 结

不良资产管理的基础工作包括尽职调查、估值定价和资产组包。基础工作的目的是在开展不良资产管理业务的过程中，为业务开展提供基础材料和基本依据。不良资产的收购业务、处置业务、金融投资类业务、管理类业务都在这些工作的基础成果上开展。

尽职调查是一个核实信息、发现风险和评估价值的过程。尽职调查人员根据调查得到的信息，判断不良资产的价值、债务人的偿债能力和项目的法律风险，并初步确定实现债权的途径，总结债权实现的可能性，为后期收购、处置提供价值参考依据。根据目的及实施的阶段不同，尽职调查可分为买方尽职调查、资产日常管理尽职调查和资产处置尽职调查。按调查途径划分，尽职调查可以分为非现场调查、现场调查与外围调查。

不良资产估值，指从技术分析的角度对估值基准日特定目的下不良资产的价值进行分析、估算，为即将发生的经济行为提供价值参考。不良资产定价是综合多方面因素，决定资产收购或出售底价的过程，不良资产估值定价的基本方法主要有市场法、成本法和收益法。

资产组包，指一般不良资产出让方按照自身资产处置需求及不良资产投资方的偏好，按不同地域、行业、类别拟批量转让不良资产的范围和标准，对不良资产予以分类整理，把一定户数和金额的不良资产组合成资产包，根据不良资产分布和市场行情，合理确定批量转让不良资产的种类和规模。资产组包的目的是促成不良资产交易的达成。资产组包后通过批量交易的方式，提高资产流转效率。常见的资产组包方式包括转让方混搭组包、出让方自行组包和商议组包等。

本章重要术语

尽职调查
资产组包

复习思考题

1. 根据目的和实施阶段的不同,尽职调查可分为几种类型,各有什么作用?
2. 估值定价的基本方法有哪几种?
3. 常见的组包包括哪几种类型?
4. 在组包过程中为什么会采用行业性原则?

第三章

不良资产自营收购业务

1999年至2010年,是以政策性为主的时期,四家资产管理公司对口定向收购国有四大行剥离的不良资产;2010年至今,进入商业化发展时期,管理机构逐渐走向在公开市场中竞争收购资产。

不良资产收购业务是与国家政策关联度极高的业务,该业务在发展过程中由于受到监管政策调整的影响,业务规则发生了非常大的变化,即从最初的政策性收购到商业化收购,是完全不同的两套交易规则。政策性收购在四大资产管理公司商业化转型之后已停止。商业化收购政策始于《金融资产管理公司商业化收购业务风险管理办法》(财金〔2004〕40号),该办法明确了商业化收购业务是指金融资产管理公司根据市场原则购买出让方的资产,并对所收购的资产进行管理和处置,最终实现现金回收的业务,同时规定了商业化收购的范围是境内金融机构的不良资产。该办法所指的"商业化收购"即图3-1中的金融不良资产收购。经过十几年的发展,不良资产收购业务经历多次政策调整。

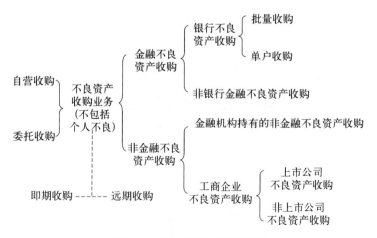

图3-1 不良资产收购业务分类图

按照行业惯例，一般所描述的不良资产收购业务仅指对公不良资产收购业务内容。监管部门放开个人不良贷款批量转让业务的时间较晚。2021年1月，原银保监会办公厅下发《关于开展不良贷款转让试点工作的通知》(银保监办便函〔2021〕26号)，批复同意银行业信贷资产登记流转中心(以下简称"银登中心")试点开展单户对公和个人不良贷款批量转让。批量个人不良贷款的收购处置业务放在第十章单独叙述。

不良资产收购业务根据出让方性质的不同可以分为金融不良资产收购和非金融不良资产收购，两者在准入资质、转让对象、转让流程等方面有很大的差异。金融不良资产收购又可分为银行不良资产收购和非银行金融不良资产收购，在银行不良资产收购中存在批量收购和单户收购的情形。非金融不良资产收购可分为金融机构持有的非金融不良资产收购和工商企业不良资产收购，后者对于上市公司和非上市公司在交易规则和信息披露方面也有差异。

不良资产收购业务的其他分类方式包括：从清收主体上分，可以分为自营收购和委托收购；从收购触发时点来分，可以分为即期收购和远期收购。本章主要讨论自营收购，委托收购与远期收购将在后面的章节进行讨论。

第一节 业务概述

不良资产自营收购业务，指管理机构以自行经营为目的，收购出让方的不良资产，资产类型包括不良债权、股权、实物类资产等。管理机构根据对资产的尽职调查及估值结果，通过公开或非公开的方式参与收购不良资产，收购后通过各类处置手段实现盈利。

不良资产自营收购业务起步于1999年四家资产管理公司成立之际，历经20多年的业务发展，从政策性业务转向商业化业务。1999年至2010年，是以政策性为主的时期，四家资产管理公司对口定向收购国有四大行剥离的不良资产；2010年至今，进入商业化发展时期，资产管理机构逐渐走向在公开市场中竞争收购资产。根据收购资产来源的不同，可分为金融不良资产和非金融不良资产两大类。两者在金融属性上存在显著差异，这导致两者在监管上有不同要求。金融监管部门针对业务的不同发展阶段，结合国家宏观经济走势、不良资产行业发展情况，进行动态政策调整，引导管理机构依法合规开展不良资产自营收购业务，发挥资产管理公司"金融稳定器"的作用。

一、金融不良资产的认定标准

1998年，中国人民银行出台《贷款风险分类指导原则（试行）》（银发〔1998〕151号），提出五级分类概念，奠定了以风险程度为衡量标准将贷款划分为不同档次的制度基础，其将贷款分为正常、关注、次级、可疑和损失五类，后三类即为不良贷款。2007年，原银监会发布《贷款风险分类指引》（银监发〔2007〕54号），进一步明确了五级分类监管要求。

近年来，我国商业银行资产结构发生较大变化，风险分类实践面临诸多新情况和新问题，现行风险分类监管制度存在一些短板与不足。原银保监会、人民银行在借鉴国际国内标准，并结合我国银行业现状及监管实践的基础上，于2023年2月发布实施《商业银行金融资产风险分类办法》（银保监会、人民银行令〔2023〕第1号），进一步明确本金、利息或收益逾期及逾期超过90天、270天、360天的金融资产分别应至少归为关注类及次级类、可疑类、损失类。该办法要求商业银行遵循真实性、及时性、审慎性和独立性原则,对承担信用风险的全部表内外金融资产开展风险分类,拓展了风险分类的资产范围,提出了新的风险分类定义,强调以债务人履约能力为中心的分类理念,进一步明确了风险分类的客观指标与要求。

对贷款的五级分类法也被《农村合作金融机构信贷资产风险分类指引》(银监发〔2006〕23号)、《小企业贷款风险分类办法(试行)》(银监发〔2007〕63号)采纳。因此,农村商业银行、农村合作银行和农村信用社的表内各类信贷资产(包括本外币贷款、进出口贸易融资项下的贷款、贴现、银行卡透支、信用垫款等)和表外信贷资产(包括信用证、银行承兑汇票、担保、贷款承诺等),以及各银行业金融机构对各类小企业、从事经营活动的法人组织和个体经营户的经营性贷款均采用五级分类法,同样后三类被纳入不良贷款的范畴。对于非银行类金融机构(包括但不限于信托公司、金融租赁公司、汽车金融公司)而言,各种贷款(含抵押、质押、担保等贷款)、租赁资产、贴现、担保及承兑汇票垫款、与金融机构的同业债权、债券投资、应收利益、其他各种应收款项等债权类资产,适用资产风险五级分类。其中后三类资产纳入金融不良资产范畴。

二、金融不良资产收购

根据《不良金融资产处置尽职指引》(银监发〔2005〕72号),金融不良资产是指银行业金融机构和金融资产管理公司经营中形成、通过购买或其他方式取得的不良信贷资产和非信贷资产,如不良债权、股权和实物类资产等。管理机构根据市场化原则收购金融机构持有的上述不良资产即金融不良资产收购业务。从《金融资产管理公司商业化收购业务风险管理办法》(财金〔2004〕40号)可以看出,早期金融不良资产收购业务参与对象仅包括四大金融资产管理公司。当时金融机构不良资产中占比重最大的是银行不良贷款，银行不良贷款的范围仅包括五级分类的后三类。

随着资产管理公司进入商业化阶段，监管部门对金融不良资产收购的真实性、整体性和洁净性三原则再次进行明确。2012年，财政部、原银监会发布《金融企业不良资产批量转让管理办法》（财金〔2012〕6号）（下称"财金6号文"），对金融企业范围、批量转让户数、可转让资产范围作出规定。该文件指出，金融企业包括国有及国有控股商业银行、政策性银行、信托投资公司、财务公司、城市信用社、农村信用社以及原银监会依法监督管理的其他国有及国有控股金融企业。批量转让是指金融企业对10户/项以上的不良资产进行组包，定向转让给资产管理公司的行为。可批量转让债权范围包括五级分类为次级、可疑、损失类的贷款，已核销的账销案存资产，抵债资产，其他不良资产，而个人不良贷款不得批量转让。财金6号文是商业化金融不良资产收购业务的纲领性指导文件，建立了收购业务的制度基础。

2013年11月28日，原银监会发布《关于地方资产管理公司开展金融企业不良资产批量收购处置业务资质认可条件等有关问题的通知》（银监发〔2013〕45号），明确了地方资产管理公司开展金融企业不良资产批量收购、处置业务的资质认可条件。2014年各地方资产管理公司陆续成立，监管部门逐渐开始建立地方资产管理公司的监管标准。2017年，原银监会办公厅下发《关于公布云南省、海南省、湖北省、福建省、山东省、广西壮族自治区、天津市地方资产管理公司名单的通知》（银监办便函〔2017〕702号）。该通知有两项重要突破：一是提出不良资产批量转让门槛由此前的10户减少至3户，大大降低了金融企业资产组包难度；二是地方资产管理公司扩容，突破了财金6号文规定的各省级人民政府原则上只可设立或授权一家资产管理或经营公司的限制。

自2020年全球暴发新冠疫情后，全球金融市场流动性收紧，我国经济发展面临的严峻性、复杂性和不确定性加大，金融机构不良贷款规模上升，重点领域信用风险进一步暴露，金融改革化险的需求进一步增加。2022年6月，原银保监会办公厅发布《关于引导金融资产管理公司聚焦主业积极参与中小金融机构改革化险的指导意见》（银保监办发〔2022〕62号）（以下简称"62号文"）。62号文首次提出适度拓宽金融资产的收购范围，规定金融企业可将以下五类资产批量转让给资产管理公司：一是涉及债委会项目，二是债务人已进入破产程序，三是本金或利息等权益已逾期90天以上，四是债务人在公开市场发债已出现违约，五是因疫情影响延期还本付息后再次出现逾期的资产或相关抵债资产。监管部门对资产管理公司收购资产范围的调整，打破了可转让资产信贷五级分类的限制，倡导资产管理公司早期介入不良资产的收购与化解工作，资产管理公司的定位由"处置化解"拓展至"预防救助"。

金融不良资产收购业务是资产管理公司的支柱型业务。监管部门通过政策调整引导资产管理公司参与不同时期的金融不良资产化险工作。截至2022年底，交易规则中市场的参与方已经由原有的4家发展到超过60家，批量转让的组包数量门槛由10户减少到3户、可收购债权扩大到信贷五级分类后三类以外的资产。

三、非金融不良资产收购

根据《金融资产管理公司开展非金融机构不良资产业务管理办法》（财金〔2015〕56号）（以下简称"56号文"），非金融不良资产（以下简称"非金不良资产")是指由非金融机构所有，但不能为其带来经济利益，或带来的经济利益低于账面价值，已经发生价值贬损的资产（包括债权类不良资产、股权类不良资产、实物类不良资产等），各类金融机构作为中间人受托管理其他法人或自然人财产形成的不良资产，以及其他经监管部门认可的不良资产。根据此定义，非金融不良资产可细分为由金融机构所持有的非金融不良资产和由工商企业所持有的非金融不良资产。与金融不良资产收购业务相比，非金融不良资产收购业务起步时间较晚，属于不良资产收购业务中的一类延伸业务。

（一）金融机构持有的非金融不良资产

金融机构持有的非金融不良资产为受托管理形成的不良资产，包括银行委托贷款、信托计划、资管计划等。该类资产的持有方虽然为金融机构，但资产的实质为金融机构受托管理类资产，资金来源多为机构的表外资金，而非金融机构自有资金，因此定义为非金融不良资产。这类非金融不良资产由于在资产特性上与金融不良资产相似度较高，容易引起混淆，需要仔细辨别。

金融机构持有的非金融不良资产收购业务起步于2010年，彼时四大资产管理公司陆续完成政策性不良资产处置任务，处于探索商业化发展道路初期。2010年至2015年，该类业务规模较小。直到2015年，随着56号文的发布，金融机构持有的非金融不良资产收购业务全面放开，随后迎来该类收购业务的蓬勃发展。在金融机构持有的非金融不良资产中，信托贷款资产是最常见的。资产管理公司收购信托贷款后通过债务处置或债务重组，实现非金融不良资产的盘活。

（二）工商企业持有的非金融不良资产

根据56号文，工商企业持有的非金融不良资产是指除原中国银行保险监督管理委员会、中国证券监督管理委员会监管的金融机构以外的境内企业法人、事业单位、社会团体或其他组织所持有的不良资产,该类资产应符合56号文规定的不良属性。工商企业持有的非金融不良资产常见的形式包括集团间往来款、工程欠款、贸易欠款等。这类资产均具有真实的交易背景或贸易背景,是工商主体间因交易而产生的债权债务。

与金融不良资产或金融机构持有的非金融不良资产不同,工商企业持有的非金融不良资产缺乏明确的定性不良属性判断标准,且资产的认定较复杂,界定较模糊。对于金融机构持有的债权资产来说,借款合同及放款凭证即可认定债权的真实有效。而工商企业持有的债权,需要通过基础服务合同、税票、请款单、发货凭证、运输凭证、验收凭证、商品或劳务交付证明、工程签证单和验收报告、资金往来凭证、服务合同、付款证明等多项资料证明债权的真实有效,债权认定难度较大。

在实际业务开展过程中,资产管理公司存在借道收购企业间的虚增非金融不良债权,变相提供融资的情况。对此,56号文规定资产公司收购非金融机构不良债权或资产,应以真实价值或实物存在为标的,严禁收购企业之间虚构的或尚未发生的应收账款等非真实存在的债权、资产,不得借收购不良债权、资产名义为企业或项目提供融资,非金融不良资产应满足真实性、有效性、洁净性的条件。不难看出,监管部门对工商企业持有的非金融不良资产收购业务的态度敏感而谨慎,强调应着重化解存量不良资产,而非为企业提供增量借款。至此,工商企业持有的非金融不良资产收购业务受到严格的政策约束。

(三)金融与非金融不良资产收购业务对比

金融与非金融不良资产最直观的差别是资产的收购来源不同,除此以外两者还存在诸多其他差异。

金融与非金融不良资产的资产质量存在差异。在金融不良资产中,最常见的是银行对普通实体企业的不良贷款。这些不良资产大多质量一般，盘活空间有限。而非金融不良资产中，最常见的是信托等受托管理机构对房地产公司或上市公司的贷款，债务企业主体资质较好，具有较大的盘活可能性。非金融不良资产收购业务使资产管理公司的资金投向从银行逐步延展至上市公司、政府融资平台等各类优质企业，深化了资产管理公司"大不良"业务战略。

金融与非金融不良资产的处置手段不同。金融不良资产多为主体信用弱而抵（质）押物质量尚可的资产，因此常通过处置抵（质）押物实现回款。非金融不良资产的主体信用相对较好，因此常采用债务重组、资产盘活等投行化手段使资产恢复现金流，而非直接变卖抵（质）押物。相较于其他金融机构，资产管理公司具有较强的资源整合、资产盘活的能力，因此对资产的选择偏好为资产信用大于主体信用。

监管部门对金融不良资产与非金融不良资产的认定标准存在差异。根据各政策文件，金融不良资产是分类为次级、可疑、损失的资产。而非金融不良资产是不能带来经济利益，或价值发生贬损的资产。显然金融不良资产具有明确的定量判定标准，而非金融不良资产的判定标准较为模糊。

第二节 业务特点

不良资产收购业务应具有权属和风险完全转移的特点。在不良资产收购业务发展历程中，不同时期的交易模式存在差异。早期曾出现出让方转让并附回购义务的交易模式，但该模式不符合会计准则中金融资产终止确认的有关规定，且原银监会办公厅在2016年下发了《中国银监会办公厅关于规范金融资产管理公司不良资产收购业务的通知》

（银监办发〔2016〕56号），要求："资产公司委托银行业金融机构协助或代理处置不良资产……不得约定各种形式的实质上由受托方承担清收保底义务的条款。"上述模式现已不具备可操作空间，风险完全转移的"洁净性"出表才是符合监管要求的交易模式。

不良资产交易的真实洁净整体转让模式，指出让方按市场公允定价将不良资产转让至资产管理机构，且不承担任何回购义务，实现资产和风险的真实、完全转移。《中国银监会办公厅关于规范金融资产管理公司不良资产收购业务的通知》规定：资产公司收购银行业金融机构不良资产要严格遵守真实性、洁净性和整体性原则，通过评估或估值程序进行市场公允定价，实现资产和风险的真实、完全转移；不得与转让方在转让合同等正式法律文件之外签订或达成影响资产和风险真实完全转移的改变交易结构、风险承担主体及相关权益转移过程等的协议或约定，不得设置任何显性或隐性的回购条款，不得违规进行利益输送，不得为银行业金融机构规避资产质量监管提供通道。

真实洁净整体转让模式的交易结构较为简单，出让方可通过公开或非公开的方式将资产转让至受让方，资产从出让方表内核销，资产转让的会计处理符合会计准则中金融资产终止确认的有关规定，受让方承担资产的管理与处置工作，是监管部门提倡的合规资产转让模式。与"会计出表"模式一样，真实洁净整体转让模式可实现优化出让方资产质量的效果，同时真实洁净整体转让模式还可实现"管理权出表"，大大降低了出让方在资产管理时的人力占用。

值得一提的是，在实际操作过程中，出让方与受让方对资产转让定价经常存在分歧，这直接影响了资产成交量，延缓了不良资产的出清速度，不利于维护金融市场稳定。针对这一情况，监管部门在62号文中首次提出了完善不良资产一级市场定价机制的要求。为解决交易双方对资产估值的分歧，允许相关金融机构和资产管理公司以真实估值为基础，在资产真实转让的前提下开展结构化交易。如参与转让的各资产管理公司报价均低于金融机构估值底价，买卖双方可以双方估值为基础，通过自主协商，协议约定双方参与未来资产处置收益分成、损失分担等方式达成交易。这一规定大大提高了不良资产交易的成交率。在资产洁净转让的基础上，上述规定通过收益分成或损失分担的方式，弥合了两者之间关于资产定价的分歧。

第三节 交易对手

不良资产自营收购业务的交易对手指资产的出让方，主要分为金融类机构和非金融类机构两大类，在此基础上可细分为银行类机构、非银金融机构、一般工商企业、其他类型四类（如图3-2所示）。

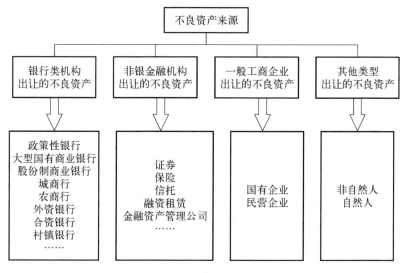

图3-2 不良资产来源图

一、银行类机构

银行类机构具体包括政策性银行（国家开发银行、中国进出口银行、中国农业发展银行）、大型国有商业银行（中国工商银行等四大行、中国邮政储蓄银行、交通银行）、全国性股份制商业银行（招商银行、浦发银行等）、城市商业银行（北京银行、宁波银行等）、农村商业银行及外资银行、合资银行以及新增的村镇银行。银行类机构是金融不良资产一级市场的主要出让方。根据原银保监会网站公开数据显示，截至2022年末，我国商业银行不良贷款余额约为3万亿元。

二、非银金融机构

非银金融机构是指除商业银行和专业银行以外的所有金融机构，主要包括信托、证券、保险、融资租赁、金融资产管理公司等机构以及财务公司等。非存款性金融机构包括金融控股公司、公募基金、养老基金、保险公司、证券公司等。经中国人民银行批准成立的典当行、担保公司、小额信贷公司等也纳入了非银金融机构的范畴。信托公司和融资租赁公司是非银金融机构中出让规模较大的主体，金融资产管理公司是二级市场的主要出让主体。

三、一般工商企业

除金融类机构外，依法成立及存续的工商企业持有应收账款等类的债权，均可对外出让债权。近年来，由于经济转型的压力，产能过剩行业、结构转型行业偿债能力下降，相关工商企业的不良资产供给量显著增加。

四、其他类型

其他类型主要包括自然人及破产管理人等非自然人主体,亦可对外出让持有应收账款等类的债权。

从不良资产收购规模来看,银行是金融不良资产的主要出让方。在去杠杆、强监管的政策背景下,非银金融机构如信托公司、融资租赁公司等,前期高速发展积聚的风险加速释放,导致不良资产出让规模攀升。同时,一般工商企业在产业转型的压力下,应收账款质量明显下降,坏账风险攀升。

第四节 交易模式

如果把不良资产市场按照资产包收购途径划分,可分为两级参与主体(如图3-3所示)。一级市场参与主体主要为"5+银行系+N"不良资产管理公司,根据原银保监会或省级人民政府批复的金融不良资

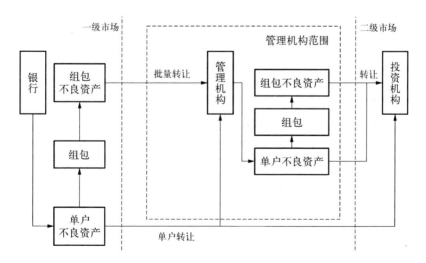

图3-3 不良资产两级市场示意图

产收购与处置"牌照",可直接向第一手不良资产包出表方(以银行、信托等金融机构为主)批量收购不良资产;国内外非持牌的资产管理公司则为二级市场参与主体,主要向"5 + N"持牌金融资产管理公司收购存量不良资产包,即"二手"不良资产市场包。一级市场不良资产交易根据监管政策限定的户数可以分为批量转让和单户转让。批量转让的方式受到监管政策的明确约束。单户转让交易方式则较为灵活。

不良资产交易根据是否公开交易信息分为公开转让和协议转让(非公开转让)。有意向收购不良资产的资产管理机构在公开转让市场根据市场公开竞价原则向不良资产出让方收购不良资产,或者双方以非公开转让的协议价格进行不良资产交易。不同类型资产采用的转让方式存在差异,金融类资产通常采用公开转让交易,而非金融类资产多采用协议转让交易。

一、批量转让与单户转让

《金融企业不良资产批量转让管理办法》《中国银监会办公厅关于公布云南省、海南省、湖北省、福建省、山东省、广西壮族自治区、天津市地方资产管理公司名单的通知》等监管规定:批量转让是指金融企业对3户及以上不良资产进行组包,定向转让给资产管理公司的行为;金融企业不得向金融资产管理公司、地方资产管理公司以外的主体批量转让不良资产,发生重要事项时,应及时向银监会、财政部报告。由此可知,金融企业对3户及以上不良资产进行组包,只能转让给持牌的资产管理公司,即全国性金融资产管理公司及地方金融资产管理公司。金融资产投资公司成立后,也被允许参与金融不良资产的批量转让业务。截至2022年末,批量收购参与者包括5家全国性资产管理公司、59家地方资产管理公司、5家银行系金融资产投资公司。

目前各项监管政策中没有明确规定出让方对于单户不良资产转让交易是否必须遵守《金融企业不良资产批量转让管理办法》。在实践中，部分金融机构根据法理中"法不禁止即自由"的原则，在出让单户不良资产时并未限定仅出让给持牌的资产管理公司。在一些公开拍卖平台上可以看到，个人、非持牌机构均有参加单户不良资产的竞价。

二、公开转让

公开转让是指出让方通过公开的方式转让不良资产，具体方式包括公开拍卖、招标转让、竞价转让等。

图3-4展示了某不良资产包转让的竞价邀请。公开拍卖又称公开竞买，

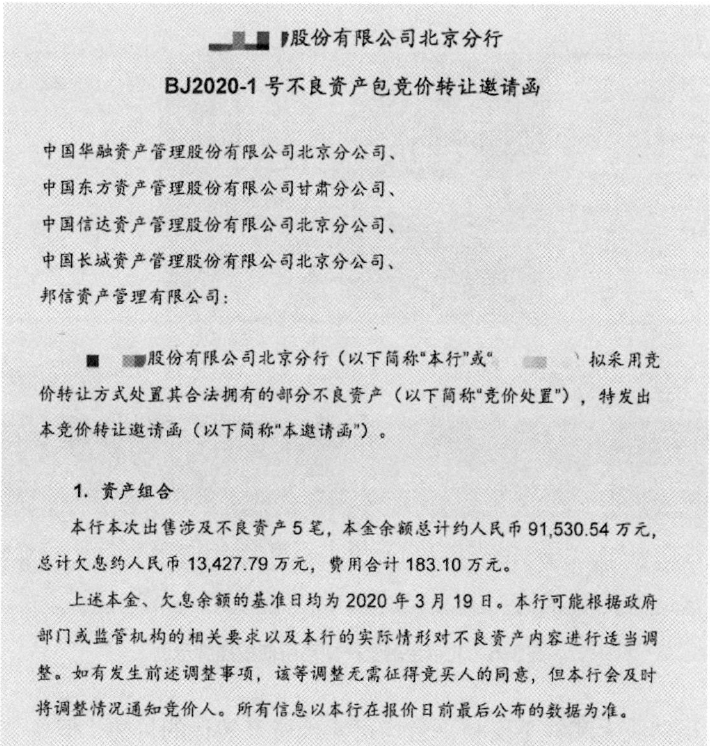

███股份有限公司北京分行
BJ2020-1号不良资产包竞价转让邀请函

中国华融资产管理股份有限公司北京分公司、
中国东方资产管理股份有限公司甘肃分公司、
中国信达资产管理股份有限公司北京分公司、
中国长城资产管理股份有限公司北京分公司、
邦信资产管理有限公司：

███股份有限公司北京分行（以下简称"本行"或███）拟采用竞价转让方式处置其合法拥有的部分不良资产（以下简称"竞价处置"），特发出本竞价转让邀请函（以下简称"本邀请函"）。

1. 资产组合

本行本次出售涉及不良资产5笔，本金余额总计约人民币91,530.54万元，总计欠息约人民币13,427.79万元，费用合计183.10万元。

上述本金、欠息余额的基准日均为2020年3月19日。本行可能根据政府部门或监管机构的相关要求以及本行的实际情形对不良资产内容进行适当调整。如有发生前述调整事项，该等调整无需征得竞买人的同意，但本行会及时将调整情况通知竞价人。所有信息以本行在报价日前最后公布的数据为准。

图3-4　某银行批量转让债权邀标函示例

指通过拍卖行等特殊中介机构以公开竞价的形式，在不良资产转让交易中一般采取将特定物品或财产权利转让给最高应价者的公开竞价方式。

招标转让，指出让方确定转让资产底价后，通过向社会公示转让信息和竞投规则，投资者以密封投标方式，通过出让方的评标委员会在约定时间进行开标、评标，选择出价最高的受让者的处置方式。

竞价转让，指出让方公开发布转让信息，根据竞买人意向报价确定底价，在交付一定数量保证金后，在约定时间和地点向转让人提交出价标书，由转让人按价高者得的原则确定受让人的转让方式。网络挂牌竞价常见的交易平台有阿里拍卖、京东拍卖、银登中心、交易所挂牌等。图3-5展示了北京金融资产交易所债权挂牌信息。

图3-5　北京金融资产交易所债权挂牌示例

虽然线上和线下交易平台均可实现资产转让的目的，但各平台可交易资产的种类存在差异。实务操作各种转让方式各有其适用范围，如表3-1所示。

表3-1 公开转让模式适用情形总结

交易资产类型		招标	竞价		
			银登中心	交易所	互联网拍卖平台
一级市场	单户对公债权		√（银行）	√（非银行）	
	批量对公债权	√			
	单户个贷	政策未明确			
	批量个贷		√		
二级市场				√	√

监管部门对不良资产交易一级市场的公开性、合规性要求极高，不断优化资产转让制度，建立健全标准化、统一化的交易体系。截至2022年底，除单户个贷转让尚未作出明确转让规定以外，批量、单户对公债权转让和批量个贷转让均应采用公开转让方式。

招标转让常用于不良资产交易一级市场中的批量对公不良资产交易。由于一级市场仅对五家全国性金融资产管理公司和属地的地方资产管理公司开放，属于封闭型市场，对拟转让资产的营销需求较小，因此常采用招标转让的方式。

竞价转让具有信息公开程度高、营销范围广等优势，常用于单户对公债权转让、批量个贷转让和不良资产交易的二级市场。采用竞价转让的原因主要有两点：一是监管明确要求单户对公债权转让和批量个贷转让需通过银登中心挂牌交易；二是不良资产交易二级市场的受让主体不受牌照限制，属于开放型市场，对资产转让的营销需求较大。通过线上和线下平台的充分营销和竞价，有利于提升资产成交效率和成交价格。

随着不良资产交易规模的扩大，交易平台基础建设同步提升。早期，不良资产较多挂牌于金融资产交易所转让，这种金融资产全品类交易平台具有信息不公开、数据不透明、数据统计功能缺失等问题。建立统一的交易平台有助于行业高质量发展。

原银监会在《关于开展不良贷款转让试点工作的通知》中提出，银登中心应承担不良贷款资产登记、挂牌展示、转让服务、信息披露和市场监测等工作。银登中心是监管部门指定的不良资产交易平台，提升了不良资产行业的信息收集和统计功能，有助于促进不良贷款转让业务健康、有序开展（图3-6展示了银登中心主页）。目前个贷批量转让和银行单户对公债权转让已纳入银登中心交易范畴，其他类型资产的交易是否需要通过银登中心完成，有待监管部门进一步明确。

图3-6　银登中心主页

三、协议转让

协议转让也被称为非公开转让，指通过签订协议的方式转让不良资产，具体分为主动协议转让和被动协议转让。

主动协议转让，指不良资产出让方与受让方在内部合规需求及政策监管均没有公开转让硬性要求，且双方就不良资产转让的价格、种类及数量等各要素达成一致，进行协议转让。这种转让方式常见于非金融不良资产交易和不良资产交易的二级市场。

被动协议转让，指通过市场公开询价，经多渠道寻找买家，在标的市场需求严重不足，无法找到两个以上竞买人，特别是在只有一个符合条件的意向购买方，没有竞争对手，无法进行比较选择的情况下，或采用公开转让方式在经济上不可行，不具备采用公开转让方式的条件时，通过双方协商谈判方式，确定资产转让价格进行转让的方式。

与公开转让相比，协议转让具有明显的优劣势。优势为非公开转让整体效率更高，免去了营销期、公告期等固定期限，交易双方可直接签署交易合同。劣势为非公开转让资产未经广泛营销，亦不履行竞价机制，市场上可能存在出价更高的买受方。同时，非公开转让存在政策约束。根据《金融资产管理公司资产处置管理办法（修订）》（财金〔2008〕85号）的规定：资产公司未经公开竞价处置程序，不得采取协议转让方式向非国有受让人转让资产；资产公司对持有国有企业（包括国有全资和国有控股企业）的债权资产进行出售时，应提前15天书面告知国有企业及其出资人或国有资产管理部门。

四、付款方式

不良资产收购业务的付款条件可以分为一次性付款和分期付款。

一次性付款的买断式收购的优点是钱货两讫，交易清晰明了，缺点是容易受到交易规模的限制。当交易规模较大时，一次性付款的买断式收购难以成交。从资产管理公司的具体实践看，银行将不良资产打包后，批量转让给资产管理机构。根据资产包的规模，资产管理机构可以采取一次性付款收购或分期付款收购的方式。分期付款的收购方式可以从一定程度上减轻资产管理机构的资金压力，同时也有利于收购业务的成交。交易双方签订分期付款买卖合同后，确定合同价款和分期条件。资产管理机构按照约定分期支付款项，所有款项支付完毕后，买卖双方办理权属变更手续。

第五节　基　本　流　程

一、收购金融不良资产流程

（一）邀标/竞价

资产出让方发出转让资产信息是交易的起点，一般通过发布邀标函和转让公告实现。邀标文件或转让公告中一般包含资产组合情况、交易流程时间表、竞买人资格、竞买人注册材料、交易结构、资产转让协议范本、尽职调查程序、公开竞价规则等内容。资产受让方接收到该信息后，应在规定时间内向出让方提交必要材料，注册竞买资格。

（二）尽职调查

商业化收购资产项目应进行现场尽调和非现场尽调。

现场尽调为尽职调查人员根据项目实际情况，包括但不限于前往对项目收益和保障有重大影响的债务人营业场所、抵（质）押物现场等进行实地走访调查，同时访谈出让方保全部或项目对接人员，确保调查结果的客观性、专业性和准确性。

非现场尽调为尽职调查人员根据出让方提供的资产材料及收集的信息，对材料、信息进行整理、分析，包括但不限于借助中介机构，对拟收购的不良资产存续状态、权属状况、资产质量等进行审慎调查。

（三）估值定价

应确保定价依据充分，进行真实、合理定价。定价时应充分考虑前期尽职调查中发现的瑕疵问题对后续处置资产造成的影响并合理预测处置费用。为提高报价竞争力，定价时不仅应估算资产在收购现状时的处置价值，还应估算资产的动态价值，审慎扩大报价区间。

（四）报价及签订协议

应遵守洁净转让原则，进行真实收购。如拟收购资产为最高额保证或抵押债权资产，应与资产出让方达成协议，要求其与债务人就债权金额进行确认，将最高额保证或抵押所担保的不特定债权确定后，再行收购。

（五）完成资料移交及转让公告

对于债权资产，应及时办理借款合同、担保合同、借据、放款凭证、催收证明、他项权利证、司法文书等有关文件资料的移交。

对于实物资产，应及时移交与实物资产有关的权利证书、批准文件及其他档案资料；及时办理产权变更登记手续；实物资产如存在出租等为第三人占有情形的，应及时通知占有人产权变更事宜。对于涉诉资产，应及时向有关法院申请变更诉讼（申请执行）主体。

对于抵押、质押资产，应及时办理抵押、质押权变更登记。

债权人转让权利的，应当通知债务人。为确保债权转让生效，项目组应督促原债权人及时以公告或双方约定的其他形式通知债务人债权转让事宜。

（六）二次尽调及后期管理

建立和完善动态监管制度，主动管理。定期对已实施项目的债务人进行回访和实地调查，及时获取债务人的财务报表、管理和运营动态，关联政策变化，上下游行业信息等情况，并深入分析企业经营是否正常、还款来源是否有保障。

定期查看抵（质）押物，确保押品现状与项目实施前相比无明显变化。

二、收购非金融不良资产流程

由于非金融不良资产的收购通常采用非公开形式，其收购方式、资产性质、处置方式、后期管理要求均与金融不良资产不同，具体流程如下。

（一）尽职调查

收购非金融不良资产通常由交易双方直接接洽，若达成初步交易意向，则启动尽职调查程序。尽职调查人员应坚持"合规、务实、客观、效益"原则，以现场调查为主，辅之非现场调查、外围调查等方式。重点对标的资产、资产转让方、债务人情况、还款来源、担保情况等方面开展专业调查。由于非金融不良资产包含实体企业的应付款，因此应注意了解标的真实性、有效性、洁净性、合法性、完整性，如有必要可聘请外部审计机构对非金融不良资产开展审计认定工作。

收购金融机构持有的非金融不良资产，如不良委托贷款、不良信托贷款、不良债券等，委托方或受托金融机构须提供原始业务合同、资金流转证明等标的基础档案资料并出具不良资产证明文件，以此对标的资产的真实性、有效性和不良属性进行认定。

收购非金融机构持有的非金融不良债权，应在收购前确认拟收购的债权权属真实发生且尚未被偿付、抵销，收购前取得债权债务确认证明，如已涉诉，可提供法院判决、裁定、调解书、仲裁裁决等有效确权法律文书。

（二）估值定价

项目组应在尽职调查的基础上，以内、外部估值作为参考依据，结合与转让方的谈判情况，提出建议性收购价格或价格区间。定价结果应当充分体现对风险和成本的覆盖。

（三）签订协议

收购非金融不良资产，应实现资产的真实转移，不得约定出让方回购或保底清收等条款。

（四）后期管理

债权类资产管理应从行业环境、债务企业情况、抵（质）押物情况等方面开展监管。定期了解行业环境，对债务企业的经营情况、财务情况、信用情况、涉诉情况进行监测。对抵（质）押物状态的变化、权利是否存在瑕疵、价值是否发生变化进行监测。根据项目设定的监管措施不同，开展资金账户监管、印章管理、派出人员管理等工作。注意维护债权诉讼时效，提示债务人按期还款，确保主债权、保证效力、抵（质）押物处于时效内。

股权类资产应做好行权事项管理，根据持股比例向持股企业派驻股东代表、董事、监事等人员参与企业经营管理及重大决策。督促并参与持股企业治理机制、管理架构、经营能力的优化提升，努力提升企业市场竞争力和股权资产价值。

物权类资产应做好分类管理，即按照直接转让和持有经营两种不同模式对物权资产进行分类。

第六节 风控要点

无论是收购金融不良资产还是非金融不良资产，业务逻辑均为在充分考虑前期尽调瑕疵及后续处置方案的情况下进行资产报价，以此获得资产处置收益，因此在开展业务时风控要点基本相似。在开展业务的过程中，应注意以下风控要点。

第一，对于拟收购资产，应注意查明其完整性、真实性、有效性。可通过审查债权形成资料、借款资料、保证资料、抵（质）押资料、诉讼资料、债权不良认定资料判断资产的完整性、真实性、有效性。对于未涉诉债权，应注意是否在法定诉讼时效期内。对于已涉诉债权，应查阅案件全部相关司法文书，注意是否存在终审败诉、执行终结的情况，尽可能与承办案件的人民法院办案人员联系，了解案件审理、执行的实际情况及可能存在的问题，应注重调查、研究当地信用环境与司法环境对资产处置效率的潜在影响。

对于实体企业间应付款的非金融不良债权，除上述重点关注的风控要点以外，应通过审核基础合同或协议、税票、请款单、发货凭证、运输凭证、验收凭证、商品或劳务交付证明、工程签证单和验收报告、资金往来凭证（包括企业网上银行交易记录、汇款凭证、对账单、进账单、往来双方账户流水等）、债权发生的批准性文件等，判断债权的真实性、合法性、完整性。

第二，对于担保法律关系，应注意抵（质）押合同是否符合法律规定的生效要件，是否有抵（质）押登记证明文件，并核查登记证明文件的真实性。对于借新还旧抵（质）押担保项目，应注意新贷担保物作为旧贷担保物时是否已办理了抵押登记。

第三，对于担保物，若抵押物为房地产：应调查是否取得合法有效的权利证书及项目许可文件，并查明抵押物所在地的抵押登记政策；对他项权利证所记载的权利价值进行核查，并结合抵押类型，区分一般抵押和最高额抵押，并与债权金额相比较，审核担保权利价值是否可以覆盖权利本息；核查抵押物是否存在多轮抵押的情况，若存在，应查明各抵押权对应的债权金额；调查抵押物的权利限制情况，是否存在查封事项及原因；调查抵押物的现状，注意是否存在对外出租、征用、政府回收的情形。

若质押物为股权类资产，应调查公司的工商登记证明、公司章程、股东会议决议、股东证明或投资协议，以及企业发展前景、管理水平、资产、负债、所有者权益、盈利、偿债能力、产品科技含量和市场供求状况，股权是否存在被质押、查封、冻结等。

第四，对于债务人，主要调查债务人的工商登记、现状、经营、财务、信用、涉案涉诉、民间借贷、关联方及关联方交易、还款意愿和还款能力等情况。

第七节 市场案例

交银重庆分行不良债权转让案例

银登中心披露显示，交通银行股份有限公司重庆市分行（下称"交行重庆分行"）于2022年6月21日在银登中心挂牌转让重庆红蜻蜓油脂有限责任公司的对公不良债权，债权本金287 096 301元，利息2 098 793.58元，债权本息合计289 195 094.58元。转让采用了线上竞价的方式，设定起拍价和加价幅度（如图3-7所示）。

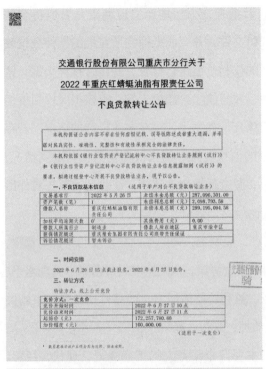

图3-7 交行重庆分行债权转让公告页面

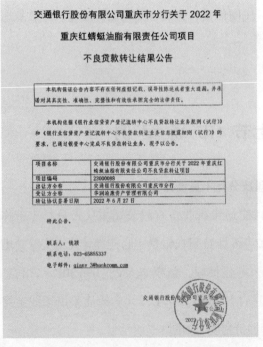

图3-8 交行重庆分行债权转让结果公告页面

交行重庆分行于2022年8月5日发布公告（如图3-8所示），公示了该笔债权的转让结果，该笔债权由华润渝康资产管理有限公司（下称"华润资产"）竞拍获得，并已完成了转让协议的签署。

这一案例是典型的银行出让单户对公债权案例，采用线上竞价的公开转让模式。从交易程序来看，交行重庆分行作为资产出让方，严格按照监管规定，在银登中心履行资产转让公告和转让结果公示程序，做到了全流程信息公开。华润资产竞得债权后，与交行重庆分行签署债权转让协议，并完成债权档案资料的移交。由于一级市场对适格的受让主体有着严格限制，华润资产是由华润金控控股的重庆市持牌地方资产管理公司，满足本次交易对受让主体资质的要求。

银登中心公开信息显示，本次债权交易是典型的风险完全转移的模式。债权转让后，交行重庆分行将该笔资产从表内核销，债权管理与处置权发生转移。华润资产承担该笔债权全部的收益和风险，并负责相应的处置工作。

本 章 小 结

不良资产自营收购业务是指管理机构以自行经营为目的，收购出让方的不良资产，资产类型包括债权、股权、实物类资产等。管理机构根据对资产的尽职调查及估值结果，通过公开或非公开的方式参与收购不良资产，收购后通过各类处置手段实现盈利。不良资产收购业务根据出让方性质的不同可以分为金融不良资产收购和非金融不良资产收购。

金融不良资产是指银行业金融机构和金融资产管理公司经营中形成或通过购买及其他方式取得的不良信贷资产和非信贷资产。收购金融不良资产受到监管部门的严格监管。监管政策对于交易中的金融企业范围、批量转让户数、可转让资产范围等要素均作出了明确规定。非金融不良资产的判定标准较为模糊，监管部门对非金融不良资产收购的管理更加偏向于划定原则，操作弹性较大。

监管部门要求管理机构采用风险完全转移的真实洁净整体转让模式从各种类型机构收购不良资产。对于有资质的管理机构，可以参与金融不良资产的批量收购。收购不良资产可以采用公开转让和协议转让的方式。当交易规模较大且收购方存在分期需求时，还可以采用分期付款的方式收购不良资产。

收购过程中要充分做好尽职调查和估值定价工作，收购完成后还要对资产进行二次尽调。注意收购资产的真实性和有效性。审查债权形成资料、借款资料、保证资料、抵（质）押资料、诉讼资料、债权不良认定资料等判断资产的完整性、真实性、有效性。对于法律关系、抵（质）押物、债务人、担保人等信息要做核查。充分重视和防范收购过程中的风险。

本章重要术语

金融不良资产

非金融不良资产

批量转让

公开转让

协议转让

复习思考题

1. 不良资产的主要来源有哪些?
2. 什么是不良资产批量转让?
3. 什么是不良资产交易的真实洁净整体转让?

第四章

不良资产受托收购业务

由于监管要求，对允许进入金融不良资产一级市场开展批量转让业务的管理机构主体存在政策性限制。非持牌机构为了取得特定的金融不良资产一级市场资产包，往往采用委托收购的方式。

自营收购与受托收购都是传统不良资产收购行为，两者在收购行为参与主体和可收购不良资产的类别上具备相似性。其差别在于促成上述行为的动机及服务对象。简而言之，自营收购为自己经营服务，收购行为基于自身对风险估值及处置能力的判断；受托收购为接受第三方委托，为他人委托服务，同时伴随委托清收处置，注重委托方的风险偏好和处置能力。这个差异性在业务要素上引入了牌照、品牌等资源因素的影响，在交易模式上从法律所有权和处置收益权一体拓展到法律所有权和处置收益权分离，在资金运用手段上，引入了配资收购和资金分级等新的方式。

第一节　业务概述

受托不良资产收购业务，指管理机构接受第三方委托，以管理机构为主体参与银行、金融资产管理公司、地方资产管理公司及其他监管机构认可的主体的招标、拍卖或公开竞价等，或与资产转让方个别协商方式收购不良资产并委托第三方进行清收，管理机构按双方约定获取委托收入（通常以"管理费"名义收取），并根据委托方（清收方）的需要提供分期服务，由标的债权收益权受让方支付管理机构相应收益。

根据拟收购资产的类型，可分为金融不良资产受托收购和非金融不良资产受托收购。根据收购的资金来源，又可以分为配资受托不良资产收购和全额受托不良资产收购。在配资受托不良资产收购业务中，管理机构需要为委托方提供资金垫付，并收取一定的资金占用费。在全额受托不良资产收购业务中，收购资金由委托方提供，管理机构仅承担受托收购职责。

由于监管要求，对允许进入金融不良资产一级市场开展批量转让业务的管理机构主体存在政策性限制。非持牌机构为了取得特定的金融不良资产一级市场资产包，往往采用委托收购的方式。此外，对于无牌照准入要求的单户金融不良资产或非金融不良资产包，委托方基于管理机构的品牌价值或主体身份信用背书等因素，也常采用委托收购的模式。

以金融不良资产的受托收购为例。处置回收预期回报率较高的金融不良资产在市场上往往会吸引到不同种类的委托方。但由于金融不良资产监管政策严格，对金融不良资产一级市场准入牌照的管控使得二级市场参与主体很难直接参与机遇与风险并存的一级市场。同时持牌资产管理机构在负债率较高、资金不充足时，借此发挥牌照优势，与二级市场委托方进行合作，充分利用二级市场委托方资金，采用全额受托收购或者配资受托收购的方式，收购一级市场的金融不良资产包，然后将金融不良资产包的权益进行全部或者部分转移。

这种交易有多方面优势：一是彰显持牌资产管理机构的牌照价值，发挥了其在金融不良资产一级市场的优势；二是优化资源配置，将持牌资产管理机构和非持牌委托方的资金实现合适的匹配，缓解了持牌资产管理机构主业开展过程中融资导致的高负债率，也解决了非持牌委托方的融资需求；三是在受托收购交易中扩大了持牌资产管理机构的资产总量，增加其资产运营规模，同时帮助其他非持牌投资人能够参与一级市场，加快不良资产的盘活处置；四是在该类型交易中，非持牌的委托方往往作为金融不良资产受让后的清收处置方，充分发挥民间资本的处置能动性，减少了持牌资产管理机构的清收压力。

第二节 业务特点

受托收购不良资产是指受托的管理机构根据委托方的委托需求，以管理机构自己名义向不良资产出表主体收购不良资产。一般受托收购不良资产的主体优势主要体现在四方面：一是具有收购一级市场不良资产的牌照，二是具有一定的资金优势，三是具有一定的品牌优势，四是具有一定的信用优势（主要基于其国企背景及股东实力）。

金融不良资产一级市场出让主体多为银行等金融机构，其批量转让不良资产时，唯有持牌的管理机构具备参与收购的资格。没有牌照的不良资产市场委托人唯有借助持牌管理机构的牌照方可实现收购不良资产一级市场的批量金融不良资产，即借助通道展业。对持牌的管理机构而言，不良资产受托收购交易，尤其是全额受托收购，能极大程度降低自身承担的交易风险，扩大业务规模并收取受托收购费用。

管理机构作为受托人，在遵守国家相关法律法规和政策的前提下，为委托方提供不良资产代理收购业务，履行受托人职责。不良资产受托收购业务中，管理机构作为受托人不承担委托人的风险和损失，收入来源主要为管理费和配资收购项下的资金占用费收益。

与自营收购业务一样，受托收购业务也需要满足下列要求。

第一，出让不良资产的金融机构通过评估或估值程序进行市场公允定价。

第二，资产转让方式遵守持牌管理机构自营收购业务规则，进行公开出让或协议转让。

第三，不良资产权益由出让不良资产的金融机构真实地转移给持牌管理机构。

第四，不良资产涉及的风险真实、完全转移。资产转让方与受让方在转让合同等正式法律文件之外不得签订或达成影响资产和风险真实完全转移的改变交易结构、风险承担主体及相关权益转移过程的协议或约定，不设置任何显性或隐性的回购条款。

与自营收购业务相比，受托收购业务具备以下特点。

第一，全额受托收购不良资产的资金来源于委托方，配资受托收购不良资产的资金由管理机构和委托方按照一定比例合作出资，两者出资往往搭建一定的结构化交易模式，管理机构资金优先于委托方资金，故相对于自营商业化收购不良资产，管理机构自身承担的风险明显降低。

第二，不良资产的清收方一般为委托方，全额受托收购清收权由委托方自行掌控。但在配资受托收购不良资产交易中，管理机构提供的配资资金尚未完全退出时，清收处置决定权（如司法处置中的执行和解价格、债权再次出让价格等）由管理机构持有，当清收过程中出现一定的风险敞口且清收方违约时，管理机构恢复主动性，就标的债权开展自行清收。

第三，不良资产涉及的风险承担责任中，全额受托收购的清收责任由委托方自行承担。但在配资受托收购不良资产交易中，常使用的交易模式为委托方以劣后级身份率先承担所有风险，且实际清收回款少于预期回款，出现受托方配资资金的风险敞口时，委托方须对管理机构的相应权益进行弥补。

第三节 交易对手

不良资产受托收购业务中管理机构的交易对手包括出让方和委托方。在配资委托收购业务中，还会引入资金分级的概念，将资金结构化，分为优先级和劣后级。

一、出让方

在受托收购不良资产的业务中，出让方包括金融机构和非金融机构。

金融机构出让的不良资产。首先为银行等金融机构，如政策性银行、大型国有商业银行、股份制商业银行、城商行、农商行、外资银行、合资银行及村镇银行出让的次级、可疑、损失类不良资产。其次是非银金融机构，如证券、保险、信托、融资租赁、金融资产管理公司等出让的不良资产。

《金融资产管理公司开展非金融机构不良资产业务管理办法》（财金〔2015〕56号）规定，非金融机构指除原中国银行业监督管理委员会、中国证券监督管理委员会、中国保险监督管理委员会监管的各类金融机构之外的境内企业法人、事业单位、社会团体或其他组织。收购非金融机构的不良资产，需要遵守监管机构关于非金融机构不良资产业务管理办法。

二、委托方

委托方即潜在的不良资产委托方，包括不良资产行业内的委托方和不良资产行业外的委托方。行业内的委托方主要是不良资产行业的非持牌机构，包括投资商中的民营资产管理公司、外资资产管理公司，服务商中的专业服务机构、综合服务机构，等等。行业外的委托方包括上市公司、有收购兼并需求的企业等。委托方需要资信状况良好，不属于法律禁止类客户的投资机构或投资人。

三、资金分级

在配资模式中，存在结构化的资金分级安排。一般会类同于资管计划，将资金分为优先级和劣后级。优先级资金方收取固定的资金收益，而委托方作为配资业务的劣后方，同时也会被约定为标的债权的处置方，根据处置的效果收取变动收益。当处置进度不达预期时，委托方（劣后级资金方）还需要补足受托方（优先级资金方）收益，在出现严重风险时，如果委托方（劣后级资金方）不能用约定方式补足受托方（优先级资金方）收益及配资资金的，优先级资金方有权自行处置标的资产。

根据管理机构对标的资产的价值判断及委托方报价作一定折扣后取孰低值作为管理机构可提供的配资资金额度，并就实际出资金额对应的占用时间来计算资金占用费。通常管理机构根据标的资产底层情况，对其估值取一定折扣，另为保证配资资金的安全性，要求委托方须提供不少于一定比例的劣后级资金。

第四节 交易模式

不良资产受托收购业务从交易模式上可以分为两类：全额受托

收购和配资受托收购。两者主要区别在于是否需要受托方提供一定的资金支持。

一、全额受托收购

全额受托收购不良资产，指在不涉及牌照违规使用的情况下，委托方向资产管理机构提供全额资金，委托资产管理机构向出让方收购不良资产，管理机构仅作为名义上持有人。如拟收购资产为金融不良资产，交易体现受托机构的牌照价值，可以理解为非持牌机构向持牌机构借通道展业，值得注意的是，此类业务已逐步受到监管机构的整顿，受托机构不得在所在省份为委托人提供全额受托收购业务，即不得在所属省份提供牌照便捷。因此各资产管理公司已按照要求收缩全额受托收购业务规模且不再新增。因此本书该部分仅为介绍本类型业务的基本情况。

如拟收购资产为非金融不良资产，交易体现受托机构的品牌价值或提供信用背书，往往在保证金阶段会要求委托方全额支付交易价款。

全额受托收购业务的基本环节分为四个部分（如图4-1所示）。

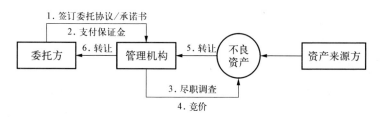

图4-1 全额受托收购的基本模式图

首先，出让方发布资产转让信息或者按照监管要求进行公告。公告时间要求按照监管文件规定执行。委托方就意向资产寻找合适的管理机构，受托管理机构和委托方对拟转让资产进行尽职调查，对资产进行估值定价。各方进行前期谈判。

其次,管理机构与委托方通过意向协议或承诺函等书面文件,明确双方权利义务,委托方承诺在管理机构收购不良资产后,将以不低于底价的价格参与公开竞价或协议转让,并支付收购保证金。委托方支付的保证金金额原则上应为意向委托方的指定报价、资金成本及预期收益之和。

再次,管理机构以委托方的指定报价参与竞价或以个别协商方式收购指定资产,并完成资产交割,取得资产所有权。出让方与管理机构联合发布债权转让暨债务催收公告。管理机构按照规定发布债权转让公告。债权转让公告的时长按照监管文件规定执行。

然后,管理机构以指定报价、资金成本及预期收益之和作为底价,采取公开转让或协议转让的方式处置资产,将资产转让给出价最高者。委托方以不低于承诺收购底价参与竞购:如果意向委托方以最高价受让资产,意向委托方应补足与承诺底价的差额;如果其他委托方以最高价受让资产,管理机构将退还意向委托方保证金,不承担其他任何责任;若无其他竞购者或有其他竞购者但未达底价,则由委托方以底价受让。

最后,管理机构与成功竞得不良资产的委托方签署协议,委托方支付转让价款,双方进行资产交接。管理机构与委托方联合发布债权转让暨债务催收公告。

值得注意的是,在收购金融机构的不良债权时,存在法院对非持牌的委托方是否能够作为合格债权人身份不予确认的风险。在这种情况下,一般仍以持牌机构作为标的债权的名义债权人。

二、配资受托收购

配资受托收购,指由于非持牌的委托方拟出资受让一级市场不良资产的资金有限,持牌资产管理机构对其提供融资及通道服务,具体的业务模式为配资模式或分期付款模式。一般而言,就是非持牌的委托方先行向持牌资产管理机构支付部分款项,不良资产交易的另一部分资金由持牌资产管理机构提供。非持牌的委托方于一定期间内将尾款(持牌资产管理机构出资部分)的本金与该部分资金对应的资金占用费付清。持牌管理机构为保证其出资部分的权益,经常要求非持牌的委托方或其关联方提供连带责任保证或提供其他抵押资产担保。

与全额受托收购相比,配资受托收购会增加后期的委托资产处置的环节。双方对于处置的进度以及回收资金的分配会作出明确约定。配资受托收购业务的基本环节分为五个部分(如图4-2所示)。

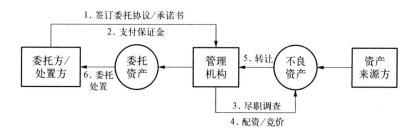

图4-2 配资受托收购的基本模式图

首先,出让方发布资产转让信息或者按照监管要求进行公告。公告时间要求按照监管文件规定执行。管理机构对拟转让资产进行尽职调查,对资产进行价值评估和定价。

其次,管理机构与委托方进行前期谈判,双方就收购报价进行协商,受托方向管理机构支付收购保证金或提供其他保障措施(根据项目交易结构确定)。

再次,出让方以招标、拍卖或公开竞价等公开方式或以协议方式转让不良资产。管理机构成功竞得资产或协议受让资产后，双方签署协议，支付转让价款，进行资产交接。资产出让方与管理机构联合发布债权转让暨债务催收公告。

然后，管理机构委托处置方管理和处置不良资产，并确定处置回收任务、进度要求、担保或其他保障措施、委托费用及其支付方式等。受托方按照管理机构的要求对资产进行管理、清收和处置。按照约定的处置进度和任务向管理机构交付清收回款。如受托方采取转让、折扣变现、诉讼追偿等除债务人清偿本息以外的其他处置方式，应取得管理机构书面同意。管理机构根据处置进度和清收回款情况按照约定支付受托方委托费用。

最后，委托期满处置方不能完成处置任务时，管理机构可取消委托，自行对委托资产进行处置，并按照协议约定由受托方承担相应违约责任。管理机构也可继续委托处置方处置并以补充协议形式重新明确处置期限、违约责任等内容。

三、受托保证金

受托保证金，指在受托收购模式下，受托方在参与资产包转让投标前，收取的由委托方缴纳的保证金。根据受托模式的不同，收取的保证金比例也会有所不同。全额受托时保证金为委托方设定的资产转让价款全款，部分时候要求在保证金阶段将管理机构应收取的管理费用一并支付，配资受托收购的保证金应为委托方拟在不良资产收购中与受托方约定的全部劣后级投资款。

持牌资产管理机构与非持牌的委托方在竞买不良资产前签署委托竞买协议等相关业务合同，并在收到委托方支付的保证金后，报名参与金融机构的公开拍卖、邀标竞价，并受让金融机构出让的批量不良债权或者单笔不良债权。在成功竞得不良资产后：如是全额受托收购交易，持牌资产管理机构向委托方收取债权尾款（若有），并向其转让竞得的资产权益；如是配资受托收购，持牌资产管理机构向委托方转让债权并同意分期付款或转让债权收益权，并委托委托方对不良资产开展清收。

第五节 基本流程

一、全额受托收购基本流程

在全额受托收购业务中，从出让方收购资产的交易模式与自营收购一致，但由于存在委托关系，因此在资产收购前和收购后具有更多的业务环节，具体如下。

（1）受托方对委托方开展评估，应重点关注其资信情况、履约能力、清收处置能力、主体资质等方面，确保委托方主体资格的合法合规，并就业务合作内容、收费方式、处置计划等形成初步方案。

（2）委托方和受托方对拟转让资产进行尽职调查与估值，确定资产受让价格，尽调关注点与自营收购业务相似，重点关注资产的现状、权属关系、市场价值、涉诉信息等方面内容。对全额受托收购业务来说，由于受托方不实际承担业务风险，因此应更关注受托方的主体情况。

（3）委托方与受托方签订委托协议等书面文件，明确委托收购事项及双方权利义务，委托方向受托方出具承诺书，承诺在受托方收购不良资产后，将以不低于底价的价格受让前述标的资产。

（4）在资产收购前，委托方向受托方支付收购保证金，原则上保证金金额应为受托方收购资产的报价和收益之和。

（5）出让方发布资产转让信息或者按照监管要求进行公告，受托方以委托方出具的底价参与竞价或以个别协商方式收购指定资产。

（6）若竞价成功，委托方向出让方支付资产转让价款，取得资产所有权，双方联合发布债权转让暨债务催收公告。若竞价失败，受托方返还委托方已支付保证金，保证金中是否扣除相关费用由双方协商确定。

（7）委托方以约定价格收购资产，收购价格通常为资产转让价格与受托方收益之和。

二、配资受托收购基本流程

配资受托收购业务的委托、竞价、收购均与全额受托收购业务一致，但收购资产后将通过债权转让款分期支付或债权收益权转让等方式，将标的资产收益转让给委托方，并采用委托非持牌机构的方式进行资产处置，具体流程如下。

（1）受托方对委托方开展评估，应重点关注其资信情况、履约能力、清收处置能力、主体资质等方面，确保委托方具有合法身份，避免法律风险，并就业务合作内容、收费方式、处置计划等形成初步方案。

（2）委托方和受托方对拟转让资产进行尽职调查与估值，确定资产受让价格，重点关注资产的现状、权属关系、市场价值、涉诉信息等方面内容。与全额受托收购不同的是，在配资受托收购业务中，由于受托方将提供一定比例配资，因此受托方在尽调与估值环节中的参与度将大大提升。

（3）委托方与收购方签订委托协议、担保协议等书面文件，明确委托收购事项、双方权利义务、双方出资比例、担保措施等。

（4）在资产收购前，委托方向受托方支付收购保证金，保证金金额将作为劣后级投资款。

（5）出让方发布资产转让信息或者按照监管要求进行公告，受托方以双方共同确定的底价参与竞价或以个别协商方式收购指定资产。

（6）若竞价成功，委托方向出让方支付资产转让价款，取得资产所有权，双方联合发布债权转让暨债务催收公告。若竞价失败，受托方返还委托方已支付保证金，保证金中是否扣除相关费用由双方协商确定。

（7）受托方将标的债权按照约定价格转让给委托方并允许其分期付款，或将标的债权的收益权转让给委托方，并委托劣后级投资人（非持牌机构）或其指定第三方开展资产清收处置工作，确定处置回收任务、进度要求、担保措施、处置底价、回收现金转付账户等关键要素。如采取转让、折扣变现、诉讼追偿等除债务人清偿本息以外的其他处置方式，应取得持牌机构书面同意。持牌机构根据协议约定支付非持牌机构处置费用。若委托期届满，处置方不能完成处置任务或发生其他重大风险事件时，非持牌机构应承担相应违约责任，持牌机构可取消委托，自行开展资产处置。若受托方（持牌机构）在约定期限内收回配资资金及相应收益的，标的债权所有权转移给委托方持有，从而实现配资业务的成功退出。

[例]某企业准备收购某行的批量不良资产，某行批量资产转让价款底价为1 000万元，但某企业的自有资金仅300万元，其委托某金融资产管理公司配资收购该标的资产。某金融不良资产公司收取该企业300万元保证金后，以1 000万元向银行竞得该不良资产。该金融资产管理公司完成收购后，将竞得的标的债权转让给该企业，

约定分期支付转让价款，同时委托该企业或者该企业指定的主体进行清收处置工作，所得的清收回款优先偿还该金融不良资产管理公司的700万元配资本金及配资收益，待金融不良资产管理公司的700万元配资本金及配资收益实现后，根据原债权转让协议约定，将该批不良资产转让至该企业或者该企业指定的第三方公司。

第六节 风控要点

与自营不良资产收购业务相比，受托收购不良资产交易中，还须关注委托方的主体资质的符合性、清收手段的规范性、清收能力的匹配性等要素，做好相关风险对策。

一、委托方资质核查

综合尽职调查情况，对委托主体资质、真实身份等进行法律判别。

在实践操作中，作为委托主体的非持牌投资主体往往对其相对熟悉区域的不良资产持有投资意愿。为防止不良资产中的借款人、担保人等债务主体借助持牌资产管理机构的牌照，实现"逃废债"的真实意图，持牌资产管理机构在一级不良资产市场受托收购前，须对作为委托主体的非持牌投资主体的真实身份进行鉴别，该非持牌投资主体不得为受托收购的不良资产包中债务人或其法律关联方。

作为委托主体的非持牌投资主体若为境外投资主体，持牌资产管理机构在收益满足后拟向委托主体转让不良资产时还得获得有关主管部门批准，同意金融资产管理公司向境外委托方转让不良资产，金融资产管理公司将核准或备案文件作为资产转让的前置条件。

二、清收手段合规检查

若为配资受托收购的,持牌资产管理机构委托非持牌委托方对不良资产开展清收,并对该清收期限设置一定的清收目标,该等目标与持牌资产管理机构出资部分的本金、收益相匹配。在持牌资产管理机构配资本金、收益未完全实现前,持牌资产管理机构依然保留对标的债权的所有权,并决定资产包中债权处置底价。因此,作为清收方的非持牌委托方在清收时须以作为债权人的持牌资产管理机构名义开展清收工作。不同的非持牌委托方的背景及清收手段差异化较大,在清收过程中容易出现暴力清收等非法手段,往往导致作为债权人持牌资产管理公司也难免遭遇声誉风险乃至法律风险,这就要求在委托清收协议中持牌资产管理公司须对非持牌委托方的清收手段予以约束,明确其非法清收时应承担的法律后果。

三、清收目标风险管理

受部分非持牌委托方的清收能力、不良资产所在区域的司法环境、不良资产底层资产成交活跃程度等因素影响,项目出现风险敞口,即受托清收的非持牌委托方未按期足额实现清收目标,从而导致影响持牌资产管理机构的配资本金及收益的实现。对于此类风险,要求在委托清收协议中持牌资产管理公司须在委托清收协议中合理、清晰地设置非持牌委托方的清收目标;明确受托清收的非持牌委托方未按期限足额实现清收目标的违约责任;非持牌委托方及其关联方的补足义务;在何种情况下非持牌委托方丧失处置权,由持牌资产管理机构自行开展清收的条件;以及自行开展清收后满足自己出资部分本金及收益后,返还非持牌委托方权益的内容。

第七节 市场案例

配资受托收购不良资产案例

2015年,C银行宁波分行推出了一个债权本金超过8亿元的商业化资产包(以下简称"C银行包")。ZS资产管理公司(以下简称"ZS资产")对C银行包采取了配资收购模式,即ZS资产在成功竞得C银行包后将资产包债权的收益权转让给某资管计划,绍兴XT公司和D基金管理有限公司(以下简称"D基金")分别认购了优先级投资份额和劣后级投资份额(如图4-3所示)。ZS资产、资管计划、D资产管理公司(D基金关联公司)和优先级、劣后级投资人共计五方签订了有关C银行包后期债权处置的清收协议,D资产公司作为清收管理人又聘请了一家律师事务所作为管理律所负责资产包债权的诉讼执行事务。

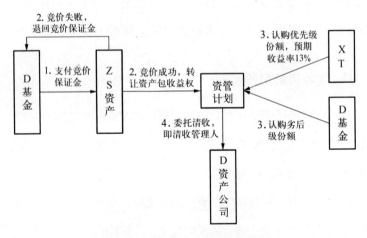

图4-3 配资收购模式交易结构图

ZS资产通过资产包竞价最终取得该资产包。竞价阶段除了需要对资产包估值准确外,还需要对竞争者的竞价策略和银行转让底价等信息予以掌握和随机应变。ZS资产密切跟踪该资产包分户债权的处置进程，同时也配合清收管理人的日常清收事项，严防各类风险。经过一年半左右的清收工作，C银行包21户债权所有案件均已进入执行阶段，其中抵押类债权案件占17个。该配资收购项目整体债权处置清收率约50%。清收过程中未出现清收管理人或其他收益权买受人"暴力清收"等恶性清收事件，也未出现破坏社会稳定、侵犯人身权益和损害银行等机构利益的事件。清收过程既化解了金融风险，也取得了较好的经济和社会效果。

资产管理机构与社会委托方合作收购和处置资产包的局面丰富了现有的传统收购处置业务和结构化业务，增大了资产管理机构资产收购规模，聚集了较多社会委托方和第三方中介机构等合作伙伴，积累了资产管理机构债权收购和清收处置的经验。

不良资产配资受托收购需要资产管理机构和清收管理人或劣后委托方加强协同处置能力，发挥各自的优势，力争在风险可控的前提下加快债权的清收处置。此外，资产管理机构应在协同处置进程中不断借鉴委托方的经营和处置思路以及各项资源，增强自身的不良资产处置能力，将委托方一些创新灵活的处置思路和国有资产管理机构在政府、法院等方面的资源和平台优势相结合，从而提高债权的处置效率。

本 章 小 结

不良资产受托收购业务指的是，管理机构接受第三方委托，以管理机构为主体参与银行、金融资产管理公司、地方资产管理公司及其他管理机构认可的主体的招标、拍卖或公开竞价等公开竞争方式或与资产转让方个别协商方式收购不良资产并委托第三方进行清收，管理机构按双方约定获取委托收入（通常以"管理费"名义收取），并根据委托方（清收方）的需要提供分期服务，由标的债权收益权受让方支付管理机构相应收益。根据拟收购资产的类型，可分为金融不良资产受托收购和非金融不良资产受托收购。根据收购的资金来源，又可以分为配资受托不良资产收购和全额受托不良资产收购。

由于监管要求，对允许进入金融不良资产一级市场开展批量转让业务的管理机构主体存在政策性限制。非持牌机构为了取得特定的金融不良资产一级市场资产包，往往采用委托收购的方式。此外，对于无牌照准入要求的单户金融不良资产或非金融不良资产包，委托方基于管理机构的品牌价值或主体身份信用背书等因素，也常采用委托收购的模式。

受托不良资产收购业务中，管理机构作为受托人不承担委托人的风险和损失，收入来源主要为管理费和配资收购项下的资金占用费。

不良资产受托收购业务中，管理机构的交易对手包括出让方和委托方。在配资委托收购业务中，还会引入资金分级的概念，将资金分为优先级和劣后级。

在受托收购的业务模式下，委托方需要根据业务的不同，支付相应比例的受托保证金。

与自营不良资产收购业务相比，受托收购不良资产交易中，还须关注委托方的主体资质的符合性、清收手段的规范性、清收能力的匹配性等要素，做好相关风险对策。

本章重要术语

受托收购业务

全额受托收购

配资受托收购

复习思考题

1. 受托收购主体的优势有哪些？
2. 受托收购业务交易模式有哪些？

第五章

不良资产远期收购业务

资产管理机构与资金方、融资方签订远期收购协议，约定一旦标的债权出现逾期等实质性违约情形，就会触发管理公司受让标的债权义务的，管理机构按照远期收购协议约定收购该不良债权，承继原标的债权项下的所有权利及义务。

不良资产远期收购业务是管理机构主业经营的表外延展，依托于管理机构自身不良资产管理及处置的专项能力，着眼于金融风险的预防和化解、保障金融机构债权或管理资产如期得到偿付或兑付。服务内容包括提供资产估值、运行监管、风险监测、不良处置、债权受让等风险管理服务。重点关注底层资产变现价值及保值、增值相关管控措施，通过提前介入并全程管控具有较好资产价值的交易对手及项目，提前制定具备操作性的处置预案。

一旦标的债权出现逾期等实质性违约情形，从而触发管理公司受让标的债权义务的，管理机构按照远期收购协议约定收购该不良债权，承继原标的债权项下的所有权利及义务，成为新的债权人，并推进后续债权处置。

第一节 业务概述

不良资产远期收购业务是指，管理机构基于自身对融资方和项目的风险判断，依托不良资产管理及处置的专业能力，向融资方涉及的标的项目所对应的债权人出具承诺函或签订相关协议，提供资产估值、运行监管、风险监测、不良处置等风险管理服务，并在双方约定的触发收购条件达成时点，履行受让标的债权等相关义务，管理机构就前述服务事项收取一定报酬的业务。

广义的远期收购业务贯穿债权方投放资金到债权回收完毕的全过程。自债权方资金投放起至触发债权收购情形期间（以下称"第一阶段"），管理机构应做好债权管理、风险管控、日常监测等工作，及时、准确地掌握风险预警信息。一方面，管理机构为债权方提供期间债权管理服务，保障债权方的出借资金的安全性，并因提供本项服务收取一定的财务顾问费；另一方面，管理机构基于前期介入全项目的风险管控，为后续触发收购后的债权处置奠定基础。本阶段业务为债权管理类轻资产业务。自触发债权收购，变更债权人主体开始（以下称"第二阶段"，即狭义的远期收购业务），即进入主动处置环节。根据处置方式的不同，可分为传统不良资产处置方式（包括直接催收、司法诉讼等）和投行化不良资产处置方式（包括债务重组、破产重整等）；期间收益与不良资产处置收益类似，如资金占用费、买卖价差收益等。本阶段业务为管理机构主业类重资产业务。

不良资产远期收购业务在发展过程中发生过重要变化。不良资产远期收购业务出现于四大资产管理公司商业化起步初期，其初衷是资产管理公司助力中小企业获得贷款。银行、信托等金融机构对部分中小企业发放贷款时，需要综合考量借款主体信用、抵（质）押物信用、还款来源等因素。而中小企业常常因不具备放款资质面临融资困难，流动性紧张，进而引发企业信用风险的恶性循环。为了解决中小企业融资难的问题，四大资产管理公司的远期收购业务应运而生。资产管理公司与出借人、借款人签订远期收购协议，约定当借款逾期且被纳入风险资产管理时，触发收购条件，由资产管理公司收购债权。无论是四大资产管理公司还是地方性资产管理公司，其信用评级高、资金实力强，能够通过远期收购模式为企业信用赋能，帮助企业顺利从金融机构处获得贷款。

但在实际操作过程中，由于缺少有效监管，该类业务逐步演变为资产管理公司想为某企业提供一笔借款，但无合规路径直接投放，于是委托银行或其他金融机构向借款方提供委托贷款，相关方签订远期收购协议，刻意促使该笔贷款逾期，为资产管理公司创造出可收购的不良债权。该模式被视为资产管理公司借道远期收购模式违规向企业提供贷款，已被监管机构明令禁止开展。

由此可见，本章节所述的广义远期收购和狭义远期收购模式核心差异是在于前述第一阶段输出的债权管理服务工作的重要性突显，提供资产估值、运营监管、风险监测、不良处置、债权收购等综合性债权管理服务，重点在前端防范、降低整体债权的风险可能性，而非为后端收购找寻合规路径。

第二节 业务特点

不良资产远期收购业务，与传统不良资产自营收购业务相比具有显著的特点，两者在业务周期、业务目的、盈利模式、尽调重点上存在显著区别。

一从业务周期看：传统不良资产自营收购业务针对已出现不良的资产，类即期业务；远期收购业务则从资金投放前端介入，至债权回收终端，类全期业务。二从业务目的看：传统不良资产自营收购业务目的为对不良资产项目开展风险化解与处置；而远期收购业务目的是通过输出债权管理能力，全流程掌控项目进度和债权履约情况，降低债权出险可能性，对正常项目起到风险防范的作用。三从盈利模式看：传统不良资产自营收购业务的盈利模式为"低买高卖"，属于贸易型模式；而远期收购业务的盈利模式为，前端债权管理服务赚取财务顾问费，属于服务型模式，若触发收购，后端的债务重组或其他处置方式，赚取资金占用费或处置收益。四从项目尽调重点看：传统不良资产自营收购业务，由于债务人已发生风险，回款来源以抵（质）押物的清收处置为主，债务人自主还款可能性较小，因此在尽调中更重视抵（质）押物的价值评估，基于资产信用评估逻辑；而对远期收购业务来说，未来是否收购债权存在不确定性，因此，尽调的重点除对抵（质）押物价值评估外，也同步注重债务人自身的还款能力，秉持主体信用与资产信用相结合的评估逻辑。

与其他业务类型相比，不良资产远期收购业务具有三点优势。一是优化资产管理机构的客户结构。远期收购业务的债务人通常为处于正常经营状态且具备一定信用基础的企业，而传统不良资产自营业务的债务人为已发生实质性违约的企业，因此远期收购业务可触达更优质的客户，使得资产管理机构的客户群体由风险类客户向正常类客户上行。二是扩大业务范围。远期收购业务将业务范围扩展至为正常类债权提供相关的管理服务，构建了由事前风险防范到事后风险化解的全流程不良资产运营业务链条。三是节约资金消耗。远期收购业务可拆分为两部分，前端的债权管理服务，触发收购后的处置业务。但触发收购存在不确定性，若未触发收购条件，则该业务可视为以债权管理为核心的轻资产业务，资产管理机构无须出资，增加了表外资产管理规模，起到了优化资产管理机构资产负债结构的作用。

第三节 交易对手

不良资产远期收购的交易对手包括两类：资金方（债权人）和

融资方（债务人）。管理机构承诺在与资金方约定的触发收购条件达成时点，履行受让标的债权等相关义务，并由此向融资方或出资方收取财务顾问费。

一、资金方

资金方特指各类贷款机构。其发放的贷款在违约触发的条件下成为收购标的。不良资产远期收购来源包括银行类机构和非银金融机构。银行类机构是指政策性银行、大型国有商业银行、股份制商业银行、城商行、农商行、外资银行、合资银行及村镇银行等。非银金融机构指银行以外的金融机构，包括证券、保险、信托、融资租赁、金融资产管理公司等。当资金出现风险时，管理机构按照事先约定的条件对形成的不良资产进行处置。不良资产管理机构的介入在一定程度上也降低了出资方的风险。

二、融资方

融资需求方以成长型企业为主。这类机构往往处于成长期或所处行业波动较大，在业务快速扩张过程中，一方面需要资金支持，另一方面面临行业不确定风险。不良资产管理机构通过提前介入来帮助资金方管控存续期间风险，提前锁定风险处置路径。

第四节 交 易 模 式

不良资产远期收购业务的交易模式主要包含两部分内容：债权管理服务和违约后的风险处置。管理机构对于符合准入条件的交易对手及项目，通过签订相关协议的方式，提供债权管理和风险处置服务。管理机构与相关方就债权管理服务签订的各项协议，应确保管理机构能够及时、充分地行使保障债权安全、输出管理服务的各项管控措施，有效介入关键风险管控环节。

一、债权管理服务

管理机构与资金方、融资方签订远期收购协议，约定一旦标的债权出现逾期等实质性违约情形，就会触发管理机构受让标的债权义务，管理机构按照远期收购协议约定收购该不良债权，承继原标的债权项下的所有权利及义务。与此同时，资产管理公司与资金方或融资方签订财务顾问协议，约定资金方或融资方需向资产管理公司支付债权管理期间的财务顾问费。上述协议完成签订后，资金方与融资方签订贷款合同，并发放贷款。

贷款发放后，管理机构应按照协议约定，做好债权管理，防范风险事件的发生。管理机构根据融资方资信水平及债权第二还款来源充分程度、结合债权人风险管理需求，提供差异化的过程管理方案，主要的债权管理措施可包括以下四种。

（1）资金收付监管，包括审核大额资金支出、监控还款来源回笼资金等，主要通过监管相关法人主体财务印鉴、网银密钥等方式实现。

（2）经营行为监管，包括控制修改公司章程、限制重大投融资及对外担保、审核重要人事变动及商务行为等，主要通过监管相关法人主体的公章、法人章、营业执照等方式实现。

（3）偿债风险监测，包括监测融资方、担保方财务状况及第二还款来源价值变动，跟踪主要项目实施进展，定期进行信用风险评价等，主要通过收集相关主体经营信息的方式实现。

（4）不良资产处置，包括债务重组、项目经营、资产变现、债权转让、司法诉讼等方式，主要通过管理机构的专业化资产管理能力实现。

管理机构根据具体需要，可聘请会计师事务所、律师事务所、资产评估机构等外部专业机构参与项目过程管理，或与产业资本合作深度介入项目运营。直至融资方到期全额偿还贷款，资产管理公司履行完毕其债权管理义务，项目终止。

二、风险处置

管理机构在提供债权管理服务过程中须密切关注转让方、融资方相关履约情况，因相关方义务履行不到位导致管理机构受让标的债权义务可获豁免或前提不成立的，应立即书面函告相关方，并采取必要法律手续解除受让义务。

管理机构在投后管理过程中发现标的债权存在潜在违约风险的，应提前形成处置预案，并充分发挥管理机构不良资产管理及处置优势，积极接洽潜在受让方，原则上应通过二次转让的方式完成风险处置，尽可能减少占用自有资金，同时做好必要的流动性安排。

项目若出现违约情形，管理机构应立即比照不良资产自营收购业务标准启动二次尽调工作，根据尽调结果，在远期收购协议约定的框架内，决定是否受让标的债权，并会同转让方采取资产保全、宣布债权提前到期等风险管控措施，防止风险扩大和蔓延。项目违约情形触发管理机构受让标的债权义务应严格按债权管理服务协议相关约定执行。

在违约情形触发、受让标的债权义务后，管理机构应持续对不良资产处置进度进行跟踪，主动发挥管理机构的不良资产处置能力，通过债务重组、项目经营、资产变现、债权转让、司法诉讼等多种方式实现债权的最终清偿。

第五节 基 本 流 程

不良资产远期收购业务具体流程如下。

第一，尽职调查。远期收购业务的尽职调查内容应比照自营业务进行，在常规调查抵（质）押物的价值及流动性的基础上，增加对融资方的主体资质、还款能力等内容的调查。

第二，制定交易方案。资产管理公司与资金方、融资方就交易方案开展谈判，方案应明确债权存续期内管理事项、不良资产违约触发收购的条件、收购对价、财务顾问费金额等。

第三，交易实施。资产管理公司与资金方、融资方签署远期收购协议和财务顾问协议，为资金方提供债权管理服务并收取一定的服务费用。上述协议签订完毕后，资金方与融资方签署相关贷款合同并发放贷款。资金方与融资方将该笔贷款相关的合同、放款凭证、抵（质）押登记证明等重要凭证的原件/复印件移交至资产管理公司代为保管/备份。

第四，存续期管理。贷款发放后，资产管理公司根据融资方资信水平及债权还款来源充分度提供差异化的债权管理方案，包括资金收付监管、经营行为监管、偿债风险监测等，定期向资金方报送项目进展和后期管理报告。

第五，实施债权收购与处置（如有）。标的债权出现逾期等实质性违约情形，从而触发管理机构受让标的债权义务的，管理机构按照远期收购协议约定收购该不良债权。完成收购后，资产管理公司启动二次尽调工作，根据尽调结果，尽快制定处置方案，根据债权自身特征，开展包括但不限于债务重组、项目经营、资产变现、债权转让、司法诉讼等方式的债权处置工作，并办理抵（质）押物登记变更手续。

第六节 风控要点

在开展业务的过程中，应注意以下风控要点。

一是规范估值标准。不良资产远期收购业务因可能涉及后续违约情形下的债权收购，故在估值时应充分考虑优良债权转为不良债权后的贬损因素，并进行合理估值。

二是做好项目准入。管理机构应结合自身特点、业务类型以及团队的实际情况，制定底层项目的准入和尽职调查指引，并明确业务部门负责人作为项目"经营主责任人"，强化在项目选取、项目尽调阶段的风险把控。

三是紧守项目审查。管理机构应专门配备风险审查、核保核签、投后管理等岗位，并落实相应的专业人员。同时，管理机构要建立明晰的项目受理、审查、决策的流程，就审查审批、项目实施、存续管理等各环节制定相应的风险政策、制度、管理办法和风险管控措施。

四是开展项目管理。管理机构将分阶段、分类型建立项目台账，定期监测和报送项目进展和风险情况，实行重大事项报告和风险预警制度。管理机构还要建立应急处置预案机制，到期收购委托律师法律尽调，确保债权及其附随的各类增信措施的合法性和有效性。

五是保持持续优化。随着项目的落地、管控的推进，管理机构需要不断总结经验，完善全流程管理，并逐步统一风险偏好，同时结合监管导向、行业导向、市场导向等，在持续经营的过程中适时调整和优化。

第七节 市 场 案 例

债权远期收购案例

A公司向银行申请1 000万元项目贷款，A公司提供的抵（质）押物条件及主体信用评级仅刚好满足银行审批要求，但因项目相对较为复杂，银行无法管控其存续期间风险及操作问题。有鉴于此，某资产管理公司抓住本次业务合作机会，利用自身信用优势和牌照优势，向银行提出对本笔贷款对应的债权提供远期收购服务，全流程管控项目，并给予对标的项目本身的尽职调查结果的认可，承诺在满足约定的违约触发收购条件后，按照协议约定收购该不良债权，实现银行资金的按时退出，并指定由A公司向资产管理公司支付财务顾问费。

贷款存续期内，资产管理公司发挥债权管理优势，在资金收付监管、经营行为监管、偿债风险监测等方面开展投后管理，定期向银行报送监管报告。贷款到期时，受市场行情影响，A公司无法全额偿还银行贷款，触发实质性违约，进而触发了资产管理公司收购该标的债权的条件，资产管理公司按照协议约定，以剩余贷款本息金额为收购对价，收购该笔不良债权。收购后，资产管理公司对债权实施债务重组，变更了还款计划，调整了借款利率。随着市场行情的好转，A公司经营恢复正常，如期偿还了资产管理公司的债权，实现了"以时间换空间"

的作用。

本案例中，资产管理公司一方面为银行解决了期间管控难题，促成银行与A公司的资金合作，另一方面在债权发生违约时发挥不良资产主业优势，化解金融风险，保障金融机构资金安全。收购债权后，资产管理公司根据A公司的经营计划重新制定还款安排，帮助企业渡过经营难关。这例不良资产远期收购业务充分体现了资产管理公司依托自身的不良资产管理及处置能力，在防范风险和服务实体经济方面发挥了重要作用。

本 章 小 结

不良资产远期收购业务，指管理机构应相关方要求，通过与资金方或借款方（包括银行、信托、资管计划等）签订相关协议的形式，提供资产估值、运行监管、风险监测、不良处置等风险管理服务，并在双方约定的触发收购条件达成时点，以约定的价格履行受让标的债权等相关义务，管理机构就前述服务事项收取一定报酬的业务。

远期收购业务是一种具有可变性的业务：若未触发收购条件，则该业务为纯债权管理类轻资产业务；若触发收购条件，则该业务为债权管理与债权收购处置相结合的两段式业务。

与其他业务类型相比，不良资产远期收购业务具有三点优势：一是优化资产管理机构的客户结构；二是扩大业务范围，远期收购业务将业务范围扩展至为正常类债权提供债权管理服务，构建了由事前风险防范到事后风险化解的全流程不良资产运营业务链条；三是节约资金消耗，若未触发收购条件，则该业务可视为以债权管理为核心的轻资产业务,资产管理机构无须出资。

远期不良资产收购的交易对手包括两类:资金方和融资方。管理机构承诺在与资金方约定的触发收购条件达成时点,履行受让标的债权等相关义务,并由此向融资方或出资方收取财务顾问费。

远期收购业务的交易模式主要包含两部分内容:债权管理服务和违约后的风险处置。管理机构对于符合准入条件的交易对手及项目,通过签订相关协议,提供债权管理和风险处置服务。

存续期管理和风险处置后的债权收购是远期不良资产收购流程中的重点。随着项目的落地、管控的推进,管理机构需要不断总结经验,完善全流程管理,并逐步统一风险偏好,同时结合监管导向、行业导向、市场导向等,在持续经营的过程中适时调整和优化风险管控措施。

本章重要术语

远期收购

复习思考题

1. 为什么说不良资产远期收购业务是一种全周期业务?
2. 不良资产远期收购业务的盈利模式是什么?
3. 不良资产远期收购业务的债权管理措施包括哪些?

第六章

不良资产的传统处置类业务

资产证券化是一种典型的金融创新工具。通过打包组合不良资产的结构化安排,使资产组合具备可预期的现金流。辅以增加信用的措施,以资产组合为标的资产发行证券,在资本市场进行销售。

不良资产的处置业务，指管理机构通过发挥专业能力，综合运用多种处置手段与方法，对所持有的不良资产进行处置，以获取经济收益的业务。根据实现价值手段的不同，处置业务可以进一步细分为传统处置类业务和投行化处置类业务。

不良资产的传统处置类业务是指不良资产管理机构运用传统处置方式开展的不良资产处置业务。传统处置方式是指对不良债权债务人（含借款人、保证人、抵押人等）及抵（质）押物进行直接处置，处置回款来源包括但不限于抵（质）押物处置回款、债务人还款、债权转让回款、破产清算回款、资产证券化回款等。在不良资产管理行业起步初期，管理机构主要采用传统处置方式，传统的处置方式常被总结为"三打"，即打折、打包、打官司。"打折"即为对债权进行打折减免实现处置，"打包"即为债权组包转让，"打官司"即为司法清收。

第一节　传统处置方式概述

在传统处置方式中，一般不涉及不良债权债务人或债务企业的能力提升或信用修复，不以提升债务人或债务企业的偿债能力为目标。一般通过抵押物变现、债务人追偿、法院执行等方式实现收益。管理机构也可将不良债权或不良债权的收益权直接转让给第三方来达到快速处置的目的。

传统处置方式相对简单,通过多种简单的方式进行组合处置实现收益。例如,直接催收与债务人商谈实现收益,司法清收处置债权项下抵(质)押物/债务人名下其他资产实现收益。

传统处置方式包括直接催收、司法清收、债权/收益权转让、破产清收、委托处置和资产证券化等方式。各种处置方式的特点和局限见表6-1。

表6-1 传统处置方式特点和局限性对比

处置方式	特　　点	局　　限
直接催收	处置成本最低,进入门槛低,且贯穿于整个处置过程中	仅限于有还款意愿或还款能力的债务人及其关联方
司法清收	符合"公开、公平、公正"三公原则	受限于当地司法环境
债权/收益权转让	处置方式简洁,适用对象范围广、条件要求低	受限于当地市场普及率、资产定价差异化较大
破产清收	处置周期较长,主动性管理较弱	受限于当地政府态度及管理人水平,债权回收不确定性较大
委托处置	风险共担、借助外部机构专业能力	受限于外部机构专业能力
资产证券化	快速、批量处置,发现价格、分散风险,降低公司融资成本,改善财务结构,增强资产流动性,推动业务创新	交易结构复杂,外部环境要求高

在实际业务中,资产包中的债权情况往往纷繁复杂,需要管理机构根据债权特点进行资产分类,然后根据资产分类结果匹配恰当的处置方式,从而取得良好的处置效果。例如:对于还款意愿较强,但

还款能力较弱，需要一定时间偿还债务的债务人，宜采用直接催收的方式；对于抵（质）押物价值充足的债权但债务人拒不履行还款义务的债权，宜采用司法清收方式；对于两户及以上具有一定地域或行业特征的不良债权，可以采用债权/收益权转让的方式；对于严重资不抵债、进入破产清算程序的企业债权采用破产清收的方式；对于单笔金额较大、有较清晰现金流预期、具备较好市场价值的不良债权，可以组合成为不良资产证券化产品进行处置；对于处置有障碍、缺乏抵（质）押物保障等属性的不良债权，可以采用委托处置的方式处置，借助于外部不良资产处置机构的专业能力和区域生态圈能力，实现风险共担、利益共享。

第二节 直接催收

一、业务概述

直接催收是指管理机构直接向债务人催告其还款的处置方式，常通过发送催收函、公证催收、上门/电话/短信催收、发送律师函等形式，完成债权的清收处置。

从实务来看，管理机构收购债权后，对于已涉诉或未涉诉债权，均可采用直接催收的方式，并贯穿整个处置流程。资产管理机构可通过不限于寄送转让通知函、催收函、公证催收、上门/电话/短信催收、发送律师函等方式，告知债务人债权转让事实，督促其及时偿还借款。

直接催收是一种常用的处置方式，对具有还款意愿和还款能力的债务人及其关联方具有一定的效果。对于涉诉情况复杂、还款能力较差的债务人来说，直接催收通常无法获得良好的效果。

二、业务特点

直接催收是处置业务最常用的处置手段,通过与债务人直接沟通,实现现金或其他资产回收。直接催收具备处置成本最低、进入门槛低且贯穿整个处置过程等特点。绝大部分从事不良资产清收处置的工作人员,均能熟练掌握并运用。直接催收通常采用寄送通知函、公证催收、发送律师函、电话/短信催收等方式,这些方式通过程序的自动化设置,可以实现批量催收的效果。但直接催收适用的债权局限性较大,对于还款能力差、涉诉情况复杂的债权,往往不能简单使用直接催收的方式,需要叠加其他处置方式方能取得良好效果。

三、基本流程

(一)尽职调查

管理机构应对债权开展详尽的尽职调查,针对直接催收的处置方式,尽调应侧重于以下四个方面。一是债务人还款意愿,了解债务人是否愿意解决其债务。二是债务人还款能力,通过了解债务人自身及周边情况等,判断债务人的还款能力。三是行使代位追偿权,了解债务人对他人享有的债权情况,判断是否可以行使代位追偿权。四是其他还款来源情况,例如:股东抽逃注册资金或出资不足的,股东负有偿债义务;债务人通过其他融资渠道或拆借渠道能够筹措资金偿还债务的情况。

(二)发布债权转让暨催收公告

根据《中华人民共和国民法典》规定,债权人转让债权,应当通知债务人,未经通知,该转让对债务人不发生效力。因此,管理机构在收购债权后,应通过报纸公告、函件公告等方式,告知债务人债权转让事实。

（三）实施催收

管理机构可采用寄送催收函、公证催收、上门/电话/短信催收、发送律师函等方式实施催收。无论采用何种方式，均应做好书面催收记录。例如：当向债务人邮寄催收函时，应保留快递寄送单并取得回执，同时对函件内容扫描留档；当电话催收时，应保留通话录音并保留催记。与债务人的沟通内容应形成催收回执或会议纪要，并由各方参与人员签字确认。有效的催收记录可以作为债权人主张债权的证明，达到中断诉讼时效的目的。

（四）实现债权

采取直接催收方式，存在三种实现债权途径，分别为现金回收、现金等价物回收或债权人预期处置目的。

四、风控要点

（一）确保催收内容的准确性

管理机构应确保催收内容的准确性，避免发生债务人名称错误、邮寄地址错误、债权债务关系表述错误等情况。为保证主张权利对象正确，应严格依照债务人签订协议中记载的地址，寄送催收函件。催收函件内容必须明确具体，债权金额计算准确，不应出现"大约"等金额模糊词语。

（二）确保催收行为规范

催收人员应向债务人说明债转事项，介绍自己的身份。谨防在催收过程中，冒充公检法系统人员。严禁采用恐吓、诽谤、骚扰以及肢体冲突等方式进行催收。

（三）债权诉讼时效的维护

未经诉讼的债权可采用直接催收的方式，因此管理机构需关注债权的诉讼时效，在催收过程中保留书面催收记录、电话录音或快递回单等一切可作为诉讼时效中断的证明材料。否则，当未涉诉的债权超过诉讼时效后，债权人将丧失胜诉权。

（四）债权催收道德风险防范

管理机构应采用双人催收制度，以避免催收过程中发生道德风险及操作风险。

第三节 司法清收

司法清收业务是指管理机构通过向人民法院提起诉讼或向仲裁机构提起仲裁的处置方式，通过司法强制程序向债务人进行追偿，实现收回现金或现金等价物的不良资产处置业务。司法清收主要适用于直接催收未见成效的情况。例如，债务企业有"逃废债"倾向需要保全债务人资产，或需要通过司法处置程序取得抵（质）押物的首封处置权等情形。

一、业务概念

（一）诉讼清收

诉讼清收是指权利人行使诉讼权利，通过司法程序（含诉讼、仲裁、申请公证执行）令债务人履行义务或采取强制手段令其履行义务，从而实现债权清偿或部分清偿的方式，即打官司。诉讼清收是最基本的债权价值司法实现形式，也是非诉讼手段用尽以后的法律手段。采用诉讼/仲裁清收方式的，应根据债务人的财产情况，合理确定诉讼时机和方式。诉讼时，应做好抵（质）押物及债务人其他财产的查封和续封工作。

诉讼清收主要分为两个阶段：第一阶段是对债权进行确权，由管辖法院或仲裁委负责；第二阶段是执行处置，由管辖法院的执行局或其指定的执行局负责。对于第一阶段来说，当债权人向法院提交诉讼申请后，法院/仲裁委会对债权情况进行审理、组织开庭，下发的司法文书将明确借款人还款金额及计息方式、担保人承担的担保责任（人保或物保）。司法文书生效后即视为债权得到确权，债务人应按照司法文书内容履行相关义务。若债务人未按照判决内容履行还款义务的，债权人可向法院申请执行，通过法院向债务人的强制执行实现处置回收。具体执行措施包括债务人主动回款、查封/冻结/扣除债务人银行账户、拍卖债务人抵（质）押或查封资产（包括但不限于房产、车辆、股权、货物）等。

（二）诉讼清收中的以物抵债情形

以物抵债是指当管理机构在司法拍卖流拍无法以货币资金实现处置回收时，向法院申请以物抵债的不良资产处置情形。具体实物资产包括但不限于房产、车辆、股权、货物等，抵债财产可以是债权对应抵押物或其他债务人名下资产。对于法律规定的禁止流通物、抵债资产存在较高欠缴费用、权属不明确、已被查封和扣押的资产，不宜用于抵偿债务。

从实务来看，以物抵债是司法拍卖流拍后的一种处置手段。当抵（质）押物在拍卖、变卖程序中未能成功变价时，管理机构只能被动接受以物抵债。例如，抵押房产二拍流拍，且房产变卖失败，管理机构只能被动选择以物抵债，否则抵（质）押物存在被解除查封并归还被执行人的可能性。抵债资产价值应由评估机构进行评估，或以最后一次流拍价格为基础，经由法院裁定确认，确定可抵偿的债务金额。

管理机构在获得以物抵债资产后,应根据法院出具的裁定,办理产权变更登记及财产权证、实物交付。至此,管理机构持有的债权资产变为实物资产,后续可对抵债资产进行运营或转让。

二、业务特点

司法清收与直接催收相比最大的区别是司法清收具有司法强制性效力,是在法院的主持下开展的债权处置活动。法院/仲裁委出具的司法文书具有司法强制性,若债务人无法履行司法文书中列明的义务,则法院可对债务人名下的抵(质)押物或其他可供执行财产采取强制执行措施。由于司法清收是以法院为主导的处置业务,流程复杂且牵扯法院各局的工作,因此其处置速度相对较慢,且管理机构难以对法院处置进展进行干涉与监督。

同时,法院可通过司法查控系统,与银行、房管、工商、公安等部门进行联动,对债务人名下的各类资产进行查控。资产查控可实现财产保全及查封,以避免债务人在危机下肆意处置名下资产,保障债权人的合法权益不受侵犯。若被执行人涉及自然人的,法院可将其列入失信人员名单及限制高消费人员名单。被列入失信人员名单的,将严重影响其个人征信;被列入限制高消费名单的,将影响其日常电子支付、乘坐飞机/高铁等方方面面。以上手段,均为法院为督促债务人偿还借款,在司法层面的施压。

三、基本流程

司法清收与直接催收相比,直接催收关注债务人还款能力,而司法清收通过法院完成处置工作,因此更关注抵(质)押物及债务人名下可供执行财产的价值与可执行性。基于这个原因,处置流程与直接催收业务流程存在差异,主要流程如下。

(一)尽调及资产价值确定

管理机构应对债权开展尽调,重点关注抵(质)押物的价值,及权利限制情况,查找债务人其他可供执行的财产线索。

(二)制订处置方案

综合债务人的资产情况、经营情况、抵(质)押物价值、抵(质)押物流动性,形成处置方案。处置方案应明确司法清收目标、可供执行财产线索、资产保全等情况,预计处置回款金额、时间及处置方式等内容。处置方案根据权限上报审批。

(三)处置方案实施

管理机构根据批复的处置方案组织实施。对于未涉诉的债权,尽快向管辖法院/仲裁委提起诉讼,并进行财产保全。在司法处置过程中,管理机构应按法院/仲裁委要求,配合出庭、举证以及查找财产线索等工作,完成对债权的确权工作。当司法文书生效后,若债务人仍未履行偿还义务,管理机构应尽快申请对抵(质)押物或其他财产的强制执行。

对于已涉诉的债权,管理机构应在当前司法处置进展下,继续推进司法流程。当抵(质)押物或其他资产处于执行拍卖阶段时,管理机构应充分营销,积极寻找竞买人参与资产拍卖,以防资产流拍。若司法流拍,则开展变卖程序,变价失败的资产存在以物抵债的可能性。

(四)后期管理

管理机构应建立债权处置台账。对已处置、未处置和未完全处置的资产分别进行登记造册,对未处置和未完全处置的资产继续开展处置工作。对于以物抵债的资产,应及时办理资产产权登记变更以及产权证书,妥善维护、保管与运营,确保资产价值不存在大幅贬损的风险,同时应及时寻找意向客户进行资产转让实现最终退出。

四、风控要点

（一）及时办理财产保全

管理机构接收债权后应第一时间对债务人可保全资产进行排查，对于尚未查封的，及时办理资产查封。从实务上来看，一些管理机构因享有对特定财产的抵（质）押权，享有抵（质）押物担保份额内的优先受偿权，而忽略了抵（质）押物查封的重要性，导致抵（质）押物存在多轮其他机构的查封，延长了抵（质）押物处置周期。因此，管理机构应重视抵（质）押物及其他资产的查封工作，争取抵（质）押物的首封顺位。避免抵（质）押物被其他债权人首轮查封，而导致需要协调首封法院配合资产的执行，丧失抵（质）押物处置的主动权，增加抵（质）押物的处置时间及成本。

（二）办理诉讼/执行主体的变更

管理机构受让债权后，对于已涉诉的债权，应及时办理诉讼/执行主体的变更，将权利人变更至管理机构名下，并获得法院下发的变更裁定。若管理机构未进行主体变更，则一切司法处置回款，仅能支付至原权利人名下，管理机构的合法权益可能受到侵犯。

（三）及时采取司法强制措施

管理机构接收债权后应第一时间对债务人采取司法强制措施，包括但不限于申请限制高消费、进入失信名单等司法强制措施。

第四节　债权/收益权转让

一、业务概述

债权/收益权转让是指管理机构将持有债权的全部权利转让至受让

人，受让人支付相应债权对价的行为。该转让可以是单笔债权，也可以是多笔债权组包转让。资产管理公司通过债权购入与转让价差，实现处置收益。该处置模式处置方式简洁、适用对象范围广、条件要求低，是不良资产处置业务中最常见的处置模式之一。受让人可采用一次性收款、分期收款、配资转让等方式，支付收购价款。在受让方支付完毕所有价款前，出让方依然保留对标的债权的所有权。

在债权转让业务过程中，经常出现受让人资金不足的情况，因此在债权转让业务过程中，逐渐延伸出了债权收益权转让模式。虽然未有监管机构对债权收益权作出明确定义，但可参照原银监会发布的《关于规范银行业金融机构信贷资产收益权转让业务的通知》（银监办发〔2016〕82号）中，对信贷资产收益权转让的要求开展业务。债权收益权是将债权主体与收益权利相分离，以合同约定方式确定的拟转让的收益权利（例如，债权未来可实现的利息收益权等），可以看作是金融创新的产物。收益权转让通常采用结构化交易，转让方持有优先级份额，受让方持有劣后级份额，以扩大受让方投资杠杆。在收益分配方面，处置回款在扣除处置费用后进行分配，分配顺序一般为优先级收益、优先级本金、劣后级本金、劣后级收益（若有）、超额收益分配（若有）。

二、业务特点

债权/收益权转让作为一种处置手段具有处置方式简洁、适用对象范围广、条件要求低等优势，能够缩短处置周期、提高处置效率。该处置模式相对适用于处置难度大、处置周期不确定的债权。债权转让和债权收益权转让两种模式在处置目的上均是为了实现债权处置回款，但两者在交易结构、出表效果、产品属性和处置模式等方面均存在明显差异。

债权转让是将资产管理公司所持有的债权全部权利及义务转让给受让方,是一种卖断式转让行为,转让后资产管理公司不再承担债权处置工作,债权实现出表。而债权收益权转让完成后,债权债务关系不发生变化,原债权人仍是名义上的权利人,债权处置工作由受让方承担,须取得转让方审批同意后方可实施。原债权人按照约定获得债权处置固定收益或浮动收益。处置期限到期后,通常由受让方收购剩余债权。因此,债权收益权转让亦可视为对债权投资人的配资行为。当投资人具备较强处置能力而资金不足时,可采取受让债权收益权参与处置工作,获得处置收益。具体债权转让和债权收益权转让的对比详见表6-2。

表6-2 债权转让/收益权转让方式对比

范围	债权转让	收益权转让
交易结构	卖断式转让	结构化转让债权收益权,通常转让方持有大比例优先级份额,受让方持有小比例劣后级份额
出表效果	会计出表	会计出表,到期后若违约则回表
产品属性	资产卖断	优先级+次级,平层结构
原债权人回报率	固定	固定+超额收益(若有)
处置模式	受让方清收	受让方清收

三、基本流程

(一)资产价值的确定

与其他传统处置方式不同,债权/收益权转让模式是通过受让人实现处置回款,因此债权资产的定价是最重要的环节。管理机构应对标的债权/收益权进行基础调查,采用外部评估和内部评估相结合的方式，确定标的估值。然后根据收购价格、内部资金成本以及资产收购、管理和处置过程中发生的相关成本，综合确定最低处置价格，以此价格制定相关处置方案。

（二）发布处置公告

根据《金融资产管理公司条例》规定，资产管理公司在转让债权时，应当按照公开、竞争、择优的原则运作。管理机构应在官网、交易所或者报纸等平台发布债权处置公告，对债权进行营销。公告中应明确债务人名称、债权金额、抵（质）押担保情况、抵（质）押物情况、交易对象范围等内容。在发布公告后，资产管理公司应与各意向投资人进行接洽并签署保密协议，开放债权资料供投资人尽调。

（三）制定处置方案

首先，管理机构应收集各意向投资人对债权转让价格的报价，判断债权转让可行性。其次，依据投资人的报价以及债权评估价格，制定处置方案。处置方案应包括债权处置底价、转让方式（竞价转让、协议转让）、转让时间节点、付款方式等内容。管理机构应将处置方案提交审批。

（四）项目实施

管理机构内部完成处置方案的审批后，应按照批复要求，实施债权/收益权转让。债权转让和收益权转让虽然业务逻辑有所区别，但基本实施流程一致，具体如下。

1. 签署协议

债权转让通常采用竞价转让和协议转让两种模式，而债权/收益权转让只能采用协议转让模式。对于竞价转让的债权，管理机构应在阿里法拍、京东法拍、交易所、拍卖行等中介平台发布竞价信息，投资人在规定时间内参与竞拍，竞拍成功后双方签订债权转让协议文本。

对于协议转让的债权，管理机构可直接与投资人签订债权转让协议或债权收益权转让协议。无论采用何种转让方式，转让合同文本中应明确转让债权金额、债权转让对价、转让价款支付条件、债权交割日期，以及债权资料移交清单等内容。

2. 投资人付款

债权投资人应按照协议约定，在规定时间内向管理机构支付债权/收益权转让价款。可采取分期付款，或一次性支付的方式。值得一提的是，收益权转让存在转让方和受让方共同设立的特殊目的载体（special purpose vehicle, SPV）进行交易的模式，以实现结构化交易的目的。因此在特殊载体设立完成后，转让方和受让方须按约定比例认购SPV份额。

3. 债权交割

投资人支付全部价款后，管理机构应将债权的基础协议、放款凭证、催收资料、权证、司法文书等重要原件资料移交至投资人。

4. 发布债权转让公告

若债权转让，双方应通过邮寄或者报纸公告等方式告知债务人债权转让事宜。而债权/收益权转让，因债权债务关系未发生改变，则无须发布债权转让公告。若收益权转让到期结项，后续需通过邮寄或者报纸公告等方式告知债务人债权转让事宜。

（五）后续监管（仅涉及分期收款和配资转让的情形）

债权转让的后续监管，仅限于采用分期付款形式的债权转让，或债权/收益权转让。若债权转让采用分期付款或收益权转让的情形，则管理机构需动态关注投资者的经营状况和现金流情况以及项目处置情况，以确保投资人能够按期支付剩余转让价款。

（六）债权终结

当管理机构收到全部转让价款后，即视为债权完成转让。管理机构应对债权进行结项，通常由业务部门、运营管理部门、财务管理部门等相关部门协同确认债权结项事项，并完成债权资料的移交。

值得一提的是，债权/收益权转让认定结项的标准与债权转让存在显著不同。债权转让转让的是债权本身，债权/收益权转让转让的是债权收益权利，并不涉及债权名义转让。

四、风控要点

（一）防范国有资产流失的风险

债权估值是债权转让过程中的核心环节。目前，我国的资产管理公司大多是国有控股的企业，若低价转让债权资产，将会造成国有资产流失。因此，管理机构在处置债权前，应聘请外部中介机构对债权进行评估，实际债权处置价格一般不得低于评估价格。谨防在处置过程中内外勾结、串通作弊、人为压低资产处置价格等道德风险。

（二）债权受让方主体资格风险

目前相关法律法规虽未对债权转让业务中的受让人资格作出明确规定和限制，但管理机构应谨慎对受让人开展尽调，判断其主体或个人资质。就机构投资人来说，处置能力有限、付款能力较差、交易资金来源不明的应谨慎对其转让债权。对于个人投资者来说，国家公务员、金融机构工作人员、政法干警、资产管理公司工作人员及其近亲属等，不得向其转让债权。

五、市场案例

QDMY有限公司债权转让案例

某资产管理公司持有杭州QDMY有限公司（以下简称"QDMY公司"）的债权本金余额人民币6 915.05万元，利息2 114.42万元，债权总额为9 029.47万元。质押物为位于山西省朔州市的煤炭，包括洗煤、原煤、煤泥，共计17.26万吨，司法评估价1 878万元。该质押物第二次司法拍卖已流拍，流拍价为1 178.4万元。

项目组尽调发现，由于质押物煤炭露天置放，一直在发生自燃、挥发的情况，质押物数量已严重减少，燃烧热量值也严重降低，现状与司法评估时的状态相比差距极大，煤炭的实际数量预计只剩余12万吨左右。某资产管理公司计划通过变卖质押物的方式处置QDMY公司的债权。资产管理公司聘请外部评估公司对质押物进行估值，质押物估值为751.28万元，快速处置价值563.46万元。资产管理公司依据估值结果，制定处置方案，并以563.46万元作为处置底价。经过广泛营销与协商，资产管理公司与某投资人确定以565万元价格变卖质押物。该价格高于处置底价，符合资产处置规定。但最后投资人因资金问题，未能完成收购。至此项目处置陷于停顿，单户处置债权难度极大。

同年，某资产管理公司成功收购B银行杭州分行第三季度资产包。在对资产包内债权营销时，该资产管理公司发现温州地区投资人活跃，对购买债权意向强烈。某资产管理公司及时改变处置思路，将QDMY公司债权与资产包内温州地区的多个债权进行组包。该组包行为增加了资产包内债权所在地和所在行业的分散度，将优质债权资产与具有一定处置难度的债权资产搭配营销，解决了单一低效资产处置难的问题。

同时，为提高投资人的杠杆比例，以及满足资产管理公司享有债权处置超额收益的诉求，资产管理公司再次转变思路，将债权转让模式改为债权/收益权转让模式。通过与投资人共同设立SPV主体，资产管理公司持有优先级份额，投资人持有劣后级份额，以SPV主体名义受让债权收益权。在扣除全部实现债权处置费用后，处置回款分配顺序为：优先级本金、优先级固定利息、劣后级本金、劣后级固定利息、超额收益按照持有份额比例进行分配。若清收期届满,未能完成债权全额处置,则资产管理公司对剩余债权进行回购。

本案例中,某资产管理公司根据债权特色及投资人情况,不断调整处置模式,从处置单一债权质押物转为组包转让债权,再转为转让资产包收益权。转让收益权模式既实现了某资产管理公司对QDMY债权的管理责任出表,由投资人承担处置责任,又可以实现资产管理公司快速回款的目的;同时,某资产管理公司仍然保留了对债权处置超额收益分配的权利。

第五节　破 产 清 收

一、业务概述

破产清收是在企业破产法等系列制度下开展的一类处置业务,具体是指管理机构通过企业的破产程序,实现债权的受偿。

破产是指债务人因不能按约偿还借款或资不抵债时,由相关方诉请法院宣告企业破产,并按照破产程序偿还债务的一种法律制度。2007年6月1日起施行的《企业破产法》,增加了破产重整制度,完善了我国破产制度。破产重整、破产清算与破产和解制度构成了现代破产法律制度的三大基石。对于不良资产管理机构来说,积极参与破产业务,既是实现债权处置的手段,又可以投资人、破产管理人等多种身份参与破产业务。破产业务贯通了资产管理公司的传统处置类业务、投行化处置类业务和管理类业务。本节将重点介绍破产清算制度下的破产清收业务,后续章节将介绍其他与破产制度相关的破产重整业务和破产管理业务。

破产清算是指债务企业宣告破产后,由清算组接管债务企业,对破产财产进行清算评估，破产财产变价，对债权人分配破产财产，实现清偿债权目的。剩余无法清偿的债务将全部免除，当清算程序终结后，即可依法注销企业。

二、业务特点

要解释清楚破产清收的业务特点，首先需要对破产清算、破产和解与破产重整三项制度进行比较。三项制度在实现目的、适用范围、启动条件、申请主体、法律措施等方面均存在显著差异，具体对比见表6-3。

从对比中不难看出，破产清算制度的目的是完成企业注销，在企业现有破产财产中进行分配和处置，操作过程简单，但是债权受偿率通常不高。因此资产管理公司采用破产清收处置债权的，往往是被动的选择。

根据《企业破产法》规定，破产财产的清偿顺序依次为破产费用、共益债、职工债权、社保债权、税款债权、普通债权。当破产财产不足以清偿同一顺位债权时，应按照债权比例分配，无法受偿的部分将全部免除。有特定财产担保的债权，债权人可行使其对特定财产的优先受偿权，未能完全受偿的部分作为普通破产债权参与分配。

从实务来看，因为破产企业负债远高于其资产价值，即使是有财产担保的债权，也无法全额受偿。同时，破产清算是由法院主导的程序，资产管理公司无法过多主导债权处置进程。因此资产管理公司将面临受偿率低和时间不确定两项风险。

资产管理公司介入破产清算项目，往往出于其他战略性目的，而非主动希望通过破产清收实现债权退出。从这种视角观察，介入破产清算是资产管理公司某项特定战略资源部署任务的执行环节。在实际

表6-3 破产清算、破产和解与破产重整模式比较

项 目	破 产 清 算	破 产 和 解	破 产 重 整
实现目的	实现企业破产与注销	助力企业摆脱经济困难，避免破产	助力企业清理债务，维持企业正常经营，实现企业价值的再生再造
适用范围	资产价值较低，无力恢复自主经营的企业	资产具有一定价值，通过债权人的债务减免或延迟履行期限，可恢复自主经营的企业	资产具有较高价值或企业具有核心技术，通过债务清理和产业资源整合，使企业价值进一步提升
启动条件	债务人不能清偿到期债务，且资不抵债或明显丧失清偿能力	债务人不能清偿到期债务，且资不抵债或明显丧失清偿能力	债务人不能清偿到期债务，且资不抵债，明显丧失清偿能力或可能丧失清偿能力
申请主体	债务人、债权人、清算组	债务人	债权人、债务人、注册资本10%以上的股东
法律措施	清算财产，实现分配	债务减免、债务延期	可采取的措施较多，法律没有明确限制或禁止的，原则上均可实施。例如债务减免、债务延期、股权划转、债转股、资产转让等
管理人	法院指定	法院指定，管理人接管企业或债务人在管理人的监督下继续经营企业	法院指定
破产文书	管理人拟定破产财产分配方案，提交债权人会议讨论	申请和解时，出具和解协议草案	管理人提出重整计划草案

案例中，经常存在破产清算转破产和解或破产重整的案例，这三项制度间的转换取决于企业自身的资产价值和核心竞争能力，能够完成破产重整的企业其价值往往会得到大幅提升。通俗来讲，破产清算是实现债权处置"迫不得已"的手段，而破产重整往往是实现债权处置"柳暗花明"的手段。破产重整业务将在第七章重点介绍。

三、基本流程

根据《企业破产法》的规定，破产清算基本流程为破产申请、宣告破产、组建清算组、破产企业财务审计、破产财产的清算及变价、出具破产财产分配方案及执行、制定破产清算报告、终结破产程序。

（一）破产申请

破产可由债务人、债权人向法院申请向人民法院提起破产申请。申请破产的企业须为不能清偿到期债务、资不抵债或明显缺乏清偿能力。若为国有企业，除了满足上述条件，还应得到上级主管部门批准后，才可向法院提交破产申请。

（二）宣告破产

法院受理破产申请后，将对破产案件进行审查。当满足债务人不能清偿到期债务且不能达成和解协议的，债务人不履行或者不能履行和解协议的，及其他破产法规定的情形，法院应裁定并宣告企业破产。

（三）组建清算组

法院裁定企业破产后，正式进入破产程序，由人民法院自宣告破产之日起15日内成立破产清算组。清算组是临时性特别机关，随破产清算程序的终结而解散。清算组独立于破产债权人和破产人，代表全体债权人利益，对法院负责。清算组通常由律师、会计师、审计师和资产评估师等专业人员组成，主要负责破产财产保管、清理、估值、变价、处置和分配等清算事务工作。

（四）破产企业财务审计

破产企业的财务审计工作是破产程序中的重要环节，财务审计能够使企业真实财务情况浮出水面。审计内容具体覆盖公司注册登记情况、注册资本缴纳情况、企业财务管理情况、财务凭证及账册保存情况、账目记录情况、财务审批情况、企业负债情况、企业资产设定担保情况等。

（五）破产财产的清算及变价

破产财产是企业宣告破产时至破产程序终结期间，归破产管理人占有、支配并用于分配给各债权人的资产。破产财产必须是可以用于分配的财产，若财产已对特定债权人设定了担保，则无法纳入破产财产范围。破产企业的财产清算程序，是对企业财产权属界定、范围界定、分类界定和登记造册的活动。具体工作可包括核实财产状态、财产价值评估。

对于非货币类资产变价的过程，清算组应按照公开、公平、公正的原则，在外部机构估值的基础上经债权人会议表决通过，最终以协议转让或拍卖的方式实现变价。

（六）出具破产财产分配方案及执行

清算组根据破产财产清算及变价情况出具破产财产分配方案，该方案须经债权人会议表决通过，报人民法院批准后执行。财产分配方案应包括破产财产总额，已变现财产价值和未变现财产价值，财产清偿顺序，拖欠职工工资、社保欠款和拖欠税款，破产债权总额和清偿比例，财产分配时间及方式等。

法院裁定财产分配方案后，财产分配方案由清算组负责执行。在破产财产优先支付破产费用后，剩余财产按照拖欠职工工资、社保欠款、税款欠款和普通债权依次进行清偿。在同等顺位债权不足以清偿时，应按比例分配。

（七）制定破产清算报告

破产财产分配完毕后，清算组制定清算报告，提交债权人委员会和法院。破产清算报告应包含破产清算组成立情况、清算组完成主要工作、破产企业大宗资金走向及回收情况、企业破产原因分析等。

（八）终结破产程序

破产程序的终结是指，在破产程序中，发生终结破产程序的法定事项，由法院裁定终结破产程序。法定事项可包括债务人能够执行和解协议的，破产财产不足以支付破产费用的，破产财产分配完毕法院裁定终结破产程序。破产程序终结后，清算组在登记机关办理破产企业的核销，并发布公告。至此，破产企业法人资格消失，未得到清偿的债权不再受偿。

管理机构作为破产债权人，可主动申请企业破产或参与破产清算程序。在破产清算程序中，管理机构应按照法院和清算组的安排，及时申报债权，参加债权人会议，密切关注破产清算进程，依法参与破产财产分配，并尽最大可能防止债务人利用破产手段"逃废债"。

四、风控要点

（一）积极行使别除权

根据《企业破产法》规定，对破产人的特定财产享有担保权的权利人，对该特定财产享有优先受偿的权利。别除权是指将破产人特定的财产从破产财产中区别出来，授予债权人就该财产处置所得价款，从而实现债权回收。当管理机构所持债权是有对应抵（质）押物担保的债权时，应积极行使别除权。考虑到别除权的行使无须提起民事诉讼，管理机构应在破产清算程序中主动向破产管理人提出行使其别除权，以避免担保财产被纳入破产财产中，而丧失自身合法权益。

（二）防范破产企业责任人员损害债权人利益

如因破产企业股东、高管、实际控制人造成企业财产贬值、流失、毁损或者灭失的，或因主要财产、账册、重要文件灭失，导致无法进行清算或延长清算周期的，管理机构可在其造成损失范围内向责任人员主张赔偿责任。

五、市场案例

SHWJ金属制品破产清算转重整案例

SHWJ金属制品有限公司（以下简称"SHWJ公司"）成立于1992年10月，主营有色金属、机电、橡胶等资源再生及综合利用业务。该公司原为一家客户稳定、口碑良好的合资企业，后因一场意外火灾，烧毁了公司几乎全部的机器设备及财务资料，从此企业陷入经营停顿。因无法清偿到期债务，债权人向企业注册地中级人民法院提出破产清算申请，法院依法裁定企业破产。

在破产清算过程中，清算组发现企业现存机器设备已毁损严重，几乎不具备变现价值。但企业名下的环评及排污许可资质具有稀缺性和一定的市场价值。若执行破产清算，仅有少量未烧毁设备可实现变价，环评及排污许可资质为无形资产，无法通过拍卖实现变价。执行破产清算将对债权人和破产企业均造成较大损失。

在管理人的调研下，市场上有多家企业愿意收购企业的环评及排污许可资质，至此SHWJ公司破产案件出现转机。经管理人与法院的充分沟通，法院将本案由破产清算转入重整程序。管理人积极寻找重整投资人，拟引入重整投资人，重整方提供资金用于恢复企业经营、购置设备和清偿债务。该重整草案经债权人会议表决通过,并提交法院审理。

同年,法院裁定批准重整计划并终止破产程序。在重整执行中,实现了社保债权100%清偿,普通债权的清偿率由破产清算状态下的19.9%提升至46.4%。SHWJ公司引进全新清洁能源净化环保设备,使企业在清洁能源净化行业的市场占有率不断提高,彻底走出了破产困境。

该案例是典型的破产清算转重整案例,通过挖掘企业核心竞争力和重整资源整合,实现了企业的"起死回生",使得债权人清偿率得到显著提升。

第六节 委托处置

一、业务概述

委托处置是指管理机构委托第三方负责不良资产清收处置,双方根据协议约定分配不良资产处置收益。第三方处置机构通常为具有处置能力的专业处置服务商。根据风险是否转移,委托处置可以分为风险代理和合作清收两种方式。

风险代理是指管理机构委托第三方时,前期不支付委托费用,双方以实际回收的现金按约定比例进行佣金分配的清收方式。受托方收取的报酬与清收结果直接挂钩(不包含常规诉讼代理)。适用于纯保证类债权或抵(质)押物处置难度较大的债权。

合作清收是指管理机构委托第三方时,由第三方负责清收并承诺保底清收金额,具体金额由双方协议约定分配。原则上第三方应支付全额保证金,在清收金额未达到保底清收金额前,合作处置方不享受收益分配，清收金额到达保底清收金额后，按照双方约定比例对处置收益进行分配。若处置期内处置金额未到达保底清收金额，则管理机构扣收全部保证金。

二、业务特点

委托清收处置模式是当下主流的处置模式之一。管理机构委托外部处置服务商开展清收业务，可视为将不良债权的所有权与处置权相分离的产物，存在四点显著的优势。一是充分发挥服务商的处置资源，减轻资产管理公司自身的处置负担；二是有助于建立处置服务商合作库，共建不良资产处置生态圈；三是通过设定阶梯式佣金激励制度及保证金制度，最大程度激励服务商，提高处置效率；四是合作处置模式的保证金制度，能够在一定程度上降低债权人的处置风险。

需要特别说明的是，债权/收益权转让同样可起到将处置权转移至外部投资人的作用，但债权/收益权转让与委托处置存在本质差异，主要差异体现在债权债务关系和处置收益分配上。

从债权债务关系上来看，委托处置模式，管理机构与处置服务商签订委托处置协议或合作处置协议，债权不出表，仅处置责任转移。而债权/收益权转让，管理机构与投资人签订收益权转让协议，实现了债权资产会计出表，处置责任转移。总结来说，委托处置是以处置为核心目的，而债权/收益权转让是以债权转让为目的，同时解决投资人资金紧张的问题，是为投资人设计的一种配资交易结构。

从分配方式来看，全部债权处置收入归债权人所有，债权人根据协议约定，采用固定或阶梯浮动费率方式向处置服务商支付佣金。而债权收益权转让后，债权处置收入按协议约定顺序分配，通常按照实现债权的费用、优先级收益、优先级本金、劣后级本金、劣后级收益

（若有）、超额收益（若有）的顺序依次进行分配。

三、业务流程

委托处置模式与其他传统处置模式的业务流程存在显著区别，主要原因是处置责任的转移。具体业务流程如下。

（一）选聘外部服务机构

管理机构在对资产充分尽调的基础上，依照公平、公开、自愿的原则，通过公开招标的方式选聘处置外部服务商。合作服务商应是具有较好处置业绩和良好市场口碑的法人主体。对拟委托资产有明确的处置思路及处置配套资源。管理机构应对各处置服务商的处置方案、合作模式、方案报价等进行综合评定，选聘有优势的处置服务机构。

（二）签订协议

管理机构对处置服务商的选聘批复后，应与其签订委托处置协议或合作处置协议，协议应明确合作方式、处置责任、授权范围、代理期限、最低处置目标（如有）、佣金比例、付费标准等内容。

（三）制定处置方案及实施

处置服务商应在管理机构授权范围内开展处置工作，对于债权处置进展应及时与管理机构沟通。处置服务机构对债权进行处置时，管理机构应制定处置方案并上报审批，方案批复后，处置服务机构方可实施对债权的处置。其间，管理机构应配合处置服务商出具相关必要文件。

四、风控要点

委托处置是最常见的处置模式之一，通常管理机构不会限制处置机构采用的处置手段，处置手段可能是直接催收、司法催收、以物抵债等多种手段的组合。管理机构应对处置服务机构的处置行为进行监督，避免出现暴力催收和违规催收的情况，致使资产管理公司损失声誉。

在处置过程中，管理机构应谨慎出具配套处置文件。出具用印材料前，确保处置事项已经上报审批通过。严禁出具空白授权委托书等委托材料，以避免出现表见代理的风险，致使管理机构损失资产。

管理机构应强化对处置商的监督考核，设立打分、排名、淘汰机制。对于合作期内处置情况不达标、处置效率低下、配合程度不理想的服务商，经过综合评判后，终止处置合作，以提高处置效率。

五、市场案例

不良资产委托清收案例

2022年8月8日，G资产管理股份有限公司发布公告，拟对广西ZFJC有限公司等51户债权资产包进行资产处置，开展委托清收机构招标。截至2022年6月30日，该资产包本息合计为869 979 552.03元，本金为405 033 982.67元。该资产包中的债务人主要分布在南宁、钦州、柳州、深圳等地区。

招标内容为委托清收/合作清收，招标主体为律师事务所或经注册成立的专业清收服务机构，对律所和清收机构的资质要求具体如下。

1. 律师事务所资格要求

（1）遵守国家法律法规，拥护社会主义法治。

（2）依法成立，具有律师事务所执业资格。

（3）竞聘机构可选择拟派律师团队或拟派主办律师的形式。

（4）律师事务所及拟派律师近3年无重大行政处罚、行业处分等不良记录。

（5）在委托清收处置服务期限内，遵守相关工作纪律，能够严格保守工作秘密。

2. 清收机构资格要求

（1）经营范围符合国家法律法规监管要求，具备受托清收业务资格。

（2）具有受托清收业务实务经验，展业时间1年及以上。

（3）有固定的经营场所，组织规范，内部管理制度健全，能有效控制从业人员的职业道德风险和操作风险。

（4）企业在3年内没有包括但不限于司法不良记录、银行征信不良记录、税务部门不良记录等其他不良记录；企业法定代表人、控股股东和主要管理人员无各类不良记录；从业人员熟悉相关法律并具有相关清收业务经验。

（5）具有与其他机构的受托清收合作经验，清收业绩良好。

在委托处置模式下，委托方期望取得良好的处置效果。招标方案在备选外部服务机构的基本资格、人员素质、过往业绩等方面均提出具体要求。

参与招标的外部服务机构须提交书面处置方案，处置方案和主体资质符合要求后可进行投标，最终以价格、处置方案等多维度确定中标机构。

从案例可以看出，委托处置对于专业服务机构在选聘环节有很高的要求，同时预先处置方案的制定以及制定好考核监督机制，才能保障不良资产的委托处置取得良好效果。

第七节 资产证券化

一、业务概述

不良资产证券化是指以银行或不良资产管理机构作为发起机构，

将不良资产信托给受托机构,由受托机构以资产支持证券的形式向投资机构发行受益证券,以该财产所产生的现金支付资产支持证券收益的结构化交易活动。

在中国境内的不良资产证券化产品,主要包括在银行间市场发行的产品和在证券市场发行的产品两种类型。其中:在银行间市场发行的不良资产证券化产品,须报送原银保监会审批;在证券市场发行的不良资产证券化产品,须报送证监会审批。

资产证券化是一种典型的金融创新工具。通过打包组合不良资产的结构化安排,使资产组合具备可预期的现金流。辅以增加信用的措施,以资产组合为标的资产发行证券,在资本市场进行销售。相比于其他传统处置模式,不良资产证券化最显著的优势在于提高不良资产的流动性和处置效率,且有望获得更高的转让价格。目前我国不良资产证券化仍属起步阶段,试点规模较小。长期来看,不良资产证券化将是化解和盘活不良资产的有效手段,未来有较大发展价值。

根据中国债券信息网发布的《2022年资产证券化发展报告》,2021年,我国不良贷款证券化产品发行320.10亿元,在信贷资产证券化中占比超过9%。另外,中诚信国际的统计显示,2022年,银行间市场不良资产支持证券共发行68单,发行规模合计309.61亿元,发行单数与规模较上年略有增长;其中,国有银行仍是最主要的发起机构。

二、业务特点

管理机构首先将一个批量债权组包转让给受托机构。由于债权转让给受托载体涉及通过司法程序变更权利人、公告送达债务人等一系列复杂的法律操作,在具体的操作中往往采用的是转让债权/收益权给受托机构的方式。受托载体再反委托管理机构进行相应债权的处置服务，资产处置收入用于向债券持有人支付证券本金和利息。当产品存续期满，管理机构再将债权包的剩余资产转让或回购。总体来看，不良资产证券化可以视作是债权/收益权转让加反委托清收的组合模式。

如果将单个环节拆分开来看，一次性卖断的债权转让处置方式的优点是处置资金快速回收，缺点是易受交易资产规模约束，很难在大规模资产处置中广泛发挥作用。分期或配资处置方式虽然能解决较大规模资产处置问题，但缺陷是不能立即获得全部付款，现金流回收滞后且时间较长。基于结构化交易的资产证券化业务克服了两者的缺陷，发扬了两者的优点，既能大规模处置资产，又能快速收回价款。

不良资产证券化处置模式，从交易结构上可看作是债权/收益权转让加反委托清收的组合，但与债权/收益权转让模式在实现目的上存在显著区别。当债权/收益权转让单独作为一种处置方式使用时，主要目的是快速处置债权，实现债权出表与处置责任转移，同时为投资人提供配资。而不良资产证券化模式，指管理机构主体利用其不良债权资产进行融资的一种行为，实现债权的出表，但是处置责任不发生转移，仍由原债权人承担清收责任。两者在结构化交易安排上也存在一定区别。在债权/收益权转让模式中，管理机构往往会自持较大比例的权益份额，用于减轻投资人的资金压力。而在不良资产证券化模式中，管理机构通常自持较小比例的权益份额，且通常为劣后级份额，可以视为对投资人的一种增信措施。

不良资产证券化业务中将批量债权组包来形成基础资产。基础资产可以视作一个资产池。管理机构在组建资产池的过程中，将不同种类的不良资产进行组合，而不是简单的资产质量叠加。组合可以降低单笔资产的风险，使得原来分散的资产回收有了较为稳定的收益率。不良资产的基础资产构成主要为五级分类中的后三类贷款。从资产池中的资产类型看,不良资产证券化发行品种主要包括信用卡不良、个贷抵押类不良和对公不良。不良资产证券化资产组合的未来现金流依靠的是抵押物、担保人和借款人财产,现金流波动性比较大。

不良资产相较于正常资产的流动性较低,标的本身也具有非标准化的特征。其处置产生的现金流在时间和金额两个维度具有双重不确定性。因此,相较于正常资产证券化产品,不良资产证券化产品往往强化内部外部双重增信机制。产品设计中内部信用增级一般通过优先/次级的分层设计机构设计、流动性储备金账户设置、偿付机构安排等方式保障投资人的利益。外部信用增级一般依赖于来自外部第三方信用介入提供的信用支持,包括担保、利率互换、利率下限、信用违约互换等方式保障投资人的利益。此外,不良资产证券化产品一般会设置超额分成机制,当资产池回收高于一定水平时,高出部分可以按比例分配给资产处置方,从而激励保护投资者的利益。

三、交易结构

图6-1展示了某商业银行不良资产支持证券业务的交易结构。

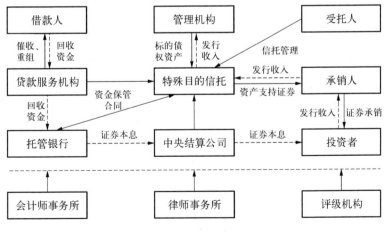

图6-1 不良资产证券化交易结构

根据信托合同规定，××银行作为发起机构以个人信用卡不良债权作为信托财产委托给受托人，以××信托为受托人，设立××不良资产证券化信托。

受托人向投资人发行该资产支持证券，并以信托财产产生的现金为限支付发行费用、相应税收、服务报酬、费用支出及资产支持证券的本金和收益。受托人所发行的优先档资产支持证券和次级档资产支持证券的本金和利息，以及信托财产所产生收益的支付顺序按照信托合同的详细条款执行。通常支付顺序为：优先支付发行费用、处置费用及相关税费，然后按照优先档资产支持证券本金、优先档资产支持证券固定收益、次级档资产支持证券本金、次级档资产支持证券固定收益、超额收益。

发行人与发起机构、主承销商签署主承销协议，主承销商再与承销商签署承销团协议，组建承销团对优先档资产支持证券和次级档资产支持证券进行销售。信托有效期内，受托人委托贷款服务机构（××银行）对信托财产的日常回收进行管理和服务。

对于信托财产所产生的现金流，受托人委托资金保管机构提供资金保管服务。资产支持证券除发起机构自持的部分外将在银行间债券市场上市流通。

主管部门指定的其他登记机构作为证券登记托管机构，负责对证券进行登记托管，并向投资者转付由资金保管机构划入的到期应付信托利益。

不良资产支持证券产品发行说明书中，需阐明产品发行的规模、优先档/次级档比例、还本方式、利率类型、预期到期日、法定到期日、评级情况等相应信息。

我国不良资产支持证券产品通常采用公开簿记建档的集中配售方式在全国银行间债券市场发行。受托人一般指信托机构将于簿记建档日向全国银行间债券市场机构公开发行法定到期日的优先档资产支持证券及次级档资产支持证券，并向发起机构支付优先档资产支持证券及次级档资产支持证券的资产支持证券募集资金。

四、风控要点

不良资产支持证券业务风险一般包含信用风险、现金流回收波动、资产抽样尽调局限性风险、流动性风险、估值风险、集中度风险。

不良资产证券化产品，入池资产相对笔数较多，从实际操作层面来看，很难对于底层资产做到逐笔估值尽调。如果入池底层资产各因素相对分散，则可较大程度降低回收金额的波动性。

在不同类型产品投资中，需要关注不同因素。信用卡类不良证券化产品，需要充分考虑资产池逾期期限、借款人的年龄、所处区域、行业、本金金额等一系列因素；对公类不良证券化产品，需要考虑底层资产类型、区域分布、借款人未偿本息额度等因素；个贷抵押类不良证券化产品，需要了解借款人的未偿本息金额、逾期期限、区域位置、是否是唯一住房等因素。

价值充足原则是指参与不良资产支持证券业务投资时，需对底层资产预测可回收金额。只有在能够充分覆盖证券产品期限内的应付本息和费用的前提下，投资者才能获取一定的收益。

从产品增信措施看，不良资产支持证券业务可以分为内部增信与外部增信。内部增信一般通过入池资产的分散性、设置流动性储备账户、触发机制安排、偿付结构安排设置等方式实现风控。外部增信一般采取设置外部流动性支持机构来实现。

五、市场案例

ZS资产发行不良资产支持证券案例

2020年4月29日，ZS资产于上交所成功发行HT-ZS资产一期资产支持专项计划（以下简称"ABS项目"），发行规模5亿元，产品期限2年，主体和债项评级均为AAA，票面利率仅为2.80%。作为交易所市场发行的首单地方AMC不良资产证券化产品，该项目一经发行便引起了整个市场的热烈反响，投资机构踊跃认购。图6-2展示了ZS资产ABS项目的交易结构。

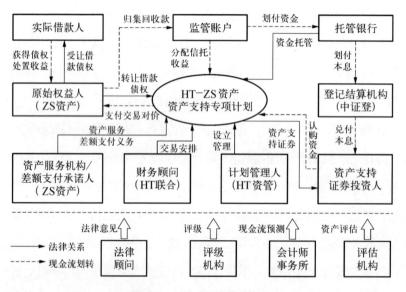

图6-2　ABS项目交易结构图

（一）项目基本要素

ZS资产作为实际控制人，承担了原始权益人、资产服务机构、差额支付承诺人、清仓回购义务人等角色。发行总规模5亿元，其中：优先级4.75亿元，占比95%，AAA评级，按季付息，按季度摊还，票面利率2.80%；次级0.25亿元，占比5%，无评级，由ZS资产全额自持。

基础资产来自ZS资产自主清收业务模式项下的金融债权资产，其前手交易方以商业银行为主。入池资产具有优质属性，债权项下均有足值的第一顺位抵押物，以保证处置回款价值产品期限内的稳定性；入池资产区域分布主要在经济发展情况良好的浙江省和福建省；充分考虑基础资产分散度要求,单笔基础资产由评估机构基于封包时点给出的评估价值占整个资产包的合计价值比例不超过15%。经过对于债权项下的抵押物进行逐笔实地尽调,同时获取产调等相关材料进行核查,ZS资产充分挖掘基础资产形成的业务背景,并基于行业特性构建现金流预测模型,最终形成资产池。

(二)项目难点

入池资产的尽调难度大。不良资产因为其特殊性,尽职调查难度较高。一是市场价值波动较大,价值评估较复杂;二是相关历史资料和数据有所缺失,后续跟踪较难。而不良资产包具有整体性和不可分割性的特点,银行不良金融债权以资产包形式整体出售转让,资产包内各笔不良金融债权良莠不齐,情况千差万别,可回收比例各不相同,需要具体分析鉴别。项目过程中,在ZS资产存量债权中筛选出优质的、符合证券化底层资产要求的不良债权资产,再采取科学合理的分布,保证入池资产在质量、体量、形态、地区分布等都具有均衡性和分散性,保证回款稳定且可预测,实现每一笔资产穿透底层的详细尽调,是一项耗费大量时间和精力的工程。

项目风险把控要求高。不良债权资产交易具有高风险、高收益的特点。估值定价是该产品的核心问题,而如何为一笔笔情况各异、回款时间各不相同的不良债权资产搭建出一个可预测的资产模型,并尽可能使之现金流稳定化,是该项目的难点所在,也是风险把控的关键点。在估值定价上,项目组采用偏保守的估值策略,充分参考历史数据和市场情况,对资产进行逐笔反复评估。在构建该项目的不良资产池工作中,项目组在公司资产处置历史数据的基础上,合理安排各要素的分布,使之达到分散风险的目的,并尽力做到资产价值对证券价值的溢出覆盖,现金流回收的持续、稳定和足额,以保证证券本息能够及时、定额地支付，同时还能通过差额补足等一些手段进行增信。

本 章 小 结

不良资产的传统处置类业务，指不良资产管理机构运用传统处置方式开展的不良资产处置业务。传统处置方式包括直接催收、司法清收、债权/收益权转让、破产清收、委托处置和不良资产证券化等方式。在传统处置方式中，一般不涉及不良债权债务人的能力提升或信用修复，不以提升债务人的偿债能力为目标。传统处置方式通过多种简单的方式进行组合处置实现收益。

直接催收是处置业务最常用的处置手段，通过与债务人直接沟通，实现现金或其他资产回收。直接催收具备处置成本最低、进入门槛低且贯穿整个处置过程等特点。

司法清收业务，指管理机构通过向人民法院提起诉讼或向仲裁机构提起仲裁的处置方式，通过司法强制程序向债务人及保证人进行追偿，实现收回现金或现金等价物的不良资产处置业务。司法清收主要适用于直接催收未见成效的情况。

债权/收益权转让，指管理机构将持有债权的全部权利转让至受让人，受让人支付相应债权对价的行为。该转让可以是单笔债权，也可以是多笔债权组包转让。债权/收益权转让作为一种处置手段具有处置方式简洁、适用对象范围广、条件要求低等优势，能够缩短处置周期、提高处置效率。

破产清收是在破产清算制度下开展的一类处置业务，具体是指管理机构通过企业的破产清算程序，实现债权的受偿。通俗来讲，破产清算是实现债权处置"迫不得已"的手段，而破产重整往往是实现债权处置"柳暗花明"的手段。

委托处置，指管理机构委托第三方负责不良资产清收处置，双方根据协议约定分配不良资产处置收益。第三方处置机构通常为具有处置能力的专业处置服务商。根据风险是否转移，委托处置可以分为风险代理和合作清收两种方式。

不良资产证券化，指以银行或不良资产管理机构作为发起机构，将不良资产信托给受托机构，由受托机构以资产支持证券的形式向投资机构发行受益证券，以该财产所产生的现金支付资产支持证券收益的结构化交易活动。

本章重要术语

以物抵债

不良资产证券化

债权收益权

复习思考题

1. 传统处置类业务包含哪些方式？
2. 为什么说破产清收属于经济性较差的模式？
3. 委托处置包括哪几种模式？
4. 不良资产证券化业务存在哪些特点？

第七章

不良资产的投行化处置类业务

在企业困境阶段低价获取债权，在企业重整后，随着企业价值的提升，由债务人自行还款、处置抵质押物、股权转让等多种方式实现退出，获得投资收益。

不良资产的投行化处置类业务是指不良资产管理机构运用投行化处置手段开展的处置业务，这也是近年来很多资产管理公司提到的"不良+投行"概念。投行化处置手段是指以不良资产收购为依托，以多种综合金融服务为手段，采用对债务企业或标的项目注入流动性、产业资源整合或参与管理等盘活方式，使企业价值及资产价值提升，恢复盈利能力，转向正常经营。

投行化处置业务通常以收购债权的形式介入，部分项目存在债转股或股权收购的情况。具体来说，投行化处置业务包括债务重组、债务更新、破产重整、共益债和市场化债转股、以物抵债等。投行化处置方式与传统处置方式最大的区别是遵循的处置逻辑不同。传统的处置方案，侧重于从出让方低价获取资产包，快速实现债权变现，通过收购与处置的价差获取收益，可以看作是冰棍理论的应用。而投行化处置方式，注重于改善企业的经营状况，恢复企业的造血功能，通过企业价值提升获取收益，可以看作是根雕理论的应用。

相较于传统处置业务，投行化处置业务的退出渠道更多元，兼顾抵（质）押物的处置变现价值和项目自身现金流。除了传统的司法执行抵（质）押物和债权转让以外，也可以在债转股后，通过出售股权以实现退出。采取二级市场交易出售股权退出的处置方式时投资机构应谨慎判断资本市场的波动，承担相应的市场风险。

投行化处置业务的收益来源是债务企业或标的项目由不良资产转向正常资产的过程中，企业及资产价值提升从而带来的投资收益。具体来说，投资收益主要分为三部分：一是收购债权的折扣部分收益，管理机构往往是通过打折收购债权介入，当企业盘活后，债务企业仍然需要按照债权原本金金额进行还款；二是债权固定收益，在盘活债务企业的过程中，企业需要向管理机构支付相应的融资成本；三是若存在对债务企业的转股或持股，管理机构可通过股东分红或股权增值获取收益。

第一节　债务重组

一、业务概述

根据2019年最新修订的《企业会计准则第12号——债务重组》（财会〔2019〕9号），债务重组，指在不改变交易对手的情况下，经债权人和债务人协定或法院裁定，就清偿债务的时间、金额或方式等重新达成协议的交易。从实务看，债务重组是指债权人和债务人协商一致，就债务清偿生成新的重组方案及还款计划。具体债务重组可采取以资产清偿债务、债务转为资本、修改其他债务条件及以上三种方式的组合。

二、业务特点

资产管理公司围绕不良资产业务所涉及的市场或交易对手需求，在合法合规前提下采用包括但不限于债权收购、破产重整（清算）以及基于不良资产债务重组项下的有效交易模式，实现项目重组。一般存在通过司法程序实现（含诉讼、仲裁、申请公证执行）和协议方式实现两个大类,债务重组具体实现形式包括且不限于债权转让、诉讼执行、兼并重组、债务更新(债务和解)、市场化债转股、以物抵债、破产重整、破产清算等方式。可通过与债务人协商一致,为企业提供多维度的金融服务以及资产管理,以清偿债务为目的。重组方案围绕债务人自身需求,综合运用调整债权金额、实施债务合并、调整还款安排、以资抵债或者组合方式,起到减轻企业短期还款压力、降低融资成本的作用,以"时间换空间",待企业正常经营后产生现金流,获取投资收益,实现债权的安全退出。

相较传统的收购处置业务,债务重组业务中原有的债权债务关系已经发生了变化。对于传统收购处置业务来说,资产管理公司收购债权后,债权项下的担保权利也一并转移至现债权人,因此原债权及其担保权利均不发生变更,未生成新的债权债务关系,仅变更了债权人。而对于债务重组业务来说,资产管理公司往往会将多笔债权合并或约定新的还款计划,因此产生了新的债权债务关系,原债权及其项下的担保权利随着债务的重组而消失,为确保担保措施有效,债权人会在重组后的新债权项下办理各项担保手续。两种业务模式的区别如表7-1所示。

表7-1 传统债权收购处置及债务重组业务模式对比

业务模式	传统收购处置类业务	债务重组类业务
签订协议	债权转让协议	债权转让协议、债务重组协议/还款协议、抵押合同(如有)、连带保证合同(如有)、质押合同(如有)
是否生成新债权	不生成	生成
是否需重新办理抵(质)押登记	不需要	需要

三、业务流程

（一）尽职调查

与传统处置业务尽职调查一样，资产管理公司应对债权情况、债务企业情况、增信措施以及项目还款来源进行详细的尽职调查。除了传统处置业务应尽调的内容以外，投行化处置类业务应重点关注以下方面。

1. 债务企业情况

关注债务企业的经营情况、财务情况、征信情况和诉讼情况等。对于经营情况来说，重点关注企业所处行业及区域，是否存在影响企业经营的负面因素，关注企业主要资产的运营及盈利情况，判断企业未来发展走向。对于财务情况来说，通过查阅企业年报及审计报告判断其财务情况，了解其资产负债结构，梳理有息负债情况，统计短期负债规模。对于征信和诉讼情况来说，通过企业征信报告及裁判文书，掌握企业当下信用状况及违约案件情况，判断企业所处的危机阶段。综合以上情况，判断企业的危机是阶段性流动性困难还是无可挽救的经营困难。若仅为阶段性流动性危机，则具备重组价值，资产管理公司的纾困可恢复其自身造血功能。

2. 增信措施

资产管理公司应与债务企业确定可为重组债权提供的增信措施，包括不动产抵押、动产质押及主体信用担保。若企业可提供不动产（土地、在建工程、现房等）作为抵押物：首先应查询其相关权证确认其产权是否清晰；通过不动产登记中心查询抵押物产调信息，了解其抵押登记及权利限制情况；同时，应评估抵押物的市场价值、快速变现价值及流动性。对于提供股权或股票作为质押物的项目，则需重点关注股权价值、流动性及退出渠道。若存在主体信用担保的，则应详细了解其资产负债情况判断其对债务的担保能力。

3. 项目还款来源

通常资产管理公司会要求债务企业资产自身所产生的现金流作为优先还款来源，并对还款来源进行相应的监管。以房地产企业项目举例，项目的还款来源大多为抵押物开发销售所产生的相应回款。这就要求资产管理公司在介入时对该项目的区位情况、规划情况、当地政策、可售面积、建安费用、项目税费、销售计划等做详细尽调，预测项目可产生销售回款的时间及金额，估算项目实现销售前需投入的资金成本，判断项目自身回款是否可以覆盖债权本息。

(二)债权收购

双方签订债权转让协议，资产管理公司向原债权人支付债权转让价款受让债权，债权发生转移。在债权转让协议中，双方应明确转让债权金额、债权利率、债权原始放款合同编号、债权项下担保措施、收购债权金额等。债转协议生效后，原债权人应向资产管理公司移交债权原始协议、放款凭证、还款凭证等材料原件。

(三)债务重组

资产管理公司成为新的债权人后，与债务企业就重组事项进行协商并签订债务重组协议或还款协议，协议生效后即视为原债权消失，重组生成新的债权。协议中应明确重组债权本金、重组利率、重组期限、还款计划、增信措施等。如有主体为重组债权提供增信措施的，则应就提供担保的方式与债权人签订抵押合同、质押合同、连带保证合同及监管协议。完成上述协议签订后，债权人须在登记机关办理对抵(质)押物的担保权利登记手续。

(四)投后管理

资产管理公司应定期对债务企业及标的项目开展现场及非现场

投后管理,具体可包括:收集企业近期财务报表,查看经营情况;公开信息了解企业动态,确认是否存在公开市场违约等情形;检查监管账户中资金是否按约定支出;现场检查标的项目运营情况;现场检查抵押物情况,确认抵押物不存在毁损、灭失、大幅贬值等风险;查询抵(质)押物登记情况;等等。设置相应投后管理措施的目的在于,确认债务企业正常经营,确保资产管理公司资产安全。

四、业务模式

债务重组的业务模式包括债务重组和股加债模式,具体交易结构如下所述。

(一)传统的债务重组

资产管理公司从原债权人处受让债权,受让后对原债权进行债务重组,在重组协议中明确重组本金、重组利率、重组期限、还款计划等要素,债务企业按协议约定向资产管理公司履行其偿还债务的义务(如图7-1所示)。

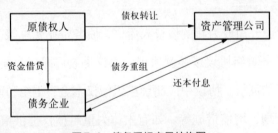

图7-1 债务重组交易结构图

资产管理公司可按照债权实际剩余本金实施债务重组,或为减轻债务人负担,给予一定的利息减免。若资产管理公司收购债务企业多笔债权,也可实施债务合并,即将多笔债务合并为一笔债权。

对于重组利率和重组期限,与常规借款合同中的利率及贷款期限性质相同，即为债务企业应承担的借款利率及借款时长。当重组本金、重组利率与重组期限确定后，即可确定还款计划。还款计划的计算方式与正常借款一致，例如，若债务人按季度偿还重组利息，本金到期一次性偿还，则债务人每季度应偿还的重组利息=重组本金×重组利率÷4，本金在重组期末一次性偿还。

（二）股加债模式

资产管理公司在传统的债务重组基础上，亦可通过债权转换股权或收购股权的方式，开展债务重组（如图7-2所示）。资产管理公司或其设立的有限合伙企业等主体可增资入股或受让债务企业全部或部分股权，以股东借款等形式向企业提供资金支持。债务企业需按照约定的还款计划偿还股东借款本息，具体还款方式与债务重组一致。作为公司股东资产管理公司可享有股东分红的权利。通常来说，待项目期限届满，债务企业履行完毕还款计划，债务企业或其关联方可按照约定回购股权，或资产管理公司可转让其持有股权，以实现项目的退出。从实务看，资产管理公司一般持有债务企业股权比例较低，通常不寻求控股地位。

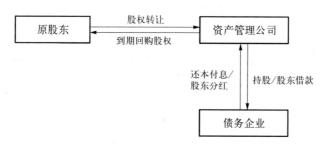

图7-2 股加债重组交易结构图

股加债模式相比传统债务重组模式，需获得债务企业的股权，这种模式具有三点优势。一是提高项目的风险控制程度。资产管理公司或其设立的主体通过持有股权，可视为项目的一项风险控制措施，作为股东可参与到企业的实际经营管理，提升了对企业的控制。二是建立了投放增量资金的通道。对于困境企业来说，仅对存量债务进行重组往往无法覆盖其资金缺口，需要投入增量资金用于盘活企业。资产管理公司作为股东方可以通过对债务企业发放股东借款等方式实现增量资金的投放。三是拓宽了资产管理公司投资渠道。通过设立有限合伙企业等主体持有债务企业股权，可视为结构化交易的前置动作，有助于资产管理公司引入外部资金联合开展项目合作。

五、风控要点

在债务重组前，资产管理公司应对债务企业开展深入尽调，了解债务企业经营困难的原因，梳理其存量债权债务关系，预测企业未来现金流情况，判断企业是否具备成功盘活的可能性。通常来说，资产管理公司优先挑选企业基本面良好，仅存在暂时流动性困难的企业进行债务重组。对于国家限制性行业、债务企业或主要还款来源所在地区经济发展较差、抵（质）押物估值较低、抵（质）押物流动性较差、还款来源不明确的项目需谨慎介入。

在债务重组过程中，资产管理公司需落实风险管控措施，在办理抵（质）押物的登记等相应手续时，谨防出现遗漏、欺诈等操作风险。对于资产管理公司及相关方签订的全部协议，亦可在公证处办理强制执行公证，一旦债务发生违约可较短时间内进入抵（质）押物处置环节，缩短处置周期，确保债权安全。

在债务重组完成后，资产管理公司需严格按照协议约定对债务企业开展存续期投后管理。对于债权类项目来说，资产管理公司应定期查看抵（质）押物情况，确保抵（质）押物不存在毁损、灭失或被变卖的风险。若存在债务企业章、证、照及账户的监管事项，资产管理公司应派专人负责，使用印章或其他被监管材料时，应严格按照公司内部要求进行审批，严防操作风险。对于股加债项目来说，债务企业应按照现有股权结构及协议约定，更新公司章程并完成工商变更。对于取得企业董事会席位的情形，资产管理公司可按照公司章程规定派出相应人员，根据资产管理公司内部审批规定进行授权，对债务企业作出的重大经营决策进行表决。

六、市场案例

某资产管理公司收购并重组某地产公司债权案例

2020年上半年，某全国排名前十的民营房地产集团下设的位于天津的子公司，因受疫情及当地住宅限购政策影响，销售不达预期。公司大量即将到期的金融机构借款无法偿付，并拖欠部分工程款，公司在建的"SSC项目"面临停工风险。彼时，项目临近封顶，后期需投入的建设资金规模尚可，封顶后银行的按揭贷款资金即可拨付。但因短期的流动性困难，公司陷入债务危机。

某资产管理公司谨慎判断项目情况，充分考察项目所在地房地产市场后，从某信托处受让债务企业的债权合计16亿元，进行债务重组，就贷款金额、贷款利率、还款周期及风险控制措施等进行重新约定。同时，该资产管理公司设立有限合伙企业受让项目公司部分股权，为债务企业发放股东借款，投放增量资金。债务企业以其位于天津市的"SSC项目"在建工程及现房为债权提供抵押担保，母公司地产集团为债权提供连带责任保证担保，资产管理公司对抵押物"SSC项目"的销售回款设立监管账户进行封闭监管。资产管理公司对项目提供的增量资金，定向用于支付债务企业拖欠的工程款。2020年下半年，随着疫情对社会经济影响的减弱,"SSC项目"销售情况好转,销售回款资金可覆盖资产管理公司的债权本息。"SSC项目"如期封顶,债务企业获得银行拨付的按揭贷款资金,企业从债务危机中脱困。

在本案例中,资产管理公司综合运用了债务重组与股加债的业务模式,对存量债权开展债务重组,通过对债务企业的持股,为企业提供增量建设资金,帮助债务企业化解了短期流动性危机,避免了债务企业项目停工,实现如期顺利交房。该房地产债务重组纾困业务,对维护社会稳定和助力企业发展,起到了示范性作用。

第二节 破产重整

一、业务概述

破产重整是指专门针对可能或已经具备破产原因但又有维持价值和再生希望的企业,经由各方利害关系人的申请,在法院的主持和利害关系人的参与下,进行业务上的重组和债务调整,以帮助债务人摆脱财务困境、恢复营业能力。债权人、债务人或者债务人出资占比10%以上的股东均可向管辖法院提出破产重整申请,法院裁定企业破产重整后将指定管理人开展重整程序。资产管理公司可以多种身份介入破产重整业务,通过企业完成破产重整后,债权得到清偿并获取投资收益。

二、业务特点

(一)保障债权人合法权益

经法院裁定破产重整后,企业有息负债停止计息、担保物权等权利主张暂停行使，破产管理人可根据实际情况，继续履行或者解除尚未履行完毕的合同。破产重整中的诸多规定，能尽量保存企业的资产价值，防止资产流失，为破产重整后重新运营奠定了基础，有利于维护债权人的合法权益。

（二）破产重整程序具有不可逆性

问题企业在进入破产重整程序后，如重整计划不能通过，或已通过计划不能执行，则企业进入破产清算阶段。鉴于破产重整程序具有不可逆性，应确保重整程序的合理性和可操作性再向法院申请破产重整，避免企业被动进入破产清算程序。

（三）涉及多方利益主体的博弈

破产重整程序中涉及多方利益主体，包括重整投资人、债权人、债务人、债务人股东、破产管理人以及法院等，实践中也与地方政府联系密切。因此，在破产重整程序中，需协调多方利益主体，就重整计划达成一致意见，避免诉求分歧导致破产重整程序失败而强制进入破产清算程序。

（四）有利于梳理企业债务

破产重整程序中的债权申报由管理人监督，有利于梳理企业真实债务情况，最大程度上控制了虚构债权和企业或有负债的情况，有利于保障债权人的合法权益。

三、基本流程

（一）破产重整流程

根据《企业破产法》的规定，破产重整基本流程（如图7-3所示）为：破产重整申请、法院裁定、债权申报、提交重整计划草案、重组计划的表决及通过、重整计划的实施。

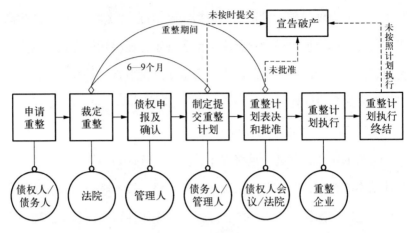

图7-3 破产重整流程图

1. 申请重整

破产重整可由债务人、债权人或占债务人10%以上注册资本的出资人申请，其中债务人和债权人可直接申请重整，债务人的出资人须在破产申请受理后、法院宣告债务人破产前进行申请。申请重整的企业需不能清偿到期债务，从财务报表来看资不抵债、明显缺乏清偿能力或可能缺乏清偿能力。当债务人资金不足难以变现、无人管理财产、企业丧失盈利能力、因无可供执行财产线索强制执行终止等情形，即可认定为明显缺乏清偿能力。当债务企业出现流动困难或负债率过高陷入财务困境、存在大量诉讼及执行案件、暂停营业、资产难以变现、资产大幅贬值、因清偿到期债务导致继续经营困难等情形，即可认定为可能缺乏清偿能力。

2. 裁定重整

破产重整案件由债务企业住所地人民法院受理，法院对破产重整案件进行审查。法院主要从三方面开展审查：一是形式审查，判断企业是否具有重整价值，对于僵尸企业则应申请破产清算；二是实质审查，重点审查债务企业是否有重整原因、重整价值和重整可能；三是开展听证程序，召集债务企业及其相关方，了解各方重整诉求，该程序一般适用于债权债务关系复杂，或涉及上市公司的重整案件。

当法院完成上述审查后，正式裁定重整，下发破产重整民事裁定书，发布重整公告并指定管理人，重整程序正式开始。从实务来看，管理人通常由律师事务所、会计师事务所以及资产管理公司等机构担任。

3. 债权申报及确认

各债权人应在重整公告限定时间内，向管理人申报债权。需申报债权的主体包括享有担保物权债权人、普通债权的债权人、享有抵销权的债权人、债务人的保证人、连带债权人、票据付款人、社保费用单位、税务单位等。申报债权时应书面说明债权金额、有无财产担保，并提供相关证据材料，管理人制作债权申报登记册。债权人未依法申报债权的，在重整计划执行期间内不得行使权力，在重整计划执行完毕后可按照计划规定的同类债权清偿条件行使权力。

管理人对债权性质、金额、担保财产、是否超过诉讼时效、是否超过强制执行期限等情况进行审查，编制债权表并提交债权人会议核查、确认。债务人、债权人对债权表无异议的，由人民法院裁定确认债权。若债务人、债权人对债权表存在异议，如经管理人解释或调整后，仍存在异议，异议人应当在债权人会议结束后15日内向破产重整受理法院提起债权确认的诉讼。第一次债权人委员会应由人民法院召集，自债权申报期限届满之日起15日内召开。

4. 制订提交重整计划

重整计划由重整管理人制定，向法院提交，提交期限为法院裁定重整之日起6—9个月内。其中重整计划应包括债务人的经营方案、债权的分类、债权调整方案、债权受偿方案、重整计划的执行期限、重整计划执行的监督期限和有利于债务人重整的其他方案。若未在期限内制定重整方案，法院可终止重整程序，并宣告债务人破产。

5. 重整计划表决和批准

法院应当在收到重整计划草案30日内召开债权人会议，并进行表决。参与表决主体将被分为债权人组和出资人组，其中债权人组将根据债权类别进一步分组，一般分为有财产担保债权人组和无财产担保债权人组。表决通过的标准为：同一表决组内出席会议的债权人过半数同意，且其代表的债权额占该组债权总额的三分之二以上；同时，各个债权组均通过该标准。若未达到通过标准的，可再次协商并表决；若仍未通过，法院可强制批准或裁定终止重整。

法院对重整计划的批准分为三种方式，分别为一般批准、强制批准和重整程序终止。一般批准可由破产重整管理人在重整计划草案通过10日内，向法院申请批准。强制批准适用于未通过的表决组拒绝再次表决或再次表决后仍未通过的情形。当有财产担保债权不受实质性影响、职工及税款债权全额清偿、普通债权清偿率不低于清算状态下清偿率、出资人权益调整公平公正、同组债权获得公平对待、债务企业经营方案具有可行性，满足这六项标准时，法院可裁定强制批准。

若重整计划未获得法院批准的，则程序终止法院宣告企业破产。重整计划未获得法院批准，往往出于以下三个原因：一是重整计划未通过且不符合《企业破产法》第八十七条第二款的规定；二是已通过重整计划但法院未批准；三是经人民法院审查发现重整计划草案内容违反法律、行政法规强制性规定或损害国家、集体、第三人利益、公共利益的。

6. 重整计划执行

重整计划由债务人执行，由管理人和利害关系人监督。管理人应听取债务人财务状况及重整计划报告,及时发现并纠正债务人执行重整计划过程中的违法或不当行为,审查债务人提出的延长重整计划执行期限的申请。在重整计划执行完毕后,管理人应当向法院提交监督报告。

7. 重整计划执行终结

因出现国家政策调整、法律修改变化等特殊情况,导致原重整计划无法执行的,债务人或管理人可申请变更重整计划一次,并提交各债权组重新表决。未通过表决,或法院不批准变更申请的,法院将裁定终止重整计划,宣告债务人破产。

(二)资产管理公司参与破产重整的流程

当资产管理公司以债权人的身份参与破产重整项目时,在法律规定的破产重整流程框架下,应开展以下工作。

1. 尽职调查

资产管理公司以各种身份参与企业破产重整前,均应对企业和重整事项进行尽职调查。除了传统处置类项目应尽调的内容以外,破产重整项目还应着重尽调以下方面。

(1)企业及行业基本情况。在项目选择上,资产管理公司应筛选企业过往业绩良好,只是因宏观经济、行业因素导致暂陷入困境的企业,排除处于夕阳行业、处于周期性底部的行业,以及政策走向不明朗的行业。同时,资产管理公司应深入分析企业破产原因,常见的破产原因包括资产负债率过高、盈利能力差、资产流动性差、公司治理结构不完善、决策失误、技术设备落后、与其他企业互保被牵连、上下游渠道情况恶化以及自然灾害等。综合判断企业是否具有破产重整价值。

(2)企业整体负债情况。重整计划能否通过,取决于各债权人的表决，因此梳理企业的债权情况尤为关键。资产管理公司应掌握各种类型债权金额及对应的债权人、各笔债权的担保措施等。对于有财产担保的债权，债权人仍享有担保权，但处于破产重整程序中的企业，通常具备财产大幅贬值的特点，存在财产担保价值无法覆盖债权本息的可能。对于担保财产无法覆盖的债权部分，按照普通债权进行清偿。因此，除了梳理金融机构有息负债以外，也应梳理出在破产重整项目中具有优先受偿权的普通债权，比如破产重整费用、拖欠职工工资、拖欠税款等。

（3）是否存在企业财产被转移的情形。《企业破产法》规定，法院受理破产申请前一年内，债务人财产被无偿转让、以明显不合理的价格进行交易、对没有财产担保的债务提供财产担保、对未到期的债务提前清偿或放弃债权的，管理人应行使撤销权。法院受理破产申请前六个月内，债务人对个别债权人进行清偿的，管理人应行使撤销权。资产管理公司应谨慎判断重整企业是否存在上述情形，确保企业财产未被转移。

（4）各债权人对破产重整的意向。破产重整计划需要表决组中过半数同意，且其代表的债权额占该组债权总额的三分之二以上，方可通过重整计划。因此，各债权人尤其是所持债权规模较大的债权人在破产重整项目中拥有更大的话语权。资产管理公司应充分与各债权人沟通，了解各机构对破产重整及债务偿还的意向，避免因重整计划表决不通过而使企业走上破产清算的道路。

（5）重整投资人情况。重整投资人的综合实力决定着破产重整能否成功，以及企业未来发展方向。因此资产管理公司需对意向重整投资人开展尽调，充分了解其投资意向、公司实力、可出资规模、资金来源、产业整合计划等。

2.破产重整申请

资产管理公司可以债权人的身份，依法向法院申请企业破产重整。经法院裁定后，法院指定重整管理人，进入破产重整程序。

3.债权申报

在债权申报阶段，由法院发布公告，就债权申报的程序、周期进行规定，资产管理公司应在债权申报周期内及时申报债权，如未能及时申报债权的，仅能根据重整计划规定同类债权的受偿比例主张权利。企业的债权一般可分为无财产担保的普通债权及有特定财产担保的债权。有财产担保的债权，在特定财产担保范围内，享有优先受偿权。其余破产财产将按照破产费用共益债、职工债权、社保债权、税收债权、普通债权的顺序依次进行清偿。因此资产管理公司应关注抵（质）押物价值及优先受偿债权规模，预估所持债权的受偿率，同时关注企业的全部债权申报情况，避免或有负债风险及虚构债权风险，保障自身债权权益不受侵犯。

4.破产重整计划的制定及表决

重整计划是指以维持债务人继续营业、清理债务、谋求再生为内容的协议，实质是一份对重整程序中各方利害关系人具有约束力的合同。破产重整计划主要涉及企业未来的经营规划、债权的清偿比例、清偿周期、转股比例、重整计划的期限等事项。重整计划的合理性和可行性对重整程序的推进至关重要。重整计划由破产重整管理人负责制定，资产管理公司应根据自身利益诉求及风控标准，将自身意愿充分传达至管理人，间接介入重整计划的制定，争取有利条件，形成自身的利益保障机制。同时，资产管理公司应按时参加每次债权人大会，行使表决权。

5.破产重整计划的执行

当重整计划表决通过后，法院下发重整裁定书，由重整管理人监督重整计划的执行，如在程序中发现存在不可继续执行程序的情况，应管理人或利害关系人请求，人民法院可裁定终止破产重整程序。资产管理公司在破产重整执行程序中，应配合签署相关决议文件及协议，履行重整计划中的各项要求。

四、业务模式

资产管理公司可以多种方式介入破产重整项目中，具体业务模式可分为三种类型。

（一）收购债权成为债权人

资产管理公司通过收购破产重整企业债权，以债权人的身份介入破产重整项目中，这是介入重整项目最常见的方式之一。根据法院及管理人的安排，资产管理公司加入债权人委员会，参与重整计划的制定与表决。一般来说，有财产担保的债权大多采用留债的形式进行清偿，即将债权展期并约定新的借款利率，而无财产担保的债权可采用债转股的方式或按普通债权受偿比率清偿。若资产管理公司看好企业重整后的发展，也可主动选择债转股，以获取企业重整后股权价值提升的投资收益。在企业困境阶段低价获取债权，在企业重整后，随着企业价值的提升，由债务人自行还款、处置抵（质）押物、股权转让等多种方式实现退出，获得投资收益。

（二）为与相关方组成联合体，共同参与破产重整

资产管理公司可与对于企业重整有意向的投资人一起，以破产重整人的身份，通过直接或设立有限合伙企业等形式，参与企业破产重整。待重整后企业恢复正常经营，资产价值提升后，实现退出。

在此类业务中，资产管理公司优先挑选具有产业背景及经验的投资人合作，为其提供相应投顾服务、融资支持等。为重整投资人提供

融资服务，可以充分发挥资产管理公司的牌照和资金优势。破产重整项目的资产往往具有相对较高的盘活价值，重组对价较高。在破产重整企业所处行业中，一些头部企业虽然看好重整项目，但囿于银行、信托及其他金融机构很难介入破产重整类项目，导致重整投资人缺乏融资渠道。而资产管理公司正是此类项目的资金提供方，可为投资人提供融资服务，扩大重整投资人的投资杠杆比例。资产管理公司作为财务投资人，重整投资人作为产业投资人，资金与产业的结合可助力企业重整。资产管理公司在为重整投资人提供融资服务时，应选择在重整企业所在行业具有较强资源整合能力和影响力的投资人。

（三）担任破产管理人

《最高人民法院关于审理企业破产案件指定管理人的规定》（法释〔2007〕8号）赋予了资产管理公司作为破产管理人参与重整企业债务化解的重要角色。在管理人履职过程中，资产管理公司应充分发挥不良资产处置、资金筹集以及协调各债权人及政府关系的优势，平衡好债权人利益与恢复企业运转之间的关系，对债务清偿及企业运营做好妥善安排。资产管理公司一方面可聘请律师事务所负责司法程序实务，另一方面可自行着手招募重整投资人、与金融债权人谈判、处置资产、产业资源整合、政府资源协调等事务。资产管理公司可按照最高人民法院对破产案件管理人报酬的规定，或与债权人协商，获取管理人报酬。

五、风控要点

破产重整业务可以充分发挥资产管理公司的专业优势、协同优势、资金优势和整合优势。除传统处置类项目应关注的风控要点以外，还应关注以下四点。

第一，处置方案的交易结构是否清晰、安全。破产重整类处置项目要做到风险隔离，资产管理公司应确保所持债权项下担保措施有效，确保债权优先受偿权的实现，以及掌握重整过程中的管控主导权。

第二，破产管理人及相关债权人对破产重整的支持程度。破产重整管理人和各债权人在重整计划的制定与表决过程中起到重要作用，因此资产管理公司应充分掌握各方诉求及态度，尤其是所持债权占比较大的债权人的态度，避免因债权人诉求难以平衡而导致重整失败。

第三，重整投资人的综合实力。破产重整过程中，重整投资人须具备产业整合能力，最大化挖掘企业的重整价值。同时，重整投资人须具备良好的信用状况及资金实力，避免重整投资人无法按计划履约而导致重整终止。在实务中，经常发生因重整资金不到位，而导致重整计划无法执行的案例。

第四，企业所处行业的外部政策支持力度。除了项目的正常推进外，破产重整中如有政府政策支持、金融机构资金支持及税收减免等外部有利条件，可以提升项目的安全边际，有利于处置项目顺利结束。

六、市场案例

某房地产开发有限公司破产重整案例

JNZL房地产开发有限公司（下称"公司"或"债务企业"）成立于2013年4月，注册资本2 000万元，为某市当地民营开发商。2015年2月，公司在该市某县主城区竞得197亩（约13万平方米）住宅用地开发项目，项目规划总建筑面积约38万平方米。自2016年1月起，公司因资金链断裂及股东纠纷等原因导致工程停工。项目涉及535户购房债权人，拖欠800多名建筑工人工资和多家机构债权人欠款。项目自停工以来，各类群体不间断采取各种方式表达诉求，社会矛盾日益尖锐。

某资产管理公司经过尽调后发现，公司项下的主城区住宅项目可售货值充裕，若能盘活项目并实现销售，售房款可以覆盖现有存量债权本息并获得收益。2017年3月，某资产公司从金融机构打折收购对债务企业的金融债权本金合计1.1亿元。2017年6月，某资产管理公司以债权人身份向法院申请债务企业破产重整，该县人民法院裁定受理。债务企业资产评估价值2.25亿元，管理人接受申报并审查确认债权4.2亿元，企业已严重资不抵债。一方面，管理人向各类债权人做好沟通解释工作，说服债权人搁置争议支持重整；另一方面，管理人与某资产管理公司通过市场化方式公开招募重整投资人，最终确定由某房地产开发公司和某建设管理公司组成的竞标联合体为投资人。重整计划为：重整方提供2亿元偿债资金和不低于6 000万元续建资金，为535户购房债权人完成房屋续建工程，职工、税款债权和有财产担保债权获得全额清偿，普通债权清偿率达到60%。重整计划高票数通过债权人会议表决，该县人民法院于2017年10月裁定批准重整计划，终止重整程序。

重整计划实施后，投资人提供的偿债资金已按重整计划分配给各类债权人，某资产管理公司资金实现退出。项目经过场地清理、资料移交对接、续建手续办理，迅速恢复工程建设，于2019年10月实现顺利交房。至此，债务企业重整计划执行完毕。

该案例是单体项目房地产公司烂尾工程盘活的典型案例。某资产管理公司通过预估企业在建工程完工后货值，精准认定债务企业的重整价值。通过债权收购介入破产重整项目，并以债权人身份申请重整。在招募投资人的阶段，管理人和某资产管理公司兼顾债权清偿率和在建工程续建问题，优中选优，招募某房地产开发公司和某建设管理公司组成的竞标联合体作为重整项目的投资人，实现了资金、建设、销售的多重保障。最终项目顺利交付，保障了535名购房者的权益；

职工债权全额清偿，保障了广大建筑工人的权益；普通债权实现了60%的清偿率，该清偿率远高于企业采取破产清算可获得的清偿率。经过某资产管理公司的介入，把债务企业从濒临清算的处境，通过破产重整手段，实现盘活。该重整计划的顺利实施有效化解了各方矛盾纠纷，维护了社会稳定。

第三节 共 益 债

一、业务概述

根据《企业破产法》规定，共益债是指在破产程序中，管理人或者债务人为了恢复和维持企业正常经营，为债权人和债务人共同利益所负担的经营性借款，通常为支付企业正常运营的相关费用，属于破产重整程序中的一种融资行为。共益债的申请及性质认定需经过债权人会议及法院的许可，由债务人财产随时清偿，清偿顺位优先于普通破产债权。资产管理公司可对破产企业进行共益债投资，为企业提供借款帮助其恢复经营、履行合同，债务人获得现金流后，使企业恢复正常经营，获得共益债借款的利息收益。

二、业务特点

共益债务一般为企业进入破产重整（含预重整）后，引入投资人增量资金的融资行为，因此投资人所面临的风险远远高于对正常企业投资。近年来，四大资产管理公司及地方资产管理公司，为化解金融风险，相继开展共益债项目。共益债认定的权威性、相对靠前的清偿顺序、灵活的清偿方式，以及信息公开透明，为共益债投资项目提供了开展的基础。

（一）认定标准严格

根据《最高人民法院关于适用〈中华人民共和国企业破产法〉若干问题的规定（三）》，共益债需为企业破产重整阶段发生的经营性借款。如果融资债权是以清偿优先债务、取回担保物等为目的，而不是针对企业持续经营性行为发生的借款，则无法认定为共益债务。共益债的申请需经过债权人会议决议通过及法院裁定，未经法院或债权人会议认定的，无法认定为共益债。共益债投资程序由法院主导与监督，管理人和重整企业共同参与，部分涉及民生及社会影响较大的项目，还会引入政府参与，充分保证投资交易的公平性。

（二）清偿顺序优先

根据《企业破产法》的规定，共益债优先于普通债权清偿，劣后于破产费用及有财产担保的债权清偿，债务人也可为共益债提供财产担保。从实务看，为了顺利盘活重整企业，共益债投资人可与有财产担保的债权人自主协商约定债权清偿顺序，使共益债的清偿顺序优先于特定财产担保债权的清偿顺序。共益债债权人获得一定程度的优先受偿权，也是对投资人进行的风险补偿。

值得一提的是，共益债与部分债权的清偿顺序仍然存在规定不明确的地方。例如，对于房地产破产重整企业来说，往往会存在建设工程欠款和购房款欠款，《企业破产法》及相关司法解释中，并未对共益债与这两种债权的清偿顺位进行规定。在实际中，往往由管理人组织协调各方确定清偿顺序，并形成书面材料，交由债权人委员会表决。

（三）偿还方式灵活

共益债可在破产程序中由债务人财产随时进行清偿，与破产费用的清偿方式一致。对比有财产担保的债权来说，在破产重整阶段，其担保权处于暂停行使的状态，债权人无法随时处置该特定财产，共益债的偿还方式更加灵活。

（四）信息公开透明

一般来说，破产重整全程由法院指定的破产管理人负责管理，受法院监督。经过前期的债权申报和审计等程序，重整企业真实的资产负债情况得以清晰。因此在破产重整阶段参与共益债投资，对于企业负债认知更加清晰，在管理人监督下的企业运作及有效性更高，有助于投资者作出正确的投资决策。

三、业务流程

共益债投资是企业进入破产重整程序后发生的债权投资行为，因此共益债投资应遵循破产重整流程框架。在这个框架下，资产管理公司参与共益债投资的主要流程如下。

（一）尽职调查

共益债投资由当地政府和法院主导开展，政府和法院将发布公开招募投资人信息，参与共益债投资。资产管理公司在参与投资前，应对项目开展尽调，除了传统处置类业务应尽调的内容以外，对于共益债投资，资产管理公司应当侧重于预测企业恢复经营所需的资金缺口，以及企业恢复经营的现金流及盈利情况，判断企业恢复经营后的现金流能否覆盖破产费用和共益债本息。在投资方案中，应确保共益债的优先受偿权和投资后对资金使用的监管权。

（二）共益债投资方案设计

资产管理公司应结合尽职调查结果，准备共益债投资方案，与管理人、破产重整企业及重要的债权人就方案进行沟通、谈判，确定投资规模、共益债利率、期限、担保措施以及清偿顺序等。在投资方案确定后,管理人将方案提交债权人委员会进行表决,确保共益债性质被认定。同时,管理人应在重整计划中列明共益债的相关事项,避免债权人后续提出异议的可能性。

(三)投资实施和退出

根据共益债投资方案,资产管理公司与破产重整企业完成协议签订、出资等一系列工作。出资完成后,资产管理公司应对资金使用、企业经营状况、回款情况进行监督。待企业业务逐渐恢复,产生现金净流入后,根据协议约定实现共益债投资的退出。

四、业务模式

共益债投资属于破产重整中的环节,业务模式与破产重整中向债务人提供融资服务类似,但共益债可获得更优先的清偿顺序。从交易结构上来说,资产管理公司可直接或通过设立有限合伙企业等方式向重整企业提供借款,重整企业按照协议约定的利率、还款方式对债权进行清偿。对于设立优先合伙企业出资,可利用结构化交易扩大投资杠杆。在资产管理公司出资前,共益债的性质需由法院或债权人委员会认定。具体交易结构如图7-4与图7-5所示。

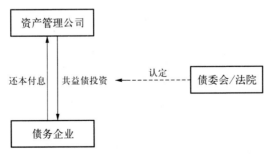

图7-4 直接投放共益债模式

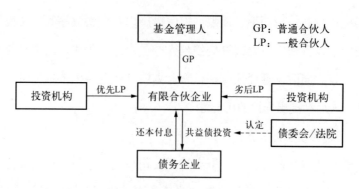

图7-5 通过设立有限合伙企业投放共益债模式

五、风控要点

共益债投资需注意的风险控制要点与破产重整中为重整企业提供融资服务类似,除此以外还应注意如下风控要点。

(一)完成共益债的认定程序

共益债具有优先偿还的性质,因此存在其他债权的受偿比例被降低的风险,实际操作中,常存在债权人对共益债性质提出异议的情况。因此,完成共益债性质的认定,是共益债投资中重要的一步。共益债性质的认定需要完成司法认定、程序认定和文件确认。

对于司法性确认来说,在共益债提交债权人会议表决前,管理人可先向法院提交共益债投资方案,征求法院的指导意见,获得法院对共益债认定的答复,以确保投资人后续资金的优先偿还性。对于程序性确认来说,管理人应当将借款情况向债权人委员会报告,由债权人委员会依法对重整期间的借款进行会议表决。对于文件确认来说,管理人应将共益债事项纳入重整计划等重整投资文件中,明确借款的性质及清偿优先权。

(二)重整企业现金流判断

共益债投资能否取得收益的另一个关键,在于对重整企业经营和现金流的判断。资产管理公司在投资前应该谨慎评估，投资金额是否足以令企业恢复生产经营；恢复生产经营后能否产生良好的现金流；恢复生产经营后的现金流，按照清偿顺序是否足以偿还投资本息等。一旦对企业经营和现金流状况判断失误，可能会出现被不断要求追加投资、经营不善无法偿还投资本息等问题，导致共益债投资无法按时退出或收益不达预期。

（三）设定担保

共益债投资可要求债务人以其财产提供抵押担保。但在实务中，进入破产程序的企业往往已没有无权利负担，即所谓"干净资产"可为新增债权设定担保。因此投资人可向债务人的关联方或第三人争取特定财产担保。

（四）资金闭环管理

共益债债权是用于债务人继续营业的借款，实务中，借款往往用于专项支付合同欠款或购买物资材料等。为避免资金在重整程序中被挪用或滥用，资金监管尤为重要。投资人可将共益债借款支付至专项账户或直接支付至供应商，通过银行预留人名印鉴、共同保管U盾及共管财务专用章等方式，由投资人和管理人对账户进行共管。企业产生回款后，需进行资金归集，留存一定比例的经营所需款项，剩余部分用于偿还共益债本息。

六、市场案例

房地产企业共益债投资项目案例

YL房地产公司是某省民营地产开发商，企业由于无序扩张，旗下的"HB项目"资金流断裂，对金融机构的借款及应付工程款均发生逾期，并进入破产重整程序，由管理人接管企业。

某地方AMC对项目进行深入尽调发现,"HB项目"位于某市核心区域,剩余可售货值规模大,可售房源流动性较好,项目工程进度高,预计后期需要投入的资金规模有限。

该地方AMC联合DS建设管理公司,对YL房地产公司发放共益债贷款合计4亿元。采用设立有限合伙企业的交易方式,地方AMC认购优先级份额共计3.8亿元,DS建设管理公司认购劣后级份额共计2 000万元,由合伙企业直接向YL房地产发放贷款。地方AMC作为共益债财务性投资人,DS建设管理公司作为代建管理方,负责"HB项目"的后续建设工作,通过结构化交易实现了资金与产业的结合。

该地方AMC与多个债权人谈判,最终确认贷款的偿还顺序优先于工程款债权,仅劣后于有特定财产担保的债权清偿,并随企业破产财产随时清偿。贷款由债委会表决确认,认定性质为共益债,并将共益债事项纳入重整计划。同时,市人民政府对上述共益债涉及的条款出具批复文件。共益债性质得到了司法确认、程序确认和文件确认。

该地方AMC与管理人实施账户共管,共益债资金、后续销售房款及按揭贷款资金进入监管账户。共益债使用时,建设管理团队发起项目资金使用流程,流程由地方AMC审核、管理人确认,做到了资金账户的闭环管理。

随着续建资金的到位,以及专业代建方的管理,"HB项目"顺利复工并完成建设,其住宅及商业销售额可覆盖共益债的本金和利息,共益债债权如期退出。

共益债的司法保障及偿还优先性,为投资人债权的退出及获取收益提供了保障。资金账户的封闭及共同管理确保了资金使用的安全性。共益债投资项目对化解企业风险,盘活资产价值具有重要的意义。

第四节 市场化债转股

一、业务概述

2016年9月，国务院发布《国务院关于积极稳妥降低企业杠杆率的意见》（国发〔2016〕54号）及其附件《关于市场化银行债权转股权的指导意见》（以下简称《指导意见》）。《指导意见》提出，为推进供给侧结构性改革和"三去一降一补"工作的部署，通过市场化债转股、兼并重组、依法破产、发展股权融资等手段，降低企业杠杆率，助力经济转型升级和优化布局。鼓励资产管理公司、保险资产管理机构、国有资本投资运营公司等多种类型机构（以下统称"投资人"），参与开展市场化债转股业务。

市场化债转股业务，指将债权人持有的企业债务按照双方协商一致的定价转为对债务企业的股权，由原来的债权债务关系转变为股权投资关系，由原来的债权人转变为企业股东。债转股的对象一般为负债率较高企业，不仅包括股东所持有的债务企业股权，还包括债务人企业所持有的第三方股权。转股方式有以下两类：一类是内部划转型转股，由企业原股东将股份划转给债权人，企业股东发生变化，注册资本不变；另一类是增资型转股，即转股企业以发行新股的方式来清偿债务，转股企业的注册资本随之增加。

在实务中，债转股后借贷关系变为投资合作关系，兼顾了债权人和债务企业双方的利益。债转股能够降低债务企业负债率，改善资本结构；投资人能够参与企业经营，推动企业治理。投资人的获利模式从原先的赚取债权固定收益，变为股权投资回报，股权收益虽具有不确定性，但是也存在更大的价值提升的可能性。

二、业务特点

1999年受亚洲金融危机影响,我国银行不良率持续攀升,政府通过成立四大资产管理公司,剥离四大国有银行的不良资产,采取政策性债转股的手段化解国有银行不良资产。时隔17年后,新一轮债转股业务,相比政策性债转股,更强调市场化和法治化原则。从债转股的目标来说,政策性债转股侧重于快速化解银行不良资产,而市场化债转股的目标是降低企业杠杆率,优化企业资本结构。市场化债转股业务主要包括以下三个特征。

(一)退出渠道广泛

相比传统处置类项目来说,债转股项目拥有更多的退出渠道。若投资人持有非上市公司股权,可通过股权转让、股东回购、股权置换等方式实现退出。投资人可以通过资本化运作,促成持股企业与上市公司开展并购重组、IPO上市等,将所持股权由非上市公司股权转换为上市公司股权。上市公司股权的流动性将大大提高,投资人可通过证券二级市场、新三板进行股票减持。从实务来看,投资人介入债转股项目,往往是看中了所持股权具有转为上市公司股权的可能性,公司由非公众公司变为公众公司后,融资渠道拓宽,可获得更高的估值,投资人将享受股权的增值。

(二)募集资金来源广泛

《指导意见》提出,鼓励多类型实施机构参与市场化债转股,除金融资产管理公司等国有投资机构以外,鼓励引入社会资本,发展混合所有制。因此投资人在设计债转股项目交易结构时,可充分利用结构化交易的优势,吸收社会资本,扩大投资杠杆比例。实务中,社会资本往往具有产业优势,可实现产业与资金的融合,助力企业价值的提升。

（三）市场化程度高

传统处置类业务也存在以股抵债的处置方式，与债转股的处置方式在结果上看是一致的。但由于《商业银行法》对商业银行股权投资的限制性规定，商业银行所实施的以股抵债均是在司法框架下实施和被动接受的，属于债权受偿的范畴。而市场化债转股则是各相关主体之间自愿协商与主动实施的转股行为，属于市场化投资行为。

三、业务流程

（一）对转股企业开展尽调

投资人应谨慎选择转股标的，《指导意见》对债转股项目企业主体资格作出了明确要求。一是企业发展前景良好，未受到明显的政策影响和周期影响。对于一些周期性行业要特别关注行业目前所处周期，例如钢铁、煤炭、石油行业等。二是企业发展方向应符合国家战略趋势，技术先进，产品有市场，环保和安全生产达标。三是企业信用状况较好，无故意违约、转移资产等不良信用记录。四是企业仅为暂时性陷入困境，但未来发展前景良好。严禁对有恶意"逃废债"、扭亏无望的"僵尸企业"等开展债转股业务。债转股项目更倾向于救助短期困难但长期发展趋势良好的企业。确定了转股企业后，可参照传统债务重组、破产重整业务的尽调要点对企业开展尽调。

（二）设计债转股方案

债转股方案中应包括交易架构、资金来源、债转股价格和条件、转股后公司治理架构、监管措施，以及退出路径等内容。就资金来源来说，投资人作为债转股实施机构，可以通过结构化交易，依法向社会投资者募集资金，引入私募股权基金、产业投资基金、保险年金等资金。就转股价格来说，这是债转股方案中最重要的部分，非上市公司股权价值可由第三方评估机构进行评估，双方按照所持债权金额对应的股权比例进行转股；上市公司股权价格可参照二级市场价格进行转股。

（三）转股实施与投后管理

根据债转股方案，相关方签订债转股协议并出资。债转股后企业股东情况发生变化，应修改公司章程并在登记机关办理变更登记。

投后管理一般分为参与管理型和风险管控型。就参与管理型来说，资产管理公司应按照转股协议约定，向转股企业委派董事、财务负责人或其他管理人员，改善企业治理结构和管理结构。长期保持对被投资企业的关注，对被投企业所处行业市场、上下游产业链进行长期跟踪。对企业重大经营事项进行决议，对转股企业进行管理赋能。就风险管控型来说，资产管理公司应监督债转股企业合理使用债转股资金、避免资金被挪用、滥用。

（四）股权退出

股权退出可通过股权转让、股权回购、上市公司并购退出、IPO退出等。投资人可采用的退出渠道与转股企业的性质密切相关。对于传统的房地产企业来说，项目多以单体项目公司主体开发建设，且被上市公司收购可能性较小，因此常见的退出方式是股权转让和股权回购。

对于大型国有企业来说，旗下通常有上市公司主体，因此投资人多通过上市公司并购重组实现退出。对于处于Pre-IPO阶段的企业，投资人通常以企业自行上市方式退出。以上两种方式，投资人最终均可通过证券二级市场退出，将大幅提升股权的流动性与价值。值得一提的是，就通过证券二级市场退出的方式来说，持股企业5%以上的股东，应按照《上市公司股东、董监高减持股份的若干规定》(以下简称《减持新规》)减持股票，对于减持数量及周期均有严格的要求。

四、业务模式

对于资产管理公司来说,债转股业务只有以其持有的借款企业债权为基础,才能进一步转为股权,获得债权的方式通常为收购企业的不良债权。转股的模式分为两类,一类是股权划转模式,另一类是增资型转股模式,具体业务模式如下。

(一)股权划转模式

股权划转模式是最基础的债转股形式,即企业原股东将股份划转给投资人,企业股东发生变化,注册资本不变(如图7-6所示)。该模式主要分为两个步骤。第一步,投资人或其设立的SPV从原债权人手中收购对企业的债权。第二步,由外部中介机构对企业的股权价值进行评估,该股权价值需得到股东、债务企业以及资产管理公司三方认可。资产管理公司以其所持债权金额,按照股权评估价值,折算可转股权比例。例如,投资人持有某公司2亿元债权,经中介机构评估该公司股权估值为20亿元,则投资人的债权可转换为10%的股权。签署转股协议后原股东将所持股权过户至投资人名下,公司注册资本不变,仅原股东持股比例下降,新增投资人为股东。为保障资产管理公司顺利退出,部分债转股交易存在回款条款。股份划转类债转股常见于房地产及非上市公司类项目中,该类模式转股比例一般不超过50%,突出投资人阶段性财务投资人身份而不是控股股东身份。

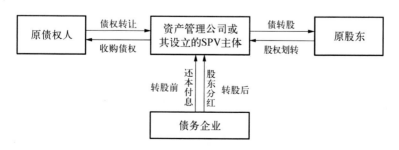

图7-6 划转型债转股交易模式

（二）增资型转股模式

增资型模式往往是与划转型模式相结合的，交易结构更复杂，涉及主体更多，最终实现的目的多为通过转换为对上市公司的持股实现退出。如图7-7所示，增资型转股通常分为三个步骤，第一步获取债权，第二步划转型转股，第三步增资型转股。第一步与第二步与划转型转股一致。当投资人持有债务企业股权后，债务企业同集团下设的上市公司或无关联的上市公司，可通过并购重组的方式对债务企业实施并购。上市公司对投资人发行股份购买资产，获取投资人对债务企业的股权，发行股份即视为一种增资行为，由此资产管理公司所持的债务企业股权转换为上市公司股权。增资型模式常见于集团性债务企业，其集团内部存在上市公司平台，或上市公司有明确意向将对债务企业进行收购。当转股为上市公司股权后，投资人可通过证券二级市场退出，所持股权的流动性及价值将大大提升。然而上市公司并购重组须经证监会审核通过，因此这类增资型债转股的实施具有较高的不确定性。

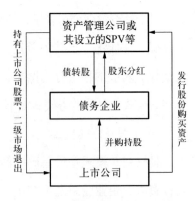

图7-7 增资型债转股交易模式

五、风控要点

（一）明确股权退出通道

对于投资人来说，对转股企业的持股不是永久性的，而是通过阶段性持股获得投资收益。因此，投资人应在投资前规划好明确的股权退出通道。对于需要通过股东回购或者股权转让的退出方式，投资人可在债转股协议中对股权回购的主体、价格、条件和时间作出约定，以保障股权退出渠道畅通。对于通过证券二级市场减持的退出方式来说，投资人应判断公司未来的经营状况、项目发展前景、资金实力和盈利能力等情况，并参考证监会对并购重组及首次公开募股项目审核过会的标准，综合判断企业被上市公司并购或自行上市的可能性及时间点。

（二）防范集团性总体风险

对于存在多家子公司的集团式困境企业，在集团公司未能摆脱经营困境前，应对其下属正常经营的子公司谨慎实施债转股，以避免集团总体风险的传导与交叉。可以通过对企业集团整体实施改革脱困与债务重组，再考虑对下属子公司实施债转股，防范传导性风险。

六、市场案例

中船防务市场化债转股项目案例

中船海洋与防务股份有限公司（以下简称"中船防务"），是国内首家A＋H股上市的军工企业，中船防务主要业务包括船舶修造、海洋工程、钢结构、机电产品等。其控股股东是中国船舶工业集团公司（以下简称"中船集团"），中船集团是中央直属特大型国有企业，中国十大军工央企集团之一。

受世界航运市场运力过剩以及低油价等因素的影响，船舶市场处在周期的底部，船舶企业承接订单竞争仍然激烈，完工船舶交付艰难，导致全行业手持订单持续下滑，盈利水平大幅下降，使得中国船舶和中船防务旗下部分子公司资产负债率较高、财务负担较重，船舶工业面临的形势严峻。中船防务债转股项目是在中央战略（"三去一降一补"）指导下实施的市场化债转股项目。

2018年1月,华融瑞通、中原资产、新华保险、结构调整基金、太保财险、中国人寿、人保财险、工银投资和东富天恒共计九名投资人通过债权或现金形式认购获得广船国际有限公司(下称"广船国际")23.58%股权和中船黄埔文冲船舶有限公司(下称"黄埔船舶")30.98%股权。具体为,中船防务与华融瑞通、中原资产签署债权转股权协议,与新华保险、结构调整基金等签署现金增资协议,分别以债权(交易金额9.99亿元)、现金(交易金额38.01亿元)对广船国际和黄埔船舶增资。

2018年2月,中船防务发布的公告显示,公司拟以24.33元/股的价格分别向华融瑞通等九名投资人发行股份,购买上述九家机构合计持有的广船国际23.58%股权和黄埔船舶30.98%股权。经协商,广船国际23.58%股权暂按24亿元作价,黄埔船舶30.98%股权暂按24亿元作价,即本次重组标的资产的作价为48亿元。本次发行股份购买资产的股份发行数量约为1.973亿股,中船防务实现增资48亿元。本次交易后,中船防务将实现对广船国际和黄埔船舶的全资控股。中原资产等九家机构将持有中船防务共计12.25%的股权,中船集团对中船防务的股权由59.97%下降至52.63%。

中船防务市场化债转股交易模式是典型的划转型转股和增资型转股相结合的方案。第一步,投资人获取广船国际和黄埔船舶股权;第二步,中船防务发行股份向九家投资人购买广船国际和黄埔船舶股权。通过以上两步,中船防务完成增资,投资人完成将持有的非上市公司股权转换为上市公司股权。九名背景各不相同的投资人参与债转股,充分反映了市场化原则,债转股资金广泛募集了社会资金。从各机构获取股权的方式中也可以看出各机构的业务特点。对于华融瑞通和中原资产这类四大资产管理公司的子公司和地方资产管理公司来说,通常通过收购金融债权后实现债转股。而新华保险等险资，则直接以现金方式认购股权。两种方式都能降低企业的负债，增加资本。

根据公告显示，通过本次交易，广船国际和黄埔船舶经营业绩的改善以及减轻财务负担，有助于提升归属于上市公司股东的净资产和净利润规模，提高归属于上市公司股东的每股净利润和股东回报水平。出于财务并表的原因，降低负债率可由广船国际和黄埔船舶向上传导至母公司中国船舶，中国船舶资产负债率可从69.36%降低至59.37%，中船防务负债率从72.65%降低至62%。

中船防务通过本次市场化债转股降低资产负债率，减轻财务负担，增强其持续盈利能力。此外，本次市场化债转股运作，投资人将通过中船防务上市公司平台实现退出，退出渠道较为顺畅，有利于投资人实现投资收益。

本 章 小 结

不良资产的投行化处置类业务，指不良资产管理机构运用投行化处置手段开展的不良资产处置业务，这也是近年来很多资产管理公司提到的"不良+投行"概念。投行化处置方式业务包括债务重组、破产重整、共益债和市场化债转股等。投行化处置业务往往是债权与股权投资的结合，相较于传统处置业务来说，投行化处置业务的退出渠道更多元。

债务重组，指债权人和债务人协商一致，就债务清偿生成新的重组方案及还款计划。具体债务重组可采取调整本金及利率、调整还款安排、以资抵债等多种方式。债务重组业务与传统的收购处置业务相比，债权债务关系发生了重大变化。原债权及其项下的担保权利随着债务的重组而消失，债权人需在重组后的新债权项下办理各项担保手续。

破产重整，指专门针对可能或已经具备破产原因但又有维持价值和再生希望的企业，经由各方利害关系人的申请，在法院的主持和利害关系人的参与下，进行业务上的重组和债务调整，以帮助债务人摆脱财务困境、恢复营业能力。资产管理公司可以多种身份介入破产重整业务，通过企业完成破产重整后，债权得到清偿并获取投资收益。

资产管理公司可对破产企业进行共益债投资，为企业提供借款帮助其恢复经营、履行合同。债务人获得现金流后，使企业恢复正常经营；债权人获得共益债借款的利息收益。资产管理公司开展共益债投资项目，除了承担化解金融风险的社会责任以外，共益债认定的权威性、相对靠前的清偿顺序、灵活的清偿方式，以及信息公开透明，为共益债投资项目提供了开展的基础。

市场化债转股业务，指将投资人持有的信贷资产按照双方协商一致的定价转为对债务企业的股权，由原来的债权债务关系转变为股权投资关系，由原来的债权人变为股东。债转股能够降低债务企业负债率，改善资本结构；投资人能够参与企业经营，推动企业治理。投资人的获利模式从原先的赚取债权固定收益，变为股权投资回报，股权收益虽具有不确定性，但是也存在更大的价值提升空间。

投行化处置业务的收益来源是债务企业或标的项目由不良资产转向正常资产的过程中，因企业价值提升带来的投资收益。传统的处置方案，侧重于从出让方低价获取资产包，快速实现债权变现，通过收购与处置的价差获取收益，可以看作是冰棍理论的应用。而投行化处置方式，注重于改善企业的经营状况，恢复企业的造血功能，通过企业价值提升获取收益，可以看作是根雕理论的应用。

本章重要术语

债转股

共益债

破产重整

复习思考题

1. 什么是不良资产的债务重组？
2. 破产重整业务的基本流程是什么？
3. 简述市场化债转股业务的特点。
4. 简述共益债业务的特点。

第八章

不良资产的金融投资类业务

资产证券化产品作为结构化金融的一种形式,交易结构的设计对其投资价值有较大影响,特别是投资不良资产证券化产品时,尤其需要注意其交易结构的设计能否满足对投资者的保护要求和为投资者带来预期回报收益。

不良资产的金融投资类业务，指以投资标准化金融产品的形式开展的不良资产投资和管理业务。金融投资类业务的投资环节可以视作收购不良资产。但是这一类不良资产的主要交易场所和资产形式与直接收购银行端不良资产有很大差别。首先，金融投资类业务针对的是金融产品，它属于标准化产品，主要交易场所是金融市场或监管部门规定的特定市场，而直接收购银行端不良资产针对的是非标准化债权，其主要交易场所是网络司拍平台和地方交易所。交易场所的不同也决定了金融投资类业务面对的监管要求更多、监管力度更强。其次，金融投资类业务投资的金融产品是以不良资产作为底层资产的证券化产品或风险企业股权、违约债券等，具有形式上的多样性特征。与非标债权缺乏流动性不同，标准化金融产品一般具备流动性，可以通过金融市场进行份额转让退出。

　　从投资目的性来看，金融投资类业务可以分为重组导向性投资和财务性投资两种。重组导向性投资是将投资作为介入重组的手段，成为问题企业的股东或债权人，通过债权人会议或股东会议的方式影响投资企业，运用投行化手段通过重组价值退出。财务性投资是根据金融产品的设计规则，投资后通过持有到期并出售的方式获取收益。财务性投资主要充当财务投资人的角色，一般不会介入后期的不良资产处置过程。重组导向性投资中管理机构积极争取充当管理人角色，一般会深度介入后期的不良资产处置，通过处置环节提升投资收益，防范投资风险。

从业务的具体形态上来看，不良资产的金融投资类业务主要包括三种类型，即不良资产证券化次级投资业务、违约债券投资业务和上市公司股票质押纾困业务。

第一节　不良资产证券化次级投资业务

一、业务概述

不良资产证券化次级投资业务是指资产管理机构以投资银行或其他金融机构发行的基于不良资产作为底层资产的资产证券化产品次级份额的形式开展的不良资产投资和管理业务。不良资产证券化产品一般分为优先级份额和次级份额。次级包括中间级和劣后级。优先级份额为固定收益，次级份额为浮动收益。银行类机构是最大的优先级份额投资方。不良资产管理机构由于自身的能力特点以及自身资金成本高于银行类机构，往往投资次级份额。

2021年不良资产支持证券（asset-backed securities, ABS）共发行63单，发行规模299.94亿元，较2020年发行单数及规模继续增长。截至2021年底，不良ABS发行单数较2020年增加8单，同比增长14.55%，占市场比重从2020年的29.89%提升至30.73%；发行规模增加17.34亿元，同比增长6.14%，占市场份额的3.40%。整体来看，不良ABS的发行情况延续2020年的上升态势，保持增长（详见图8-1）。

与投资基于正常资产的证券化产品不同，不良资产证券化次级投资业务除考虑产品本身的持有到期兑付收益外，还需要考虑远期不能

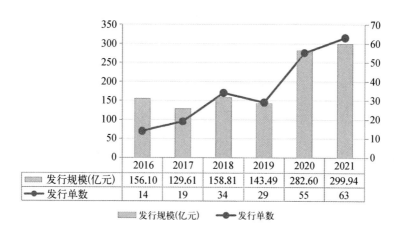

数据来源：Wind，中债资信整理

图8-1　2016—2021年不良ABS发行单数及规模

兑付所触发的不良资产收购和管理动作。这样从投资到收购及处置的完整方案安排也隐含了远期不良收购与处置业务预案，体现了不良资产管理机构有别于一般投资机构的价值。

在2016年不良资产证券化重启时，市场信心不足，当时不良资产证券化次级份额以四大AMC为主要投资者。后续地方AMC和部分投资机构也加入认购行列。随着早期投资人的获利，参与不良资产证券化投资的机构逐渐增多。目前市场上有20—40家主流不良资产证券化次级投资机构，包括四大AMC及地方AMC、券商自营、国企平台自有资金、金控平台自营、私募证券投资基金等，这些主体普遍资金实力雄厚，次级投资市场竞争态势比较激烈。

二、业务特点

通常，资产管理机构参与公募不良资产证券化有两种模式。

第一种模式是，商业银行直接发行，资产管理机构认购次级份额的，一般按照市场化原则定价，且各自承担不同风险；第二种模式是，资产管理机构自主发行，通过对收购重组后的不良资产进行分类，筛选有较强现金流的资产组建资产池，设立SPV，在银行间债券市场或交易所发行资产支持证券。

对于管理机构来说，第一种模式就是我们所说的不良资产证券化次级投资业务的概念，而第二种模式是我们说的不良资产传统处置类业务中的资产证券化。

在不良资产证券化次级投资业务中，管理机构充当次级投资人与处置服务商的角色。管理机构一方面通过认购次级份额获得较高的投资收益，另一方面通过担当处置服务商角色提升处置能力，获取业务机会。而在不良资产的资产证券化处置模式中，管理机构作为流动性支持、差额补足等增信措施提供方，有时还会自持次级份额，从而促进外部合格投资者参与优先级份额的投资，同时提供后续底层资产管理服务。

投资不良资产证券化产品与正常信贷资产证券化产品相比，是否风险要高得多？其实不尽然，虽然不良资产证券化产品底层是不良贷款，风险等级高，但是不良资产证券化产品的产品设计及交易管理方面要求更加严格，综合考虑各方面因素，两者投资的安全性与收益性各有侧重。

不良资产证券化产品和普通信贷证券化产品最主要的区别就是基础资产的性质和现金流的回收。具体来说：

（1）不良信贷证券化产品底层资产是不良贷款，基础资产的性质决定了现金流的回收更依赖于催收或是抵押物的处置，而非正常经营所产生的现金流；

（2）基础资产的性质和现金流使得不良资产证券化产品对产品结构设计要求更高。

投资不良资产证券化产品，管理机构的投资决策不能仅仅依赖于发行方的书面材料,而应当根据发行说明书及有关的信息披露文件,基于管理机构的估值方法进行独立的投资判断。管理机构根据不良资产的尽职调查和估值定价原则,提前计划远期不良收购与处置的预案。

从底层资产来看,不良资产证券化产品的底层资产上是五级分类中后三类的不良资产。细分来看,底层不良资产可以分为个人信用类不良、个贷抵押类不良和对公类不良三类。个人信用类不良口径包含信用卡不良及担保方式为纯信用的消费贷不良;对公类不良口径包含对公不良、小微企业不良及个人经营不良。对于现金流的测算,可参照同类型的不良资产进行估值。

如入池资产户数分散且数量较多,对于单笔未偿本息余额占比超过一定比例或单笔可回收现金占总可回收现金占比超过一定比例的底层资产,一般要求进行现场尽调。对于其他底层资产,采取随机抽样的方式进行现场尽调。尽职调查的结论是根据对抽样样本而非对全部入池资产的尽职调查工作得出,一定程度上反映入池资产的总体状况。

在评估入池资产未来现金回收时,通常也会引入压力测试。一般设置回收时间延后、回收金额下降等条件,评估机构根据产品的交易机构、兑付顺序、相关税费等模拟,对各档产品收益率进行测算。

三、交易结构

资产证券化产品作为结构化金融的一种形式,交易结构的设计对其投资价值有较大影响,特别是投资不良资产证券化产品时,尤其需要注意其交易结构的设计能否满足对投资者的保护要求和为投资者带来预期回报收益。

不良资产支持证券的交易结构设置通常包括优先级/次级分层

设置、现金流分配机制、流动性储备账户、信用触发事件以及清仓回购机制。

（一）优先级/次级分层结构

由于不良资产支持证券的基础资产为不良贷款，回收金额和回收时间均不确定，再加上国内不良资产证券化目前还处于早期阶段，因此分层结构设置较为简单，仅分优先级和次级两档证券。同时，由于基础资产均为不良贷款，其未偿余额很难足额回收，因此证券发行总额通常小于资产池未偿余额总额。

以2020年来市场上存续的产品为例，不良资产支持证券优先级和次级的比例一般在75∶25左右，其中建鑫2019-1不良资产支持证券的优先级发行金额占总发行金额比例最高，为91.1%，工元至诚2018-7不良资产支持证券的优先级占比最低，为59.46%。

（二）流动性支持方案

由于不良资产支持证券的基础资产产生的现金流不稳定，一般会设置流动性支持方案来避免优先级证券出现流动性风险。这里的流动性风险是信用风险的一种，即无法按期足额兑付证券利息的风险。目前国内资产证券化项目使用的流动性支持方案主要分为内部流动性支持和外部流动性支持两种。在不良资产支持证券中两种方案均有使用。

内部流动性支持方案主要指通过设置内部流动性储备账户来保障下一期优先级证券利息的兑付。流动性储备账户的资金来源于资产池现金流，一般将本期的一部分现金流回收款计提至流动性储备账户在下一个支付日进行使用，计提金额通常为当期税费、下期证券服务费用以及优先级利息总和的1—1.5倍。流动性储备账户是一种简易快捷提供流动性支持的方法，广泛存在于不良资产支持证券中。

外部流动性支持方案主要指依靠第三方机构来补足息费。第三方机构收取流动性支持承诺费，提供流动性支持所需资金，并获取相应的资金利息。当证券自身流动性储备账户金额不足以支付当期税费、证券服务费用以及优先级利息时，第三方流动性支持机构会提供资金用来补足以上费用缺口，并收取相应的资金利息。

（三）现金流分配机制

现金流分配机制具体包括基础资产回收款支付科目以及支付这些科目的顺序。在给定的基础资产回收款前提下，现金流分配机制对兑付证券的金额与时间的影响很大。

不良资产支持证券的现金流支付顺序一般是在扣除处置费用后，剩余资金按照重要性由高至低的顺序进行分配：一是必须支付的重要费用，如无法按时兑付，则会触发违约事件或流动性支持触发事件，主要包括相关税费、发行费用与中介费用、优先级证券利息；二是流动性支持机构费用和相应收益，主要为了支付流动性支持机构所提供的流动性便利，包括流动性承诺费和相应的特别信托受益权；三是优先级本金以及服务费用，主要为了支付贷款服务机构的基本服务费和优先级证券的本金，主要包括补充流动性储备金额（如有）、超过上限的费用支出、服务费用、优先级本金；四是次级支持证券持有人的收入，主要包括次级证券本金以及固定资金成本；五是超额收益，主要包括贷款服务机构的超额奖励服务费和次级证券的超额收益。

（四）信用触发事件

信用触发事件是指当某些特定的事件发生时，通过改变资产池的现金流支付顺序，优先保障优先级证券持有人能够获付利息或本金。一般来说，与重要参与机构相关的触发条件包括发行人丧失清偿能力、贷款服务机构解任、贷款服务机构未能根据交易文件规定按时付款或划转资金、后备贷款服务机构缺位、参与机构在交易文件中提供的陈述发现有重大不实或误导成分。与交易相关的触发条件主要包括交易文件部分或全部被终止、优先级证券利息延期支付、法定到期日后证券本金尚未清偿。

（五）清仓回购条款

清仓回购，指在满足一定条件的情况下，发起机构根据信托合同的约定，回购届时信托项下的资产池，是发起机构的一项选择权。发起机构进行清仓回购已经成为不良资产支持证券提前结束或到期处置剩余底层资产的主要方式。

四、风控要点

管理机构投资不良资产证券化次级产品时关注以下重点内容。

（一）基础资产预计回收情况

在评级报告中，评级机构会给出预计回收率和预计回收金额。通常，预计回收金额是发行总金额的1.3倍以上（具体以实际发行为准）。

预计回收率本身没有大小好坏之分。预计回收率是根据资产池逾期期限、成为不良资产时未偿本金余额、借款人情况、获得的授信额度、年收入、地区等因素进行测算的，评级机构会根据催收政策的变化对贷款的实际回收情况造成的影响、未来宏观经济环境等不确定因素的影响，以及贷款的实际回收率和回收时间的不确定性等对预计回收金额进行调整。

（二）入池资产的集中度高低

不良资产现金流主要来源于催收或是抵押物处置，尤其是对于入池资产全部为信用类不良贷款的（例如信用卡），因为无保证担保或抵（质）押物担保等增信方式，其贷款回收只能依靠对借款人催收的回款支付证券本息费及相关费用，回收率和回收时间的不确定性更大，对其现金流的预测依赖于大数定律,因此对底层资产的分散性要求更高。

(三)借款人的年龄段分布

对于借款人为个人的不良债权,需要考虑平均年龄段回收率水平。一般来说,30—40岁年龄段的回收率水平较高。

(四)是否为静态池

如果入池资产组合为静态组合,那么就没有回收款持续购买新信贷资产的资产置换风险。

(五)是否由次级投资人担任流动性支持机构

流动性支持机构的设置,是为了能够在一定程度上缓释优先级证券利息兑付面临的流动性风险。如果设置为由次级投资人担任流动性支持机构,那么次级投资人需要根据流动性支持协议及信托合同等相关文件的规定,及时提供资金补足流动性缺口。

(六)发起机构是否专业

一般来说,发起机构同时也是贷款服务机构。对于不良资产支持证券而言,贷款服务机构尤为重要,其底层资产的回收款金额大小、时间快慢很大程度上依赖于贷款服务机构的管理经验和处置能力。而一般情况下,不良资产支持证券底层资产的管理办法和催收政策与贷款服务机构表内不良资产的保持一致,所以要选择管理经验和处置能力都相对较好的贷款服务机构(即发起机构)。

五、市场案例

臻金2021年第一期不良资产支持证券案例

2021年6月,浙商银行在银行间市场发行"臻金2021年第一期不良资产支持证券",优先级和次级档证券均受到市场认可,两档证券的定价均处于当时抵押类资产中较高的定价水平。

首先，从入池资产违约风险分布看，入池资产均为房产抵押项下普惠小微贷款，抵押物类型有普通住宅、商铺/商场、写字楼、公寓和车库，其中普通住宅类占比最大，达到93.99%。入池资产本息费余额4.45亿元，而对应的抵押物初始评估价值约6.5亿元，抵押担保物提供了价值保障。此外，入池的不良贷款笔数为343笔，单笔贷款平均合同金额为125万元，分布在10个区域。入池资产既超额抵押，也符合小额分散特征。

其次，从清收处置主体能力看，由于不良资产支持证券发行后仍由发起银行履行贷款服务职责，不良资产回收力度与银行资产管理能力关系紧密。发起银行对底层资产最为熟悉，且行内设置了专门的资产处置部门并配备了专业的处置队伍，处置手段也丰富多样。"臻金2021年第一期不良资产支持证券"入池资产借款人分布在10个市，浙商银行相应属地10家分行均设置了资产保全部，清收力量较强。

再次，从外部第三方专业机构评估看，在发行规模的确定过程中，基础资产的真实性及合规性通过了律师事务所和会计师事务所的检验，现金流回收水平接受了评估和两家评级机构的模型检验。评级机构对4.45亿元基础资产预计整个生命周期回收金额3.26亿元，最终测算优先级发行规模2.06亿元，即资产预计可供分配的回收金额形成的超额抵押，能够为优先档证券本息偿付提供较强的信用支持。

最后，从发行主体历史数据看，从浙商银行已发行的臻金产品兑付表现来看，2017年12月发行的首单臻金不良ABS，到2021年3月31日已完成清算，实际累计回收约2.38亿元，入池本息费回收率达84%，显著高于两家评级机构预测的整体回收率（中债56%，中诚信61%）；同时，仅用半年时间就实现了优先级本息全额兑付，比评级机构预测提早半年。

最终，臻金2021年第一期不良资产支持证券优先级规模2.06亿元，发行利率4.50%，加权平均期限1.75年，次级档证券发行规模0.43亿元，发行价格拍卖价格至112元/百元。

综上，不良资产的证券化产品在市场上已经得到越来越多机构的关注。对于有良好的资产分散性以及较好发行历史数据的主体来说，其发行的产品在市场上受到追捧，发行价格也反映出其投资价值。

第二节　违约债券投资业务

一、业务概述

违约债券投资业务，指不良资产管理机构投资已经出险的违约债券，以获取信用修复后的债权清偿或后期介入重整机会的业务。违约债券可分为担保债券和信用债券。在资本市场上，出现违约情况的以信用债券居多。违约信用债券作为纯信用担保所发行的债券，与多数有抵（质）押物作为担保的银行不良债权有较大差异，信用债券的债权人对债务人拥有普通债权，其在受偿顺序上排在抵押权、优先受偿债权之后。这样的情况决定了在处置方式上，管理机构不能采用常规司法手段推动抵（质）押物拍卖的方式进行处置。管理机构开展违约债券投资多采用投行化手段进行处置。按投资逻辑分，违约债券投资业务也可以分为重组导向性投资和财务性投资两种。重组导向性投资是以违约信用债作为进入手段，通过整合已有债权、推动债务重组等方式进行处置并退出。财务性投资则基于管理机构对企业只是处于暂时流动性困境或明确短期内有救助方介入的判断。管理机构在违约信用债折价较高的时点进行投资，在企业度过暂时流动性危机、信用债价值修复之后通过债券市场交易退出。

2021年，信用债券市场共有52家发行人发生违约，共涉及到期违约债券141只，到期时债券余额约1 492.84亿元，相较于2020年同期金额约1 733.92亿元，降低了约13.9%，并且到期违约债券数量也比2020年的152只减少了11只。其中，2021年新增违约主体16家，新增主体首次违约时债券金额129.52亿元，相较于2020年同期，新增违约主体减少13家。违约率方面，用首次违约主体数除以发债主体总数得到信用债主体违约率。2021年信用债主体违约率较2020年有明显降低，由0.68%降为0.37%。图8-2统计了2014—2021年的信用债市场违约情况。

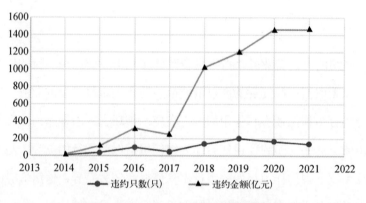

图8-2　2014—2021年信用债市场违约情况

二、业务特点

债券违约后的主要处置方式分为三种：一是债券有抵（质）押担保，债券持有人可以处置抵押物并就处置价款优先受偿；二是债券有其他方提供增信，债券持有人可以寻求增信方代偿；三是违约债券为纯信用发行债券，债券持有人主要依赖债务企业自身偿还或通过其股东进行代偿，此时债务企业的偿债能力、信用状况、经营情况、再融资能力，甚至债务企业的股东情况、政府关系都将影响到偿债效果。从实际情况看，国内债券违约多数以债券持有人和债务人进行协商达成债务重组方案，或者通过破产重整而得以告终。

三、交易模式

违约债券投资业务可以采用以下几种交易模式开展。

（一）担保人代偿或处置抵押物

对于有第三方担保的债券，债务人违约后债券持有人可要求保证人进行代偿，例如"13大宏债"违约后就由担保方进行代偿。对于有财产抵（质）押的债券，债券持有人对于抵（质）押资产享有优先受偿权，可以就抵（质）押物的处置价款优先受偿，例如"08奈伦债"的发行人通过变现抵押的土地惊险兑付债券本息，"12圣达债"违约后债券持有人就质押股权的处置价款优先受偿。

（二）违约求偿诉讼

违约求偿诉讼适用于发债企业未完全丧失清偿能力的情形。相对于已处于破产边缘的发债企业，具有一定偿付能力的发债企业的债券持有人所处状况要有利得多。一旦债券持有人发起违约求偿诉讼，发债企业为维持继续经营、避免资产冻结，往往会积极偿付债务。因此，这类诉讼的偿付效果要比破产诉讼效果更好。"12湘鄂债"违约后，债券持有人曾对发行人及其实际控制人提起违约求偿诉讼。最终，债务人先后引入中湘实业、北京盈聚作为债务代偿方，于2016年3月完成了剩余未兑付债券本息的偿付。

（三）债务重组

债券违约后，发行人通常会与债券持有人进行协商，调整债券合同中的一些基本条款，即债务重组。国内最常见的债务重组方案包括债务转移、延长还款期限、调整还款周期、撤回提前回售等。如"12二重债MTN1""08二重债"违约后由母公司进行了代偿，实际上是将债务转移给了母公司。"10中钢债"是债务延期的典型案例，多次延长回售期后，最终完成了本息兑付。新冠疫情发生后，为缓解发债企业的短期流动性压力，在证监会等监管部门的指导下，这种债务重组的政策变得更为宽松。如山东如意集团成功与债券持有人达成了协议，将其债券的还款日延迟并且不视作债券的"违约"。

（四）破产重整

破产意味着发债企业已经严重到"不能清偿到期债务"并且"资不抵债或明显缺乏清偿能力"了。例如保定天威集团违约后，债务人自行发起了破产重整申请，"11超日债"也是通过破产重整而获得新生。破产重整的法律程序复杂冗长，这导致债券持有人获得偿付的时间明显延长，并且受偿率也较违约求偿诉讼和债务重组要低。需要注意的是，除企业自身因素外，地方政府对于债券违约的态度和救助意愿对重整成功率构成较大影响。

四、风控要点

管理机构投资违约债券应注意以下风控要点。

（一）无抵押债券的估值问题

对管理机构来说，违约债券估值是风控难点之一。传统银行不良债权收购业务中，估值的基础是担保物的估值，但信用债发行极少采用物的担保。因而，如果管理机构要参与违约债券交易，势必先得转变估值思路，采用一套异于传统不良资产收购业务的估值体系。即使对于专业的债券投资机构，其目前也并没有一套行之有效的估值体系，也正因为违约债券的价值难以合理确定，众多机构望而却步。

（二）引入产业资本进行合作

与其他违约债券投资人的被动型投资相反，管理机构参与违约债券投资往往着眼于对债务企业的重组，是一种强主动性投资。这需要管理机构具备多方资源整合的能力，既需要协调债权人和债务人，又需要引入战略投资人。前者主要涉及债权债务关系的化解，是管理机构擅长的领域，但后者需要极强的调动产业资本的能力，因为重组并不仅仅是"止血"，还需要"输血"和"造血"，没有产业资本的参与，就难以谈得上"输血"和"造血"。

（三）违约债券专业投资团队缺乏的问题

国内违约债券投资仅在近年来才成为热门话题。在国内，专门从事违约债券投资的机构极其少。一般债券投资机构只会做正常交易的债券，违约债券是他们避之不及的对象。市场上，只有少数私募机构才会在二级市场上"捡漏"，但也普遍规模不大。专门从事违约债券投资，有可能是在二级市场被动式投资，买入再卖出赚取差价，也有可能是主动式重整，但不管何种方式，都需要一个对债券投资尤其是违约债券投资充分熟悉的团队。这个团队难以从市场直接挖掘组建，而是需要管理机构重点投入、倾力打造。

（四）获得违约债券二级市场投资许可

管理机构要进行违约债券风险化解，需要具备二级市场的相关交易资质，获得监管部门允许管理机构参与违约债券二级市场投资相关批复许可。

五、市场案例

山水集团债券违约事件

山水集团主要从事水泥生产，与中国建材集团共同主导了中国北方水泥市场。2015年天瑞集团强行收购山水水泥，公司控制权发生变动，新老股东对公司经营存在分歧，新股东提起诉讼争夺控制权，导致市场对山水集团的到期兑付能力产生巨大质疑，债券价格显著下跌。

山水的案例中，公司预期违约并非企业经营问题，而是公司股权发生变动导致的控制权之争。从山水集团本身的北方市场龙头地位、稳定的业务合作方以及基建加码和水泥行业的行业前景来看，山水获得流动性支持后有能力恢复运营并实现偿付。2015年，一家另类投资机构（银叶投资）以五折均价收购山水债券，并与山水公司达成分期还款和解协议，约定分16期偿还票面及到期利息，预计内部收益率（internal rate of return，IRR）为30%，实施了对山水公司的债务重组。

债券违约事件得以解决，山水公司的经营恢复正常，信达资产看好山水水泥未来的经营前景，与山水水泥方面达成债券投资和配套融资的协议。据媒体报道，信达资产一共收购了60多亿元的山水债券。山水公司案例体现了另类资产管理机构通过债务重组的方式助力企业脱离债务危机，并配合债权收购的形式深度介入企业的经营发展。

第三节　上市公司股票质押纾困业务

一、业务概述

2015年的A股大牛市行情推动了股权质押兴盛，快速扩大了A股整体质押规模。截至2017年底，场内外质押市值合计6.15万亿元，占A股总市值的10.9%；其中场内质押股票市值3.49万亿元，场外质押股票市值2.66万亿元。2017年的股市下跌引发了大面积陷入困境的上市公司及其控股股东的救助需求，上市公司股票质押纾困业务从2018年开始也备受不良资产管理行业关注。上市公司股票质押纾困业务是指，资产管理机构通过收购券商、金融机构等债权人所持有的上市公股票质押类风险资产,并通过债务重组、债转股等方式为上市公司及其控股股东化解股票质押违约风险的业务。

二、业务特点

上市公司股票质押分为场内质押与场外质押。场内质押是委托证券公司办理的股票质押业务;场外质押是直接通过中国证券登记结算有限责任公司办理的股票质押业务。严格来讲,股票质押式回购这种标准化的证券交易,仅指场内质押。

根据业务类型、上市公司资质的不同,管理机构可采取差异化的股票质押纾困方式。通常可采用的纾困方式包括债权收购+债务重组、债权收购+债转股、破产重整(预重整)等方式。此外,针对资质尚可的上市公司股票场内质押业务,除了可采用上述常规纾困方式外,还可以采用债权收购+择机减持(平仓)、股票质押回购违约处置协议转让等更加便捷的方式实施纾困。

三、交易模式

(一)债权收购+债务重组

债权收购重组类业务是管理机构发展不良资产业务的重要方向之一,操作相对简单,主要是针对一些企业经营尚属正常,但流动性暂时不足,无法满足信贷等债务利息的按时、足额偿还,而原债权方基于政策原因或自身战略调整不同意展期的情形。管理机构通过收购股票质押债权后展期或调整收益等方式,重点解决企业的短期流动性困难。

(二)债权收购+债转股

为有效落实供给侧结构性改革决策部署,支持有较好发展前景但遇到暂时困难的企业渡过难关，国务院出台《关于市场化银行债权转股权的指导意见》，鼓励面向优质企业开展市场化债转股，包括：因行业周期性波动导致困难但仍有望逆转的企业；因高负债而财务负担过重的成长型企业，特别是战略性新兴产业领域的成长型企业；高负债居于产能过剩行业前列的关键性企业以及关系国家安全的战略性企业。

特别是针对一些上市公司控股股东或其关联方的流动性负债，出于压降债务规模、降低质押比例的诉求，可以采取债权收购+债转股的方式来盘活股票类资产。

（三）破产重整（预重整）

上市公司破产重整（预重整）主要通过充分调动各方利害关系人的积极性，共同拯救企业，从根本上恢复企业生产经营能力，实现企业的再生价值。管理机构可以发挥自身专业优势，充当企业破产重整的价值发现者、风险防控者、资金支持者、资源整合者和经营管理者等全产业链角色，积极联手实力产业投资者共同推动破产重整（预重整）。

（四）股票质押回购违约处置协议转让

股票质押回购违约处置协议转让，是指股票质押式回购交易的出质人违约后，质权人依据业务协议的约定行使质权，由出质人将标的股票转让给质权人或者第三方的协议转让业务。

2020年4月17日，沪深两大交易所一同发布了《关于通过协议转让方式进行股票质押式回购交易违约处置相关事项的通知》。该通知放宽了股票质押式回购违约处置涉及的协议转让办理要求，对符合条件的股票质押回购违约处置协议转让，适当调整最低受让比例及转让价格下限，具体为单个受让方的受让比例下限由5%降为2%，转让价格下限由原来的九折调整为七折，即不低于转让协议签署日前一交易日公司股票收盘价的70%。

在此通知之前，股票场内质押违约的处置方式主要通过二级市场出售股份（平仓）用以抵偿违约损失，但在高比例质押违约的情况下，二级市场抛售可能导致股价相对走低，不利于融出方止损受偿，强制平仓可能导致上市公司股权结构发生变化，影响控制权稳定，质押股东容易发生被动减持违规事项，如未合规披露可能损害投资者知情权。引导通过协议转让方式进行违约处置可一定程度上降低对二级市场影响，在提升处置方式灵活性的同时明确了交易方的信息披露义务，纾解质押困境的同时强化防范质押风险。

四、基本流程

上市公司股票质押纾困业务的基本流程包括以下环节。

（一）标的公司选择

通过资本市场，对标的公司进行选择。标的公司所属行业应拥有较大的发展空间，前景良好，应为所在行业或细分行业的龙头企业。标的公司具备完善的公司治理机制，在合法合规性、独立性等方面不存在重大瑕疵，或有较为明确可行的整改落实方案；标的公司主营业务突出，或通过引入战略投资者等资本运作手段可使主营业务得到明显改善；标的公司通过引入战略投资者等资本运作手段可使财务状况得到明显改善。

（二）投资

资产管理机构自行投资或联合产业投资者共同投资。产业投资者是指以谋求长期战略利益为目的，与被投资方存在关联、寻求参与投资方公司治理的投资者。该类投资者通常在行业内拥有技术、市场、资金等优势，与被投资方具有一定合作或竞争关系，处在同行业或产业链的上下游。

（三）重整

在企业陷入困境后，其证券在二级市场通常会发生一定程度价值贬损。通过对企业的赋能发展，实现其证券在资本市场的价值回归。投资者在获取话语权后，通过优化企业业务方向、资本结构等一系列运营财务相关事宜，实现企业的经营状况改善。

（四）退出

不良资产管理机构可以通过债务人还款退出，也可通过减持或处置上市公司股票等资本市场路径退出。

五、风控要点

管理机构投资上市公司纾困股权资产时关注以下重点内容。

（一）被救助企业是否具有真实核心资产和竞争力

在选择所要救助的企业时，管理机构看中的是公司的核心资产和竞争力。同时企业底层资产必须真实，基本面较好。一些公司虽然出现股票质押风险，但经营能力仍然很强，只是暂时出现现金流困境，此时管理机构可以开展救助。

（二）是否符合资产管理公司化解金融风险的使命

大力加强与地方政府合作，引入地方政府资源，化解地方金融风险。坚持"一企一策"，对于不同的企业和行业，用投行的方法量身定制良性救助方案。探索通过资本市场收购股权方式，帮助企业摆脱短期困境。

（三）是否属于周期性行业、企业面临暂时困难

针对股票质押"爆仓"在上市公司间引发的连锁反应，应该区分对待。有的企业之所以"爆仓"，是因为过去不切实际的过度扩张，这

类企业应该按照市场化规则出清；但有的企业是受大环境波及，出现了短期的资金链紧张，自身经营并未出大问题，也符合国家产业升级的方向，应该对这类企业进行帮扶纾困。

通常来说，标的公司所属行业应拥有较大的发展空间，前景良好，应为所在行业或细分行业的龙头企业；除标的公司股票质押或持股作为主要增信措施外，还可增加交易对手的其他担保措施或引入第三方增信。

六、市场案例

某资产管理公司纾解某上市公司大股东股票质押困境

GJFN股份有限公司是国内家具龙头企业之一，自2018年6月股价持续走低，到同年10月中旬，市值已缩水一半。经历了股价持续下跌后，触及股票平仓线，大股东GJ集团不断增加质押比例，累计质押股票占其持有公司股数的64.52%，占公司总股本的31.53%，均为限售流通股。集团资产负债率持续走高，或将影响其信用类债券融资。GJ集团各类公司债券发行迫在眉睫。

某资产管理公司为GJFN设计了股票质押纾困方案。

第一步，债务置换。资产管理公司以本金打折的价格收购GJFN公司关联方DF的信托贷款，GJ集团以其持有的GJFN股票为这笔贷款提供质押担保，对于GJ集团来说其债权人由原信托公司置换为某资产管理公司。

第二步，质押平移。通过信托机构分别与GJ集团关联企业以及债务人DF签订单一信托合同和信托贷款合同，形成一笔信托债权；关联企业以及债务人签订三方债权转让协议，并与DF签订债权债务确认合同，收购上述信托债权；所有保证担保措施均设置在资产管理公司名下；债务人DF直接向其偿还债权本息及支付财务顾问费。

第三步，超额收益分配。除去固定的融资成本外，资产管理公司与GJ集团就未来股票上涨的可能性约定后端收益分成：质押股票上涨收益扣除资金占用费后计提一定比例超额收益。综合判断当时A股市场的持续下跌使其处于一个较为强势的修复期，未来一段时间内上升空间较大，具备获取超额收益的可能性也较高。

GJFN公司股票质押纾困案例展现了某资产管理公司帮扶优质企业摆脱流动性困境，参与企业后期成长的全流程。被纾困企业基本面是这类型项目成败的关键，需综合考虑宏观经济大背景、行业现状与发展、公司整体经营业绩、财务状况、市场占有率、经营管理体制等各个方面。优先选择企业基本面和行业前景好，因短期资金周转问题而陷入困境的企业。若中长期基本面趋势向上，可考虑固定收益加超额收益，比如适当降低固定的资金占用费，约定以质押股票市值的上涨收益为基础的计提比例。

本 章 小 结

不良资产的金融投资类业务是指以投资标准化金融产品的形式开展的不良资产投资和管理业务。金融投资类业务可以分为重组导向性投资和财务性投资两种。重组导向性投资是将投资作为介入重组的手段，运用投行化手段通过重组价值退出。财务性投资是根据金融产品的设计规则，投资后通过持有到期并出售的方式获取收益。财务性投资主要充当财务投资人的角色，一般不会介入后期的不良资产处置过程。不良资产的金融投资类业务主要包括不良资产证券化次级投业务、违约债券投资业务和上市公司股票质押纾困业务。

不良资产证券化次级投资业务，指不良资产管理机构以投资银行或其他金融机构发行的基于不良资产作为底层资产的资产证券化产品次级份额的形式开展的不良资产投资和管理业务。与投资基于正常资产的证券化产品不同，不良资产证券化次级投资业务从投资到收购及处置的完整方案安排隐含了远期不良收购与处置业务预案，体现了不良资产管理机构有别于一般投资机构的价值。

违约债券投资业务，指不良资产管理机构投资已经出险的违约债券，以获取信用修复后的债权清偿或后期介入重整机会的业务。从实际情况看，国内债券违约多数以债券持有人和债务人进行协商达成债务重组方案，或者通过破产重整而得以告终，这与传统不良贷款债权回收处置的做法存在较大区别。

上市公司股票质押纾困业务，指不良资产管理机构通过收购上市公司股票质押类风险资产，并通过债务重组、债转股等方式为上市公司及其控股股东化解风险的业务。该类业务可在一定程度上降低股票质押违约事件对证券市场乃至国民经济的不利影响，在运用不良资产专业能力做好自身风险防范的基础上，管理机构可通过债务人还款、减持或处置上市公司股票等多种路径实现退出，并有可能分享上市公司经营业绩及市值增长的超额回报。

本章重要术语

不良资产证券化次级投资

流动性风险

违约债券投资业务

上市公司股票质押纾困业务

复习思考题

1. 不良资产的金融投资类业务包括哪些？
2. 简述不良资产证券化产品内部流动性支持方案。
3. 上市公司股票质押纾困业务的交易模式有哪些？

第九章

不良资产的管理类业务

募集社会资金并管理资金,在为投资人获得资金的增值收益的同时,为被投资企业提供资金支持、化解不良资产、提供增值服务、整合相关资源,最终促进实体经济的健康发展。

管理类业务，指不良资产管理机构接受委托方委托或指定，对问题企业或问题资产进行管理的业务。主要依靠管理机构在不良资产管理和风险处置方面的工具、能力和经验，在对问题资产的处置过程中化解金融风险，重塑企业或资产价值，维持社会稳定。

与其他类别的业务相比，管理类业务具备三个特点。第一，轻资产运营。在业务过程中，管理机构的能力和价值主要体现为资产管理的专业能力，而不是更多依赖资金实力。此类业务在业务特性上体现出轻资产的特点。第二，发挥管理机构的社会价值。受托管理等业务经常是在地方政府或法院协调支持下，为化解区域金融风险，并更好发挥受托资产价值而展开的，这使得资产管理业务往往承担了较大的社会责任，开展这类业务是管理机构服务社会价值的体现，盈利反而变成次要目的。这类业务具有一定的公益性特征。第三，与其他业务协同聚合。具备综合实力的管理机构在资产管理输出过程中可以为其他业务开拓协同机会，形成聚合效应。资源聚合能力的发挥又能进一步推动管理业务的发展。管理类业务表现出协同性，实现 $1+1>2$ 的效果。

第一节　投行顾问业务

一、业务概述

投行顾问业务是指管理机构以顾问的身份，提供咨询服务，协助金融机构、工商企业或投资者完成不良资产相关管理或交易活动的业务。管理机构以收取顾问服务费的形式获得收入。对不良资产管理机构来说，可以提供如下投行顾问业务。

一是不良资产交易顾问，根据金融机构或投资者要求，为其提供不良资产出售或收购过程中的卖方（或买方）尽职调查、定价等各类服务。

二是并购重组顾问，从事企业改制、企业重组、产权交易、企业并购、投融资方案设计、管理层收购、企业财务管理等资本运营咨询的专业咨询顾问。

三是破产清算咨询，对目标企业的破产清算事宜提供相关政策、法规、财务等方面的咨询工作。

四是融资顾问，通过对企业财务状况及融资需求的分析，进行融资产品及融资组合设计，并通过寻找投资方、提供金融辅助服务等途径，协助企业实现组合融资计划。

五是管理咨询，根据不良资产相关企业需求，在公司规范运作、发展战略、行业研究、财务管理、管理制度等方面提供咨询服务的项目。

六是资产及项目评估服务，管理机构作为中介机构对非关联性企业开展清产核资、费用、财务收支审计等其他特殊目的审计、企业购并、分立及清算审计、验证企业资本、企业改制评估等业务。

二、业务特点

投行顾问业务可以与其他资产管理业务结合开展，也可以独立开展，其核心是充分发挥管理机构在人才、知识、规模、信息、品牌、资源等领域的优势，为客户提供专业化的服务产品。

投行顾问业务属于中间业务，不经营风险产品，不占用管理机构资本，亦不构成或有责任，只是提供设计和建立渠道，属于纯能力输出型业务。

三、基本流程

投行顾问业务的主要业务流程包括以下环节。

（1）客户向管理机构提出咨询顾问业务需求。

（2）管理机构受理后，双方签订财务顾问服务协议，在协议中对双方责、权、利及服务定价等作出明确规定。

（3）客户提供必要的相关资料，管理机构根据客户的需求和资料，进行咨询方案、策略、可行性研究分析和设计。

（4）管理机构将分析结果和初步实施计划提交客户，进行沟通，达成一致后管理机构将制定咨询方案的具体实施计划、配套资源（政策、资金、人力资源）的安排以及各环节绩效评估措施，修订实施计划后完整提交客户。

（5）全过程跟踪咨询顾问计划、安排或方案的实施，并加以监控和调整。

四、风控要点

投行顾问业务需要注意以下风控要点。

一是违约风险。在开展投行顾问业务活动的过程中，违反合同约定的有关事项，对客户的利益可能造成损失，就形成了相应的违约风险，包括：未能按期交付顾问报告或交付的顾问报告不符合约定而给客户造成损失的可能性；未履行保密义务而给客户造成损失的可能性。对于违约行为来讲，一方面要承担违约责任和赔偿责任，另一方面会使自身的声誉和形象遭到破坏。

二是分析风险。在接受客户的委托提供投行顾问业务时，由于分析存在偏差而为客户提供错误的市场预测和不合适的投资管理建议，一旦客户相信这一市场预测或者采纳了这一投资管理建议，就有可能面临着投资损失和经营失败。对市场的准确把握和判断是财务顾问业务生存和发展的关键。

三是保密风险。项目参与人员应按照客户有关要求、咨询顾问协议约定和资产管理机构有关规定，对项目情况予以保密，未经客户同意，不得擅自对外披露未公开的相关业务信息。

第二节　受托管理业务

一、业务概述

受托管理业务，指管理机构作为受托管理人，在受托管理的资产的所有权不变的条件下，以契约形式在一定时期内将受托管理的资产的全部或部分经营权、全部或部分资产处置权让渡给管理机构经营或管理的业务。

通常，受托管理企业存在经营不善，债权人追索债权时企业变现收益过低，因此债务人会选出具有对应行业经营能力的托管人，由托管人对困境企业进行经营管理。这种情形下往往是困境企业所有人向政府求助，政府协调债务人并且选择托管人。

二、业务特点

受托管理业务能够实现在特殊时期对受托管理企业的所有权与经营权实现分离,通过市场对企业的各种生产要素进行优化组合,提高企业的资本营运效益。

受托管理业务具备以下两个特点。

第一,受托管理方式能够在不改变或暂不改变原有产权归属的前提下,直接开展企业资产的重组和流动,从而有效回避企业破产、并购中的某些敏感性问题和操作难点。

第二,受托管理必须遵循市场化、法治化、专业化原则。受托管理过程中必须要把握政策,坚持原则,赢得各方理解和支持,寻求高层次的利益共赢解决方案。

三、基本流程

受托管理业务的主要业务流程包括以下环节。

第一,签订托管协议,依托有关约束托管行为的法律法规,明确被托管人和托管人的地位、权利义务。做好托管人员组织、托管方案、外部支持等准备工作。

第二,进驻企业,做好托管交接工作,实现对被托管机构的人、财、物的全面控制,保持员工队伍的基本稳定。做好资产和负债清查工作,摸清企业底数,为重组或终极处置做好准备。

第三,以资产受托人身份行使职责,通过完善企业治理结构、盘活企业流动资金、寻找过桥贷款等方式,促进企业尽快恢复正常营运,运用专业技术和业务手段提升资产价值,引入战略投资者参与资产重组,提出和组织实施债务重组方案或解决方案。

第四,分类处理与处分受托财产。对有发展潜力的企业实施重组,引入有实力的战略投资者，继续投入资金、技术，加强管理，使企业走出困境；对不具有重组价值的企业，实施司法拍卖或破产清算，最大限度减少投资人和债权人的损失。

四、风控要点

受托管理业务需要注意以下风控要点。

第一，受托管理过程中，要严格遵守国家和地方的相关法律法规，坚持勤勉尽责的职业道德操守，避免托管过程中的合规风险、操作风险和道德风险，以及受托管理不当给管理机构带来声誉风险。

第二，项目参与人员应严格依据托管协议约定和项目组的有关规定开展工作，避免任何违约行为。

五、市场案例

WH集团托管项目

WH集团危机起源于2008年，当时已求助于YW市政府，通过政府帮扶协调并借银行信贷扩张的契机度过当时的危机，但生产经营并未得到实质性改善，参与房地产项目开发也未及时变现削减贷款规模，亏空越来越大。2014年4月，ZS资产积极响应YW市政府需求，成立WH集团托管重组工作组，进驻WH集团进行整体托管和债务重组。

如果采用简单的司法拍卖的市场化处置，WH集团资产的变现价值会大打折扣，实际损失较大，更为重要的是由此引起的担保链风险会给本地经济带来致命的打击（见图9-1）。为此，YW市政府委托ZS资产对WH集团进行托管重组，化解区域金融风险。

自2014年4月WH集团被ZS资产托管以来，工作组按照"迅速

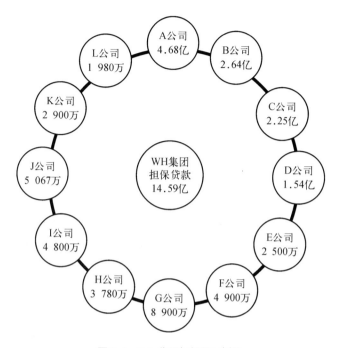

图9-1　WH集团担保圈示例图

止血、确保灭火、力争保壳"的总体目标,积极开展WH控股集团经营风险处置工作。争取司法集中管辖,保证托管工作的顺利开展,并取得了显著成效。

首先,基本完成债权收购。按照"风险企业自救为主、担保企业分担一点、银行承担一点、政府政策突破一点"的总体思路,制订了"担保7折,抵押8折"的债权收购方案。截至2016年9月30日,ZS资产受托完成WH集团银行债权本金收购19.04亿元,占比96.63%,收购价款14.52亿元。

其次,稳定担保圈。WH集团涉及的担保圈金额巨大,直接进行破产清算将严重威胁这些担保圈企业的正常生产经营活动,引起整个担保圈的连锁风险,从而引发YW地区系统性的金融风险。工作组根据企业摸排情况,制定了具有操作性的担保人承担方案,合理确定

WH集团和担保企业的负担,有效地化解了担保圈风险,维持担保企业生产稳定,阻断了风险持续扩散,从而避免了引发区域系统性金融风险。

再次,维持生产经营。工作组利用YW市政府提供的周转金,按照维持稳定的原则进行生产经营控制,托管期间共实现产值2亿元,纳税2 701万元。工作组有效地配合了品牌维持、人员安置、重组方接洽等方面工作的需要。

最后,有效分流人员。为了节约成本,缩小生产规模,工作组自进驻起逐步开展员工分流工作,员工数从托管之初的1 100余人减至170余人。针对不同时期制定适合可行的补偿政策,分流期间未发生大规模群体性事件,整体员工分流工作平稳完成。

至2016年底,WH项目托管工作结束。ZS资产将相关债权转给YW市Y资产管理有限公司,后续将由其通过司法诉讼方式实现债权权利,并由Y资产公司进行后续的托管和资产处置协助工作。整体项目取得较好收益。

从案例可以看到,托管类业务不仅能够取得良好的社会效益,也能取得较好的经济效益。通过管理机构的专业管理服务能力真正做到"名利双收"。

第三节　破产管理业务

一、业务概述

破产管理业务,指管理机构作为破产管理人,在法院的指导和监督之下全面接管拟关闭、破产、清算企业或金融机构的财产、债务和人员,并负责对其进行保管、清理、估价、处理和分配,以使其完成从市场退出过程的业务。

《企业破产法》第十三条规定,人民法院裁定受理破产申请的,应当同时指定管理人。根据《最高人民法院关于审理企业破产案件指定管理人的规定》(下称《最高院指定管理人的规定》)等司法解释的规定和相关司法实践经验,高级人民法院和部分中级人民法院编制企业破产案件管理人名册,人民法院审理企业破产案件时往往从其编制的名册中选定管理人。

《企业破产法》第二十四条规定,管理人可以由有关部门、机构的人员组成的清算组或者依法设立的律师事务所、会计师事务所、破产清算事务所等社会中介机构担任。《企业破产法》及相关法律法规、规范性文件均未明确对管理机构是否可以担任管理人作出规定。然而,管理机构在不良资产处置中积累了较多的经验和资源,可以作为管理人管理债务人的内部事务,包括但不限于人事、财务、档案管理、日常经营、资产保管处置等琐碎的管理性、经营性事务,并提供相应的管理服务。

二、业务特点

2017年5月10日,《中国银监会办公厅关于进一步做好银行业金融机构债权人委员会有关工作的通知》(银监办便函〔2017〕802号)提出,地方AMC为化解金融风险,可以作为中介机构列入法院破产管理人名单,并赋予其综合金融服务的功能,这意味着资产管理公司在破产案件中担任管理人成为可能。

在此之前,《中国银监会办公厅关于做好银行业金融机构债权人委员会有关工作的通知》(银监办便函〔2016〕1196号)提出鼓励地方

AMC积极参与债务重组,而上述802号文则给出了地方AMC参与债务重组的具体路径,即提供综合服务。

破产管理业务的本质是在法院的监督指导下,以陷入财务困境的企业为特殊标的,通过判断其是否仍有存续价值,适用破产清算、重整、和解等特定的司法程序,实现企业的逆境重生或是有序退出为目标的特殊目的资产管理,是资产管理业务在司法领域的延伸和发展。破产管理业务能够实现企业等市场主体通过合法合规的方式化解债务风险,实现市场主体甄别与出清,进而推动市场高效配置资源。

破产管理业务具备以下四个特点。

(1)在法律特定程序框架下的以陷入财务困境的企业为特殊标的的资产管理业务。

(2)以实现企业的逆境重生或是有序退出为目标,以企业资产、负债为中心,对企业资产进行变现并公平分配。

(3)破产管理业务不仅要考虑企业资产是否具有剩余价值,同时要综合考虑债权人、出资人(债务人)、投资人等多方的利益诉求。

(4)破产业务尤其是破产重整业务是一种综合性业务,需要整合审计评估等中介机构、重整投资人资源,发挥府院联动机制,设计破产程序进入路径及重整方案,因此管理人面临综合专业能力、商业思维养成以及社会资源整合等方面的诸多挑战。

三、基本流程

管理机构作为破产管理人在破产重整中主要负责两方面的工作:一是在破产重整计划批准前,全面接管债务人,负责债务人的整体运营,包括申报债权、清理债权人资产、制定重整方案等;二是在重整计划执行过程中,管理机构主要作为债务人重整计划的监督方,推进债务人重整计划的执行。

破产管理业务的一般职责或基本流程如下所述。

（1）接管债务企业，包括接管债务人的财产、印章账簿、文书等资料以及债务人经营事务等。

（2）债务人财产清理，包括财产状况的调查、制作财产管理方案、企业重大财产的处分、财产追收等，并在接受指定的合理期间内决定是否对债务人进行破产专项审计或评估。

（3）接受债权申报与审查，并出具审查结论。这部分内容是破产程序的核心内容之一，债权审核的质量也是衡量管理人是否勤勉履职的重要指标。

（4）提议和组织召开债权人会议，管理人应向债权人会议报告履职情况、提请债权人会议表决相关决议等。

（5）代表债务人参加诉讼。

法院裁定债务人重整的，管理人除履行破产案件的一般职责外，对管理人负责管理债务人财产和营业事务的，应由其起草重整计划草案，并提交债权人会议进行表决。若法院裁定债务人破产清算的，管理人除履行破产案件的一般职责外，还应依据债权人会议表决通过的财产变价方案，对债务人财产进行拍卖、变卖，并依据债权人会议表决通过的财产分配方案将变价款项向债权人进行分配。

管理人履行的上述职责需要在破产程序中平衡好投资人、债务人、债务人职工、债权人等各方利益，这意味着破产管理人应当尽可能地保持中立地位。而资产管理公司在破产案件中可能存在的如普通债权人、抵押债权人、共益债投资人等多重身份，使其担任破产管理人难保其中立地位，因此需要严密的制度设计降低资产管理公司担任破产管理人的中立性风险。

四、风控要点

破产管理业务中,应注意以下风控要点。

一是建立健全冲突防范和防火墙机制。资产管理公司应加强内部风控建设,做好利益冲突防范工作。资产管理公司在接受破产管理业务之初应建立冲突事项检索机制,如存在实质利益冲突,应当执行回避制度,以保证本公司不同时承接冲突项目。资产管理公司在不同业务部门或业务团队之间可能存在利益冲突项目时,执行人员隔离、信息隔离、财务隔离等措施。

二是与利益冲突相关的信息披露义务。在资产管理公司承接破产管理人业务之前,如知道或应当知道可能或实际存在利益冲突,应当事前进行信息披露,向法院或者相关部门进行报备,保护债务人、债权人等各方主体的知情权。资产管理公司在担任管理人的过程中,如出现利益冲突事项,应当及时披露信息,或者向法院或相关部门报备,由法院或者有利害关系的主体决定是否就利益冲突事项进行豁免等。

五、市场案例

资产管理公司作为破产管理人案例

2022年3月1日,河南省高级人民法院发布《河南省破产案件管理人名册》,经审定,551家社会中介机构入册,其中一级管理人有62家,二级管理人有489家。河南资产管理有限公司(以下简称"河南资产")成为入选一级破产案件管理人名册的地方资产管理公司。

河南资产作为重整投资人,依托自身专业优势,主导或参与了南阳霞光高科、郑州上上国际等多个破产重整项目,在不良债权收购、债务梳理、资金融通、法律咨询、重整方引入等方面为困境企业提供服务，帮助实体企业重获新生，协助地方政府优化区域金融生态和城市发展环境。

其中，霞光高科项目采用"不良债权收购＋破产重整投资＋产业投资方"导入的方式，成功帮助债务人霞光高科化解债务、脱困重生，并进一步引入有实力的产业投资人实施并购重组，助推当地做大做强农产品加工产业。

上上国际破产重整一案，所涉债权金额较大，是郑州地区有重大影响的涉房地产重整案件。通过引入河南投资集团下属的河南颐城控股有限公司，负责项目投资建设和产业运营，共同设立合伙企业作为重整投资人参与项目重整，盘活了烂尾多年的问题楼盘，优化了郑州东站区域的城市形象。

从案例可以看到，资产管理公司作为破产管理人的优势非常明显。资产管理公司作为管理人，更容易获得当事人的信任。同时，资产管理公司具有融资功能和投资功能，可谓是兼具破产管理的职责与重整投资人的功能，更有利于在特殊时期抓住特殊机遇，整合特殊标的。

第四节　基金管理业务

一、业务概述

基金管理业务指的是资产管理机构通过非公开方式向特定主体募集基金，用于不良资产、债权型、权益性等类型资产的投资，在投资实施过程中考虑将来的权益增值、资产增值、退出机制等因素，最后通过企业上市、并购重组等方式取得收益的业务。

基金管理人公司是指凭借专门的知识与经验，运用所管理基金的资产，根据法律法规及基金章程或基金契约的规定，按照科学的投资组合原理进行投资决策，谋求所管理的基金资产不断增值，并使基金持有人获取尽可能多收益的机构。在不良资产的管理类业务中，基金管理人公司负责完善基金业务管理规划，实现管理人平台差异化定位发展，建立多元化的募资渠道。

按照是否通过主动管理来获取投资收益，基金可以分为不良资产管理基金和不良资产投资基金。前者侧重于管理机构通过自身的处置能力从而实现收益，后者是围绕不良资产开展的财务性投资，获取投资收益。在资金募集对象上，前者适合地方政府资金等有本地不良化解需求的投资人，而后者适合财务投资人。按照功能划分可以分为债转股基金、纾困基金、并购重组基金等，以基金为载体，募集资金实现各种不良资产管理功能。不同类别的基金在资金募集对象选择、管理团队能力要求等方面有较大差异，对基金管理人公司提出不同的要求，考验基金管理人公司专业能力。

募集资金的回报预期应与团队的管理能力和底层资产的收益能力相匹配，尤其是以不良资产为底层资产的基金，不良资产处置周期较长，价值评估困难，现金流波动大，需要基金管理人公司关注风险。

二、业务特点

基金管理业务具备募集资金的功能。具体来说，募集社会资金并管理资金，在为投资人获得资金的增值收益的同时，为被投资企业提供资金支持、化解不良资产、提供增值服务、整合相关资源，最终促进实体经济的健康发展。

基金管理业务募集资金具备以下特点。

（1）募集对象为少数特定的投资者，包括资金来源合法且符合私募股权投资基金合格投资者要求的机构和个人。

（2）投资对象包括不良资产、债权型、权益性等类型的资产。

（3）不良资产和债权型资产投资方向需要遵循国家供给侧结构性改革政策，以化风险、盘存量、去杠杆为投资目标。

（4）权益性投资方向严格遵循国家产业发展指导政策及新兴行业的技术、经济发展趋势。

三、基本流程

第一，投资标的选择及基金产品设计。业务团队根据宏观经济形势、地方产业政策，结合资产管理机构内部项目遴选标准，有针对性地挑选投资标的，设计基金产品。

第二，初步尽职调查。业务部门与基金管理人公司就项目进行对接后，可配合基金管理人公司进一步搜集项目相关信息，与项目企业建立联系并实施初步尽职调查，整体了解项目所处行业、市场、经营、团队及财务等状况，同时与项目企业就投资意向性条款进行初步沟通。

第三，立项与详细尽职调查。基金管理人公司根据对项目完成的上述工作成果，进行内部项目分析，对于达到立项条件的项目上报立项审查。对于予以批准立项的项目，需要对项目企业进行业务、法律、财务等方面的尽职调查。根据项目的需要，与项目公司治理层、管理层、客户、供应商等有关方面进行访谈或自主调查的方式对项目实施全面的尽职调查工作。

第四，投资决策和实施。根据尽职调查结果，设计合理的投资方案，确定具体投资计划，准备相关法律文件并与项目企业就投资及后续合作相关约定展开商业谈判直至达成一致。撰写项目投资建议书，报投资决策委员会审批，进行投资决策。投资决策通过后，将进入项目投资实施阶段。基金管理人公司将与项目企业签署相关投资协议，经外部相关监管部门的审批后，最终交割相关资金、权益，完成项目投资。

第五，投后管理和退出。投资完成后，基金管理人公司和管理机构将根据投资协议，为项目和企业提供资产处置、并购重组等服务。在项目情况达到退出条件、实现投资收益后，基金管理人公司将择机退出。在适当条件下，根据投资协议执行保护条款，控制项目风险。

四、风控要点

基金管理业务应当注意以下风控要点。

首先，尽职调查过程中需要重点关注项目的财务信息和法律合规性。财务方面，需要在基础财务信息的基础上，对项目企业的内部控制、盈利能力、现金流等方面进行全面调查。法务方面，不仅要调查主体资格、信用情况，还需要关注项目企业的重要合同、重大诉讼或仲裁的情况。

其次，基金管理人公司负责基金的依法设立、合规运营、依法纳税、依约定及时分配投资收益及项目清算等基金运营管理工作。

五、市场案例

各AMC纷纷成立纾困基金，加大不良资产处置

2022年5月，四川省川发资管和华润渝康两家地方AMC共同出资组建"川渝地区问题机构纾困基金"，共同开展问题企业纾困与重组，金融机构不良债权收购与经营、破产企业重整投资等方面的业务合作。

2022年8月，湖北资管与浙商资产联合设立了50亿元纾困基金，聚焦助企纾困，加大对全省不良资产的收购、处置力度，服务"保交楼、保民生、保稳定"。湖北地方金融监督管理局相关负责人表示，各地将进一步摸排地方金融组织不良资产和纾困企业项目，建立不良资产项目库，加强与资管公司沟通对接，一企一策、一项目一策制定工作方案，通过转让、清收、重组、市场化债转股等多种手段，加大存量风险的处置力度。

2022年8月4日，河南省郑州市人民政府办公厅印发《郑州市房地产纾困基金设立运作方案》，该房地产纾困基金规模暂定100亿元，采用母子基金方式运作，子基金的实施主体主要由纾困专项基金与市区两级国有公司、社会资本（包含但不限于央企、省级国企、施工企业、资产管理公司、金融机构）等组建，原则上纾困专项基金出资比例不高于30%，其他各主体出资比例协商确定。

2022年8月9日，百亿基金纾困首单落地，由郑州国家中心城市产业发展基金股份有限公司作为母基金出资设立的郑州市房地产纾困基金牵头、郑州地产集团参与，与建业集团就北龙湖金融岛写字楼项目达成合作。

2022年以来针对AMC的支持政策出台更为频繁，鼓励AMC加大风险化解处置力度的监管导向明确。2022年3月以来国有及地方AMC参与地产风险化解的公开项目，已披露合作计划的项目纾困资金规模约350亿元。

从纾困案例来看，AMC主要纾困方式是联合产业投资人（通常为央企或地方国企）设立纾困基金或合作平台，由AMC发挥产业链及政府资源调动融通优势，由产业投资人发挥开发运营优势。纾困对象则包括房企以及地产项目。

本 章 小 结

管理类业务，指资产管理机构接受委托方委托或指定，对问题企业或问题资产进行管理的业务。主要依靠资产管理机构在不良资产管理和风险处置方面的能力和经验，在处置过程中化解金融风险，重塑企业价值，维持社会稳定。管理类业务主要包括以下四类业务：投行顾问业务、受托管理业务、破产管理业务和基金管理业务。

投行顾问业务，指资产管理机构以顾问的身份，提供咨询服务，协助金融机构、工商企业或投资者完成不良资产相关管理或交易活动的业务。管理机构以收取顾问服务费的形式获得收入。

受托管理业务，指管理机构作为受托管理人，在出资者或其代表在所有权不变的条件下，以契约形式在一定时期内将企业的法人财产的管理权部分或全部让渡给管理机构经营或管理的业务。

破产管理业务，指管理机构作为破产管理人，在法院的指导和监督之下全面接管拟关闭、破产、清算企业或金融机构的财产、负债和人员，并负责对其进行保管、清理、估价、处理和分配，以使其完成从市场退出过程的业务。

基金管理业务，指管理机构通过非公开方式向特定主体募集基金，用于不良资产、债权型、权益性等类型资产的投资。在投资实施过程中考虑将来的权益增值、资产增值、退出机制等因素，最后通过企业上市、并购重组等方式取得收益的业务。

与其他类别的业务相比，管理类业务具备三个特点。第一，由于委托管理常常是为了化解区域金融风险，在地方政府或法院的协调下开展，这使得资产管理业务往往承担了高度的社会责任。业务是管理机构服务社会价值的体现，盈利反而变成次要目的。第二，在业务过程中主要体现为对问题企业和所涉及金融风险化解的专业能力，而不是资金实力。第三，具备综合实力的管理机构在管理输出过程中还可以为其他业务开拓协同机会，形成协同效应。

本章重要术语

受托管理

破产管理

基金管理人

复习思考题

1. 投行顾问类业务是什么，有什么特点？
2. 基金管理类业务是什么，有什么特点？
3. 受托管理类业务是什么，有什么特点？

第十章

批量个人不良贷款收购处置业务

大部分个人不良贷款债权的处置均面临债权无可供执行财产线索、债务人失联率高、债权诉讼率低、处置手段有限等不同程度的现实障碍。

2012年1月18日，财政部和原银监会发布《金融企业不良资产批量转让管理办法》（财金〔2012〕6号），明确规定禁止批量转让个人不良贷款，具体包括向个人发放的购房贷款、购车贷款、教育助学贷款、信用卡透支、其他消费贷款等以个人为借款主体的各类贷款。从政策意义上来讲，批量个人不良贷款业务从2012年开始处于未开放状态。

2021年1月7日，原银保监会办公厅发布《中国银保监会办公厅关于开展不良贷款转让试点工作的通知》（银保监办便函〔2021〕26号），允许试点银行（6家国有控股大型银行和12家全国性股份制银行）向试点资产管理公司（金融资产管理公司和符合条件的地方资产管理公司）批量转让个人不良贷款。对于不良资产行业的资产管理机构而言，该通知的下发意味着批量个人不良贷款收购处置业务的开始。2022年12月，原银保监会办公厅发布《中国银保监会办公厅关于开展第二批不良贷款转让试点工作的通知》（银保监办便函〔2022〕1191号），将开发银行、进出口银行、农业发展银行、信托公司、消费金融公司、汽车金融公司、金融租赁公司和注册地位于北京等11个省级行政区的城市商业银行、农村中小银行机构纳入试点机构范围，并将试点实行期限延长至2025年12月31日。

第一节　批量个人不良贷款概述

一、批量个人不良贷款的定义

批量个人不良贷款是指由金融企业进行批量组包的个人不良贷款。具体来看，个人不良贷款是指金融企业在经营过程中形成的个人不良信贷资产。与对公不良贷款相比，两者在贷款主体上存在个人和企业的差别，在分类上同属于按照规定程序和标准认定为次级、可疑和损失类的贷款。由不良资产管理机构对批量个人不良贷款开展的收购处置业务称为批量个人不良贷款收购处置业务。

根据银保监办便函〔2021〕26号文的通知规定，银行可以向5家金融资产管理公司、符合条件的地方资产管理公司和5家金融资产投资公司批量转让个人不良贷款。地方资产管理公司批量受让个人不良贷款不受区域限制。个人贷款范围以已经纳入不良分类的个人消费信用贷款、信用卡透支、个人经营类信用贷款为主。

不属于批量个人不良贷款类型包括以下五种：

（1）债务人或担保人为国家机关的贷款，经国务院批准列入全国企业政策性关闭破产计划的贷款，国防军工等涉及国家安全和敏感信息的贷款；

（2）精准扶贫贷款、"三区三州"等深度贫困地区各项贷款等政策性、导向性贷款；

（3）虚假个人贷款、债务关联人涉及刑事案件或涉及银行内部案件的个人贷款、个人教育助学贷款、银行员工及其亲属在本行的贷款；

（4）在借款合同或担保合同中有限制转让条款的贷款；

（5）国家法律法规及有关部门限制转让的其他贷款。

值得注意的是，个人住房按揭贷款、个人消费抵（质）押贷款、个人经营性抵押贷款等抵（质）押物清晰的个人贷款，以银行自行清收为主，原则上不纳入批量个人不良贷款转让范围，纳入批量转让范围的仅为无抵押个人贷款。

二、个人不良贷款的市场现状

2020年以来，受新冠疫情影响，商业银行资产质量受到明显冲击，不良资产特别是个人不良贷款出现了较快增长。根据原银保监会发布的《2020年商业银行主要监管指标情况表》，2020年一季度末商业银行不良贷款规模达到2.6万亿元，季度新增约2 000亿元，不良率达到1.91%，不良规模、新增不良和不良率均创历史新高，虽然2020年底不良率降低至1.84%，但2.7万亿元的不良贷款规模仍明显高于2019年末水平。

虽然没有全行业个人不良贷款余额的数据，但从30多家商业银行披露的分类不良贷款数据来看，2020年全口径不良贷款余额增长13%，但零售类不良贷款余额增幅为15%，高于对公类不良贷款余额11%的增幅。根据中国人民银行公布的数据，以信用卡业务情况为例，作为近年来高速发展的个人类业务，2019年末信用卡逾期半年未偿信贷总额为743亿元，占信用卡应偿信贷余额的0.98%，而到2020年末信用卡逾期半年未偿信贷总额为839亿元，已占信用卡应偿信贷余额的1.06%，金额增长接近100亿元。

2020年，各大商业银行均加大了对不良资产的处置力度。从中国人民银行发布的数据看，2020年商业银行贷款核销金额达1.2万亿元，较2019年增长15%，创有记录以来新高。另外，2020年银行业金融机构通过资产证券化处置不良规模为1 536亿元，较2019年的584亿元几乎增长两倍；而从分类来看，通过资产证券化方式共处置不良信用卡资产887亿元，占比超过50%，而对公贷款仅有118亿元，占比不足10%，说明不良资产证券化主要用于零售资产特别是信用卡资产的处置。

2020年，不良资产处置取得了显著效果。中国人民银行发布的数据显示，截至2021年二季度末，信用卡逾期半年未偿信贷总额下降至818.04亿元，占信用卡应偿信贷总额的1%，总额及占比较2020年末均呈现下降态势。

个人不良贷款规模大幅增长的主要原因有以下两个方面。一是居民部门负债规模急速扩张。近年来，居民杠杆率大幅度提升，随着时间推移进入风险暴露期，而疫情则加剧了风险暴露，造成零售类特别是弱担保的资产集中逾期乃至不良阶段性爆发。二是处置渠道有限。根据财金〔2012〕6号文的要求，个人不良贷款无法采用批量转让的方式处置，而根据《金融企业呆账核销管理办法（2017年版）》（财金〔2017〕90号）规定，零售类不良资产核销需满足诸多条件，因此可自由选择不良资产进行规模处置的方式，仅有不良资产证券化一条，目前仅有不足40家银行业金融机构具有该项资质，造成长期以来个人不良贷款处置渠道相对匮乏。

与对公不良贷款资产包相比，个人不良贷款资产包突出表现为单户债权金额小、债权笔数多、债权无明确财产线索等特点。以某资产公司接收的个贷案例来看：个人不良贷款债权广泛分布于各地级市，贷款时间集中在20世纪初，时间间隔较长；单户债权本金数额偏小，集中为1 000—50 000元；个人不良贷款债权类型完全一致，都是消费信用类贷款；个人不良贷款债权催收困难，因超期还款而产生的逾期利息远远超过本金数额。大部分个人不良贷款债权的处置均面临债权无可供执行财产线索、债务人失联率高、债权诉讼率低、处置手段有限等不同程度的现实障碍。

第二节 收购业务

一、出让方

从银保监办便函〔2022〕1191号文通知的规定来看，转让试点工作截至2025年12月31日。作为出让方的试点机构包括：6家国有控股大型银行、12家全国性股份制银行、开发银行、进出口银行、农业发展银行、信托公司、消费金融公司、汽车金融公司、金融租赁公司和注册地位于北京等11个省级行政区的城市商业银行、农村中小银行机构。6家国有控股大型银行分别是中国建设银行、中国工商银行、中国农业银行、中国邮政储蓄银行、交通银行、中国银行。12家全国性股份制银行分别是招商银行、浦发银行、中信银行、光大银行、华夏银行、民生银行、广发银行、兴业银行、平安银行、浙商银行、恒丰银行、渤海银行。

"6+12"家银行作为首批试点的出让方，开展批量个贷转让试点之后，各家银行的个人不良贷款转让渠道主要有三种转让方式。从时间顺序来排，分别是个贷不良资产证券化、个贷不良收益权转让和个贷不良批量转让（亦简称"个贷批转"）。三种方式的各要素差异比较如表10-1所示。

表10-1 银行现有个人不良贷款转让方式比较表

范围	个贷不良资产证券化	个贷不良收益权转让	个贷不良批量转让
转让范围	个人经营（抵押及非抵押）、个人消费、信用卡、个人住房按揭、车贷	个人经营（非抵押）、个人消费、信用卡	个人经营（非抵押）、个人消费、信用卡
审批机构	中国人民银行、原银监会（2020年10月后改银登中心）	银登中心	银登中心

续 表

范围	个贷不良资产证券化	个贷不良收益权转让	个贷不良批量转让
出让方	3批试点范围的银行（第一批6家，第二批12家，第三批16家）券商、信托	与银登中心合作范围内的银行、券商、信托	6家国有控股大型银行、12家全国性股份制银行、开发银行、进出口银行、农业发展银行、信托公司、消费金融公司、汽车金融公司、金融租赁公司和注册地位于北京等11个省级行政区的城市商业银行、农村中小银行机构
受让方群体	银行、五大AMC、地方AMC、合格的金融投资机构	银行、信托	五大AMC、地方AMC、金融资产投资公司
出表效果	会计出表、监管出表（到期后回表）	会计出表（到期后回表）	会计出表、监管出表
单包数量级	大批量	大批量	小批量（目前状况）
产品属性	优先级+次级（银行和次级投资人按比例分）	优先级+次级、平层结构	资产买断
回报率	较固定	较固定	不固定
催收方式	反委托银行自行清收	反委托银行自行清收	不可反委托银行自行清收
转让方式	到期清仓回购（试点政策后可到期做批转）	到期清仓回购	不可二次转让
整体操作周期	较长	较短	较短

资产证券化的优点在于准入标准比核销相对宽松，且发行对价可减少商业银行的减值支出，同时满足税务总局损失认定的条件，避免

造成大额递延所得税资产。但是，由于其业务模式特殊，也存在一定的局限性。一是资产证券化在时间和额度上相对不够灵活，由于需要进行监管注册和备案，从计划到完成出表至少需要两个月时间，同时具体处置金额也必须提前锁定，无法自由调整。二是类似核销资产，转让后一般仍采用反委托清收模式，实际上未能降低商业银行的清收和运营成本。三是证券化业务存在中介机构费用成本，同时对资产支持证券投资人来说还需支付资金成本。

收益权转让业务是鉴于具有不良资产证券化试点资质的银行业机构较少，原银监会办公厅在2016年印发《中国银监会办公厅关于规范银行业金融机构信贷资产收益权转让业务的通知》（银监办发〔2016〕82号），允许更多银行业机构采用类似证券化的结构化模式处置不良资产。但由于该模式仅能出让不良资产收益权，无法释放风险资本，也即实际效果为"会计出表、风险不出表"，且这一私募非标模式的出表成本较高，故而目前实际采用该方案的商业银行数量和资产处置规模均远低于资产证券化业务。

批量转让是目前最为彻底的不良资产出表方式。不良资产收益权转让业务仅能实现"会计出表"，而资产证券化和核销虽然可以减记风险资产，同时实现"风险出表"，但后续仍需要做好回款清收和客户服务工作，从业务层面并未减少银行的工作量。但对于不良资产批量转让业务，按照银保监办便函〔2021〕26号文的规定，清收工作将交由受让方负责，另外包括客户的账务处理、征信申报、服务衔接等原则上也交由受让方负责，出让银行将可对前期此类工作烦琐但低效的账户进行"销户"，实现"管理出表"的效果。

批量转让方式同证券化方式相比，既具有减少资本占用的优点，同时也不存在操作灵活性不足的劣势。《企业所得税法》规定企业实际发生的与取得收入有关的损失，准予在计算应纳税所得额时扣除。批量转让因为是完全买断方式、出让方确认损失，通过不良资产批量转让业务处置资产后，出让方可以直接抵税。同时，由于不良资产批量转让不需要被动自持一定份额，对资本的释放较证券化方式更为彻底；又由于不良资产转让在监管层面没有注册备案等程序，因此出让方可以较为灵活地组成资产包进行市场推介，而后择机出表。

批量转让方式首次建立了核销资产的处置渠道。根据监管机构2021年通知的指导意见，此次参与试点工作的银行可将已核销的不良资产纳入转让标的，而"管理出表"的效果则可以将商业银行从较为繁重的低效资产管理工作中解放出来，避免长期积累的核销资产过度占用清收资源，从而提高资产管理的绩效。

二、收购方

监管部门对收购方作出了严格的准入条件限制。银保监办便函〔2021〕26号文的通知中规定个人不良贷款收购机构包括：金融资产管理公司和符合条件的地方资产管理公司（统称资产管理公司）、金融资产投资公司。其中，参加试点的地方资产管理公司应经营管理状况较好、主营业务突出、监管评价良好，并由省级地方金融监督管理局出具同意文件。试点范围内的银行和收购机构按照自主自愿原则参与试点业务。经总公司授权同意，金融资产管理公司分支机构可以作为受让方。[①]

对于个人贷款的收购地域范围，监管部门采取了比较开放的态度。从上述通知中可以看出，银行可以向金融资产管理公司和地方资产管

---

① 《银行业信贷资产登记流转中心不良贷款转让业务常见问答》（银行业信贷资产登记流转中心，2023年1月发）。

理公司批量转让个人不良贷款。地方资产管理公司批量受让个人不良贷款不受区域限制。

自个贷批转试点以来，试点许可的主要参与主体大多已开立账户。银登中心发布的《不良贷款转让试点业务年度报告（2021年）》显示，地方资产管理公司更加踊跃，截至2021年末，广州资产全年收购的债权本金金额占总额的60%左右。全年共公告转让资产包34期，待偿本金总额11.12亿元；成交33期，成交总额约为1.70亿元，成交本金折扣率约17.20%。在试点银行中，平安银行最为活跃，共成交11期，对应本金余额约为8.83亿元，占总出让资产代偿本金总额的79.41%。

对于个人贷款的清收方式相比对公贷款有显著区别。一是需建立完善的催收制度及配套机制。资产管理公司应建立个人贷款的相应催收制度、投诉处理制度，配备相应机构和人才队伍。相比对公贷款来说，考虑到个人贷款处置手段有限、债权数量庞大、无明确财产线索等特点，个人贷款处置对于催收话术、催收人员数量及债权管理系统建设有着更高的要求。二是确保催收的依法合规性。资产管理公司对批量收购的个人贷款，只能采取自行清收、重组等手段自行处置，不得再次对外转让，禁止暴力催收不良贷款，严禁委托有暴力催收、涉黑犯罪等违法行为记录的机构开展清收工作。因此资产管理公司在催收过程中，应采用依法合规手段，谨慎判断委托机构的合规性。

三、基本流程

个人不良贷款收购业务流程主要包括账户开立、资产登记、项目挂牌、公开竞价、协议签署、资金交割、资产交割及档案移交、相关信息披露等环节。参与机构在收购业务过程中提交的不良贷款转让业务相关材料中不得存在虚假记载、误导性陈述和重大遗漏，并对其所提交材料的真实性、准确性、完整性、合法性和有效性承担完全法律责任。

个人不良贷款收购业务基本流程如图10-1所示。

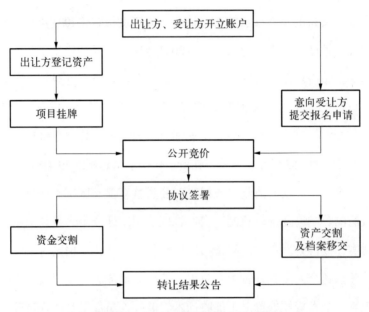

图10-1　个人不良贷款收购业务流程图

（一）账户开立

根据监管要求规定①，开展不良贷款转让试点业务的双方，无论是作为出让方的银行，还是作为受让方的资产管理公司和金融资产投资公司，均应在银登中心开立账户。

（二）资产登记

开展不良贷款转让业务，出让方应向银登中心提交相关材料，并办理资产登记。

出让方提交的材料包括不良贷款转让项目说明书、已履行内部决

---

① 《银行业信贷资产登记流转中心不良贷款转让业务常见问答》银行业信贷资产登记流转中心，2023年1月发）。

策的证明文件、转让协议文本以及监管部门要求的其他材料。

资产登记是出让方对截至交易基准日的不良贷款所作的一般性描述，登记内容包括项目信息、不良贷款要素信息和相关文本材料。银登中心按照监管要求对资产登记信息和材料进行完备性核对，配发唯一的项目编号和资产代码，对于不符合监管要求的资产不予登记。

（三）项目挂牌

出让方应及时通过银登中心发布不良贷款转让公告。转让公告内容包括但不限于不良贷款基本信息、转让方式、交易对象要求、有效期限、联系人和联系方式。

资产登记完成后，不良贷款转让项目在银登中心业务系统挂牌，向市场展示。意向受让方应按照出让方要求，通过银登中心业务系统向出让方提交报名申请，并由出让方在系统内进行确认。

（四）公开竞价

出让方应通过银登中心业务系统开展公开竞价，且至少于公开竞价前1个工作日完成竞价条件设置。

出让方采用一次竞价方式的，意向受让方应通过银登中心业务系统在竞价时间内完成一次性报价，根据价格优先、时间优先原则确定唯一最高价。

出让方采用多轮竞价方式的，意向受让方应通过银登中心业务系统在竞价时间内进行多次递增报价，根据价格优先原则确定唯一最高价。

（五）协议签署和资金支付

交易双方在公开竞价确认书或协议转让确认书发出后，完成不良贷款转让协议签署。转让协议包括但不限于以下内容：

（1）交易双方名称、不良贷款转让价格、交易基准日、付款方式、资产清单、资产交割日、档案移交方式、债务人及担保人通知方式等内容；

（2）交易双方权利义务和责任，相关的信息使义务和保密要求，有关资产权利的维护、担保权利的变更、已起诉和执行项目主体资格的变更等事项；

（3）不良贷款转让后受让方资产处置的相关条款内容，包括征信记录变更、处置清收安排等；

（4）对监管要求和交易规则所提出的禁止性规定的相关安排。

（六）转让结果公告

出让方通过银登中心（银登网）向市场发布不良贷款转让结果公告。转让结果公告包括出让方机构、受让方机构、项目名称、转让协议签署日期等内容。公告信息在银登中心永久保留。

交易双方应按照法律法规、监管要求或合同约定的方式及时通知债务人和相应的担保人。

四、竞价规则

银登中心的公开竞价可分为一次竞价和多轮竞价两种，出让方可以根据自己的需求进行选择。出让方通过银登中心业务系统开展公开竞价，且至少于公开竞价前1个工作日完成竞价条件设置。

出让方采用一次竞价方式的，意向受让方应通过银登中心业务系统在竞价时间内完成一次性报价，根据价格优先、时间优先原则确定唯一最高价。竞价结束后，系统自动确定金额最高的报价为唯一最高价；出现两个或两个以上相同的最高报价时，系统自动确认报价时间最先的最高报价为唯一最高价。在竞价时间内，出让方不能查看任何合格意向受让方报价记录，合格意向受让方不能查看除本方报价以外的任何报价记录；竞价结束后，出让方可查看所有合格意向受让方报价记录，合格意向受让方可查看本方报价及唯一最高价匿名报价记录。

出让方采用多轮竞价方式的，意向受让方应通过银登中心业务系统在竞价时间内进行多次递增报价，根据价格优先原则确定唯一最高价。竞价时间内，出让方和合格意向受让方均可全程查看全部合格意向受让方的匿名报价记录；竞价结束后，出让方可查看本次竞价唯一最高价报价记录及全部合格意向受让方的报价记录，合格意向受让方可查看本方报价及唯一最高价匿名报价记录。

若唯一最高价不低于出让方设置的保留价，则竞价成功，银登中心据此为交易双方出具公开竞价确认书。竞价不成功的，出让方可选择重新挂牌。

五、收购估值

（一）估值方法

个人贷款具有数量大、分散度高、同质性强等特点。因此无法像收购对公贷款那样对债权逐笔尽调估值，需要更多地借助统计模型。通过转让方提供的同类产品历史回收数据建立静态样本池，综合考虑静态样本池与拟估值贷款的差异、未来经济形势变化及催收政策变化，结合拟估值贷款特征，以及其他可能对贷款信用表现产生影响的因素，统计分析基础资产池的回收分布情况。考虑到从银行收购个人贷款，出让方可提供的基础数据不尽相同，批量个人不良贷款的收购估值基本流程主要包括以下两种。

1. 转让方可提供静态池数据（建模法）

（1）静态样本池选取。在尽调中完整取得银行拟转让的同类个贷不良贷款历史回收数据，时间长度至少为5年，建立静态样本池，以不良个贷的资产特征、历史资产回收表现作为样本池信用质量分析的基础。

（2）静态样本池各期条件回收率分析。各期条件回收率计算的是不良贷款当期回收金额在当期期初未偿本息余额中的占比，刻画了不良贷款在形成后各期的回收情况。基于静态池中每笔贷款成为不良后的回收数据，通过统计分析方法，找到对回收率有影响的因素，例如贷款余额、授信额度、五级分类、贷款账龄、借款人资质（地区、职业、年龄、学历、收入等）、近期还款、催收政策、涉诉情况等。对于地区、职业、学历等离散的影响因素，先通过系统聚类的方法进行归类；对于贷款余额、借款人年龄、授信额度等连续的影响因素，采用决策树的方式对其进行分项，找出对条件回收率预测能力最强的变量因素，选择该变量作为分类依据。

（3）资产池条件回收率及现金流估计。采用连续变量对资产池中贷款进行分类，将静态样本池的条件回收率映射到资产池，预测各不良贷款回收率及资产池整体回收率。考虑到宏观经济环境、催收政策以及资产池与静态池的不良账龄差异等因素，对预测回收进行系数调整，得出基准情境下的回收率及各核算期内产生的毛现金流。

（4）确定资产包报价。选取对应的现金流折现系数，对毛现金流进行折现计算，确定资产包报价。

2. 转让方无法提供静态池数据（比较法）

（1）参考可比的已发行个贷不良资产支持证券回收率数据。通过"中债登"等公开网站，寻找已发行的不良资产支持证券的发行报告，获取各分段债权的回收率数据，需注意该不良资产支持证券的底层债权应与拟估值债权特征相似。其中，贷款相似因素应包括产品类型、贷款余额、授信额度、五级分类、贷款账龄等。

（2）对拟估值债权进行分类。参考发行报告中对债权的分类情况，对拟估值债权进行分类。

（3）测算债权回收率及现金流。将拟估值债权分类代入发行报告中披露的各分段债权的回收率中，测算贷款回收率及整包回收率。考虑到宏观经济环境、催收政策以及资产池与静态池的不良账龄差异等因素，对预测回收进行系数调整，得出基准情境下的回收率及各核算期内产生的毛现金流。

（4）确定资产包报价。选取对应的现金流折现系数，对毛现金流进行折现计算，确定资产包报价。

（二）估值注意事项

收购估值是收购业务的核心环节，个人不良贷款在估值环节中需要关注以下基本特征。

1. 基础资产同质化水平及类别特征

一般来讲，同一银行的不良个贷同质化水平较高，类别特征明显，即在催收体系和催收政策相同的情况下，催收效果差异相对较小。这是由于同一家银行的贷前审批政策、授信政策、贷后政策及催收政策一致，导致催收回款率相似，历史回收率有明显的聚类特征。

2. 资产池分散程度及规模

资产分散度高且规模量级够大的情况可降低资产池总回收金额的波动程度，此时适合采用历史数据分析、统计精算等方式来估计资产池的回收情况。借鉴已发行的银行不良个贷资产支持证券数据，这些数据中包含年度实际回款率等指标，且入池资产不局限于单一地区，可以体现出高分散度的债权实际回款情况。

3. 还款现金流分布不确定

个贷批转资产全部为不含抵（质）押物的纯信用消费类贷款，考虑到现金流来源主要为催收回款，受催收政策、催收力度的影响，回收金额与回收时间分布具有极高的不确定性。因此，在估值过程中应充分考虑借款期限、债务人年龄、债务人职业、授信额度等要素，模拟债务人画像，以提高预测还款现金流的准确性。

（三）预估回收率普遍特征

通过总结多个已发行的不良资产支持证券实际回款情况，宏观环境、资产的逾期期限、成为不良时的未偿本金余额、债务人特征以及催收政策等成为影响回收率的主要因素，具体影响如下。

1. 未偿本金余额及账龄与回收率呈负相关

一般来说，未偿本金余额及账龄与整体的回收率呈现负相关的关系，即贷款余额越大、账龄越长，回收率越低。这与催收的普遍情况一致，相较于大余额贷款来说，小余额贷款债务人的筹集资金渠道更多元，对债务人的还款能力要求较低。相较于短账龄贷款来说，账龄越长的资产催收难度越高，对应的催收成本也越高。

2. 债务人年龄与回款率相关

根据各家银行的信贷准入政策来看，消费信用贷款的目标客户群体大多为22—60岁人群，其中，债务人年龄分布于30—45岁的，回款率相对较高，因该年龄段是个人职业生涯较稳定时期，对回款率有一定保障。

3. 回收时间较集中

一般来说，前6个月到1年的评估回收估值占整个不良贷款资产包回收额的50%—70%，前期回款较集中，后期回收率普遍低于前期回收率。该情况与催收普遍情况一致，当催收公司首次接触债务人时，已充分了解其还款意愿及还款能力，后期反复多次催收，对改善其还款意愿及还款能力影响有限。

六、风控要点

在收购业务中需要主要防范下列四类风险。

1. 防范虚假出表风险

出让方银行应当按照真实性、洁净性和整体性原则开展不良贷款转让，实现资产和风险的真实、完全转移。收购方严禁签订"抽屉协议"，协议中亦不得包含回购条款等，杜绝虚假出表、虚假转让、逃废债务等行为。

2. 防范道德风险与操作风险

转让方应制定转让方案，并履行相应的决策程序，做好尽职调查和资产评估工作。按照市场化、法治化原则，对个人不良贷款批量转让进行论证，充分考量回收价值，审慎选择处置方式及处置底价，严格控制和防范转让过程中的道德风险和操作风险。

3. 防范债权转让通知不到位的风险

债权人转让债权时，应当通知债务人。未经通知，该转让对债务人不发生效力。转让方与受让方在交易前应明确债权通知方式和通知时间，确保债转通知具有法律效力，以避免通知无效的风险。

4. 防范估值不合理的风险

收购方应充分利用债转方提供的数据及债权资料，对拟收购资产开展估值工作。考虑到债务人特征数据（收入、职业、学历、资产信息等）均为借款人在申请贷款时自行填写数据，其准确性无法核实，因此在收购估值过程中需充分考虑因基础数据准确性不足而带来的估值定价风险。

第三节 处置业务

一、处置业务基本流程

个人不良贷款处置的业务流程从个人不良贷款接收开始，受让方接收到个人不良贷款资产的底层债权资料后，就正式开始处置（如图10-2所示）。

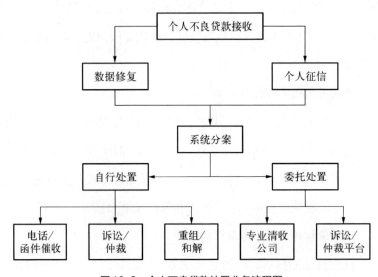

图10-2　个人不良贷款处置业务流程图

处置流程可以分为三个基本环节。

1. 数据修复与个人征信环节

这个环节的主要作用是通过数据修复和个人征信的手段将缺失的个人信息、财产信息、信用信息等重要信息补充完善，为后续环节工作的开展建立数据基础。

2. 系统分案环节

系统分案环节的主要作用是根据已知的债权数据条件将案件与处置机构、处置方式和处置人员相匹配。通过最优化的匹配方案，提高处置效率，提升处置收益。

3. 处置环节

处置环节又可以分为自行处置和委托处置。自行处置包括电话/函件催收、诉讼/仲裁、重组/和解等方式。委托处置包括委托外部专业清收公司清收、委托第三方诉讼/仲裁/调解平台进行批量处理案件等方式。

二、数据修复与个人征信

资产管理公司从出让方接收的个人不良贷款资料，其中的信息往往是过时的，不利于处置工作的开展。在借款人向银行申请借款时，往往会授权银行通过电信运营商查询地理位置、本人最新联系方式等，如该授权合规有效，且银行向资产管理公司转让个人不良贷款时，对于该授权的转让合规有效，则利用该授权条款，资产管理公司可进行数据修复。同时，随着信用社会的建立，借助第三方征信平台的手段，可以获得当下债务人的信用状况，提升处置效果。

（一）数据修复/失联修复

数据修复及失联修复是指数据服务公司在获得借款人有效授权的前提下，借助与电信运营商、房管部门和户籍部门的合作，查找债务人公开信息，具体可包括：债务人住址、工作单位、联系方式、名下财产等，以提升债务人可联率，匹配清收处置资源等服务。数据服务公司向市场各参与方提供大数据服务，利用合法合规的技术手段发挥其中间商作用，协助各方更好地实现贷前精准风险控制、贷后及时处置回款的目的。

提供数据修复服务的公司，如某不良资产数据服务商建设的不良资产数据库，主要包括其合规采集的资产管理公司债务数据以及超10万个各级政府各部门网站的公开数据，涉及财产数据、工商数据等。不良资产数据库涵盖失信被执行人、被执行人、裁判文书、开庭公告、法院公告、案件流程和曝光台七大类风险信息以及全国200个城市的房产评估数据等，各类信息的数据量均在千万级以上，数据总量在亿级以上。该企业为中国不良资产投资机构与处置团队提供数据服务,服务的核心价值在于通过对债务人的数据修复,提高债务人触达率,判断债务人真实还款能力,查找债权可供执行财产线索,综合提升债权的处置效率。

需要注意的是,个人数据修复/失联修复的应用仍存在争议。从公开信息发现,不少催收公司因信息修复业务不合规而受到了处罚,主要原因为使用了未经用户授权的修复方式和数据。根据2021年11月1日实施的《个人信息保护法》第十三条规定,在进行个人信息处理时,要遵守"告知-同意"原则。该原则可以理解为借款时银行可以收集个人信息,当债权逾期后,债务人亦要遵守"告知-同意"原则接受催收。但需注意的是,银行仅能联系借款人本人进行催收,使用与借款人相关的第三人信息仍存在合规风险。为规范催收行为,保护公民信息安全,法律特别作出如下规定:一是不得过度收集个人信息;二是不得非法买卖、提供或者公开他人个人信息;三是不得进行"大数据杀熟";四是在公告场所安装图像采集等设备应设置显著提示。

(二)个人征信

个人征信信息的补充与更新主要依靠第三方征信公司。在我国,第三方征信公司分为个人征信公司和企业征信公司,两类公司均由中国人民银行征信局管理,并且鲜有交集。和个贷不良密切相关的是个人征信公司,截至2022年12月,合法持牌的个人征信公司有百行征信、朴道征信,还有钱塘征信正在受理中,三者均为"国资+市场化机构"的股权结构。

百行征信公司是中国第一家获得个人征信业务经营许可的征信公司/市场化征信机构,产品涉及个人征信、企业征信和政务产品。个贷批转处置业务主要使用到个人征信服务,具体包括提供个人信用报告、信息核验、反欺诈核验、多头申请检测、共债预警等服务。

对于个贷批转处置业务来说，最常用到个人征信报告服务。由于央行征信系统无法完全覆盖非银机构和非金融机构个人贷款的征信数据，第三方个人征信公司在个贷不良资产处置过程中起到了数据补充的作用。通过查询债务人征信报告，了解其整体负债情况，有助于制定更全面有效的处置方案。同时，第三方个人征信公司在个贷不良资产处置过程中亦起到了处置催化剂的作用。通过将债务人不良信用记录列入第三方征信记录，有利于督促债务人还款，尤其针对有还款能力但无还款意愿的债务人，促进非银金融机构个人不良贷款处置的顺利进行。

三、系统分案

系统分案是指通过系统运用匹配算法将案件分配至相应的催收公司或催收人员，以取得最优处置效果的行为。正因为其对匹配算法、数据模型的高度依赖，系统分案是人工智能系统应用的热点领域。具体来看，通过对每一个处置债权产品特点、债权金额、逾期数据、债权所在地，以及债务人工作情况、收入水平、社保信息、地址信息、户籍所在地、授信情况、人机关系、历史逾期表现、共债情况等基础资料进行数据分析及人工智能建模分析，建立债务人画像。同时根据处置端测评系统中的处置机构/个人画像对处置标的和处置机构/个人进行最优匹配，在确保处置合法合规的前提下，得到总体回款率及处置效率角度的分案策略帕累托最优解，实现各个处置机构/个人的比较优势。

数量庞大的个人不良贷款案件接收后，经过数据修复和个人征信信息的补充，需要通过模型分析找到最合适的处置方法。根据案件的具体类型、属性和其他债务要素，或分配给自己的处置团队，或分配给其他合作的处置渠道,从而使金融机构每一笔不良资产标的能够最大限度匹配到最合适、处置回款率最高的处置方法,进而实现比单一分案、人工分案更高的回款率。

系统分案的主要作用在于通过技术模型分析来分案,技术模型十分考验处置机构的数据库基础、信息技术能力和运算模型搭建能力。系统分案依赖通过自主学习能力和大数据分析能力,根据金融机构每笔个贷不良案件的特点,按产品类型、按批甚至按笔准确地匹配到最合适的处置方法、处置渠道。

四、自行处置

虽然个人不良贷款与对公不良贷款相比存在单笔金额小、笔数多、无抵(质)押物等特点,但仍然可采取自行处置的方式,尤其是对于账龄较短、单笔金额相对大、有财产线索、资料相对齐全的个人不良贷款。个贷不良的自行处置方式包括电话/短信/函件催收、诉讼/仲裁、重组/和解等方式。处置手段与对公不良贷款在方式上有相似性,但也有鲜明的特点。

(一)电话/函件催收

与对公贷款不同的是,因为个人贷款的债务主体是个人,所以自行处置时多采用电话/短信催收和律师函催收的方式。由于案件的数量庞大,电话/短信催收往往采用机器人与人工相结合的方式进行。

语音机器人主要用作以下三种用途。

1. 号码筛查过滤

语音机器人预先针对案件中涉及的债务人或担保人进行外呼,将有效号码和无效号码进行区分标记。通过号码筛查过滤,避免后续的无效催收行为,提升催收流转效率。

2. 逾期客户催收

直接使用语音机器人针对逾期客户进行催收，分析案件属性并播报不同等级的谈判策略，并将客户反馈给人工座席，同时可做到实时转接至人工座席。

3. 催收合规质检

随着贷后催收合规监管趋严，催收企业对于外呼合规要求越来越高。过去金融机构和传统催收企业大都采用人工抽检的方式，这种方式存在着覆盖范围低、质检规则单一、质检员主观性较高等缺点。语音机器人很好地解决了以上几个难题，可以实现对当天通话总体而非抽样样本进行全覆盖质检，在实现100%质检的同时提升效率，完成对座席的全方位、多维度、自动化质检，达到对外呼人员突破行为进行有效管控、对合规成绩进行及时考核、实现控制合规风险的目的。

（二）诉讼/仲裁

在不良资产的处置流程中，债权方经常会遇到无法通过非诉手段处置资产，需通过法律渠道来开展清收业务。个贷不良资产的处置方式，一直以来是以催收为主、诉讼为辅，但催收面临越来越普遍的合规、反催收和债务人抵制等问题。面临债务人及担保人拒不还款的情况时，债权方只能通过诉讼/仲裁的司法强制性方式促使债务人、担保人履行还款义务。

需要注意的是，转让的个贷不良大部分已由原债权方提起了司法程序。银登中心发布的《不良贷款转让试点业务年度报告（2021）》显示，2021年全年转让的资产包中未起诉的债权仅占比31.04%，执行中或执行终结的债权占比52.80%。因此，资产管理公司接收的债权大部分已获得判决或进入执行程序。在这种情况下，资产管理公司可委托律师在相应人民法院继续推进司法流程。值得一提的是，由于在法院申请诉讼/执行的主体仍为原债权人，因此资产管理公司需申请变更诉讼/执行主体，获得主体变更裁定后，方可以自身名义开展后续司法处置工作。

（三）重组/和解

重组/和解是非诉讼纠纷解决机制中最重要的一种方式，最高人民法院出台了一系列文件推动诉源治理和多元解纷工作。这些都为调解应用于个人不良资产处置提供了良好的政策和司法大环境。调解是双方的妥协，是平衡的结果。作为债权人一方的资产管理公司为达到处置个贷不良资产、及时收回债权的目的，就需要在不良资产处置、财产分配中适当作出让步和妥协。资产管理公司应充分考虑合规程度、成本收益、对抗性、司法资源耗费、程序灵活性等，采用约定新的还款计划或给予债权减免等方式，促成债权处置回款。

从个贷不良资产诉讼案件的庭审案例来看，人民法院对该类案件的处理也会倾向于双方达成调解，如能在双方合理接受的让步限度内达成调解方案，债务人自动、自愿履行的概率会高于判决，资产管理公司处置该笔个贷的效率也会相应提高。

五、委托处置

管理机构可以将债权通过委托处置的方式委托外部专业机构进行清收。委托的对象包括专业清收公司和诉讼/仲裁平台。

1. 专业清收公司

清收公司是个贷不良资产处置行业最早的第三方参与者。在最早期，行业内清收业务的主力是银行及其他非银金融机构的内部清收人员，后来出于管理难度、金融机构合规性要求以及边际效益等方面考虑，金融机构逐渐将长账龄的个贷不良债权外包给专业的清收机构处置。经过多年的业务升级、合规整治与市场淘汰，行业内只剩下为数不多的头部公司。

专业清收公司一般提供录扫、信审、电销、催收、直催和客服等服务，从事全国范围内银行信用卡全流程、银行前后台各环节的集中离场、驻场外包业务。通过"专业化、标准化、规模化"的全流程外包服务，专业清收公司帮助各类金融机构实现贷后管理和清收业务的内外部资源整合。

2. 诉讼/仲裁平台

相较于对公不良贷款，个贷不良具有单户金额较低、户数多、地域分散、司法进程不一致及送达通知难等特点。若在债权人所在地起诉，司法资源会被大量占用甚至堵塞司法通道；若在债务人所在地起诉，又面临债务人不集中、散居全国、单户成本和边际成本过高、性价比低的问题。

诉讼渠道平台可以综合运用互联网技术打破地域壁垒，为债权人提供批量化司法处置资源匹配等服务，很好地解决传统处置方法所面临的"确权难""诉讼难""执行难"的问题。

诉讼渠道平台一端对接处置资源需求方，即各类债权方，如不良资产管理公司，另一端对接处置资源供给方，一般是遍及全国的律师事务所或执业律师。通过需求方在系统内挂单供给方登录系统抢单的方式，撮合匹配处置服务，创建出一个个贷不良处置行业的"滴滴专车"平台。

批量仲裁与批量诉讼类似，只不过调解的途径为仲裁调解而非诉讼调解，发起法律行动的场域是商事仲裁委员会而非人民法院。仲裁调解是由仲裁委员会的仲裁秘书以仲裁委员会的名义进行的调解。被调解双方达成一致意见后由仲裁委员会出具的仲裁调解书具有同仲裁决定书同等的法律效力，可直接向被执行人所在地或被执行财产所在地的中级人民法院申请执行。近年来兴起的网络仲裁是利用互联网技术资源使全部或主要仲裁程序在网上进行的一种替代争议解决方式。

相比诉讼，仲裁实行一裁终局制度，同诉讼的两审终审制相比，仲裁更有利于当事人之间迅速解决纠纷。另外，仲裁的费用一般低于诉讼。值得一提的是，能否采取仲裁调解的方式解决争议，取决于债权基础合同对争议解决方式的约定，原贷款合同中需明确写明可采取仲裁的方式，否则无法采用仲裁调解的方式。

六、风控要点

在批量个人不良贷款处置过程中，由于债务人为个人，在处置过程中尤其需要注意以下五点。

1. 防范暴力催收的风险

禁止通过非法手段暴力催收不良贷款，例如骚扰、恐吓、侮辱、诽谤或其他人身攻击等方式，禁止采用高频拨打电话或发送短信等一切干扰债务人正常生活的方式催收贷款。资产管理公司应制定严格的催收公司招标标准，对催收公司的股东背景、员工背景、历史处置情况、社会声誉等方面审慎判断，严禁委托有暴力催收、涉黑犯罪等违法行为记录的机构开展清收工作。

2. 防范个人信息泄露的风险

资产管理公司对批量收购的个人贷款，应依法依规获取原贷款合同约定的债务人相关的个人信息，并按照原合同的约定使用个人信息。在债权处置过程中，特别是委托外部机构处置时，应注意债务人个人信息的传递方式和披露范围，应采取脱敏等措施保护个人信息，防止发生个人信息泄露或非法使用的情形。

3. 防范征信管理不衔接的风险

不良贷款转让后，仍属于信贷业务范围的，征信数据报送、异议处理等征信权责自不良贷款转让之日起，由受让人履行。资产管理公司应与出让方制定征信管理措施，如已与人民银行征信系统对接的，应由资产管理公司定期更新债权人征信；若未接入人民银行征信系统，则需在债权转让合同中约定由出让方协助进行征信管理，保障信息主体合法的征信权益。

4.防范处置信息与司法信息不对称的风险

不良贷款转让后，资产管理公司可自行决定处置方式，处置方式不局限于诉讼处置。考虑到个贷不良大多采用催收的方式处置，因此非诉回款与诉讼回款之间存在信息不对称性，法院无法获取该信息。资产管理公司应做好与原立案法院的衔接工作，对于已完成处置的债权，及时在法院办理结案及撤销对债务人的强制性限制措施，保障债务人的合法权益。

5.防范债务人"逃废债"的风险

资产管理公司应谨慎制定处置方案，审慎判断债务人还款能力。禁止以促成处置回款为目的，对具备还款能力的债务人大幅减免债权。同时，在委托外部处置机构时，应制定债权减免政策、授权范围和审批机制，严禁外部机构在未获得资产管理公司同意的前提下为债务人大幅减免债权。

第四节　市　场　案　例

个贷不良转让市场价格起伏波动

根据银登中心数据，2022年第二季度，个贷不良资产包挂牌数量和规模均较一季度有所回落，其中首次挂牌转让个贷不良资产包规模仅是一季度的四分之一。在此之前，个贷不良资产交易价格已经大幅下滑。

个贷不良批转试点业务的开展之初，一度为地方AMC跨区域参与金融不良资产收购提供了新蓝海，一时间不良资产转让市场热闹非凡，当时参与的机构也十分积极，试点初期起拍价纷纷为0元，最终成交价几乎高达债权本金的50%。

但在经过2021年的尝试后，市场逐渐趋于理性，个贷不良资产转让开始降温，地方AMC参与热情相比之前有所降低。进入2022年，流拍现象也多次出现。

从银登中心发布的《不良贷款转让试点业务年度报告（2021年）》可以看出个贷遇冷的原因。首先，底层资产中个人经营类信用贷款占比最高，资产笔数和未偿本金总额分别在批量个人业务中占比83.83%、71.70%。贷款分类主要集中在损失类和已核销类，两类贷款合计占比超过九成，加权平均逾期时间主要集中在4年及以上区间，本金回收率区间为3.46%—52.35%，平均本金回收率为12.57%，回款难度非常大。这导致了2021年转让平均折扣率只有4.68%，2022年第一季度更是降到了3.3%。

个贷不良转让试点一度被认为是地方AMC跨区域参与金融不良资产收购的新蓝海。事实上，个贷不良市场还处于初期阶段，转让业务还未形成完整的闭环。上下游都没有经验，对于从业者来说仍需要一定时间的摸索。

从试点转让的情况来看，多数银行仍然以试探的心态为主，大量的个贷不良资产包还未真正释放。大多数地方AMC的加入也并非完全市场化行为，一定程度上是为了响应政策号召，多数地方AMC尚不具备规模化的催收处置能力与经验。

随着各地监管机构对不良资产转让试点的持续推进，政策支持力度有望进一步加大。监管部门多次释放积极信号,参与试点的机构和不良贷款范围有望进一步扩大,市场参与程度有望进一步深化。

从案例可看到,个贷不良市场回归理性是趋势。而对于资产管理公司等不良资产的参与者应提前准备,进一步提升专业化水平,加强内部制度体系和人才队伍建设。资产管理公司需要进一步加强估值能力、催收能力和生态圈建设。

本 章 小 结

个贷批转于2021年1月7日开始试点,是解决银行个贷不良资产出表最彻底的方式。相比对公不良贷款,个人不良贷款资产包突出表现为单户债权金额小、债权笔数多、债权无明确财产线索等特点。个贷不良资产的转让与竞价规则均应严格按照银登中心流程操作。个贷估值是收购环节中重要的一环,机构应基于贷款历史回收数据,运用统计模型预测资产包回收率及现金流。处置环节主要包含数据/征信修复、系统分案、自行处置和委托处置等步骤。管理机构应依法合规进行处置,谨慎判断债务人还款能力、充分排查财产线索,综合运用电催、和解、重组、诉讼和仲裁等多元化处置手段。严禁暴力催收、非法催收,注意保护债务人信息安全。

本章重要术语

批量个人不良贷款

银登中心

数据修复

复习思考题

1. 什么是批量个人不良贷款收购处置业务?
2. 批量个人不良贷款收购的准入条件是什么?
3. 数据修复和个人征信在个人不良贷款处置中的作用是什么?

第十一章

核心管理机构的业务特色

地方资产管理公司积极探索通过发行公司债券拓宽融资渠道,通过资产证券化方式处置不良贷款和融资,通过开展基金化不良资产合作新模式破解债务难题,以及通过与产业资本搭建新平台打通产业资产融通渠道等创新业务模式。

核心管理机构指不良资产的投资商。不良资产行业的核心管理机构格局可以概括为"5 + 地方系 + 银行系 + 外资系 + N"。"5"即五大金融资产管理公司（又称"五大AMC"），"地方系"指地方资产管理公司（又称"地方AMC"），"银行系"指金融资产投资公司（又称"AIC"），"外资系"和"N"分别指国际资产管理公司和民营资产管理公司。近年来，不良资产行业竞争激烈程度不断加剧：一是四大金融资产管理公司强势回归不良主业，二是第五大AMC横空出世加入战局，三是地方资产管理公司加速引战增资扩充资本，四是金融资产投资公司部分业务重合加入不良资产战局，五是民营外资机构各显神通，持牌外资有望入局。随着持牌机构数量不断增加，可以预期不良资产行业竞争趋势将会越来越激烈。

第一节　金融资产管理公司

金融资产管理公司指1999年成立的全国性资产管理公司，成立初期具有协助四大国有银行剥离不良资产的专门目的。从现在的视角看，四大国有银行在经历不良资产剥离后，不仅减轻经营负担，而且顺利融资上市，赶上了全球金融扩张的快车道。从这个角度来看，四大金融资产管理公司为四大国有银行作出了不可磨灭的贡献，因此四大金融资产管理公司在后续发展中得到了从中央到地方的各种照顾和优惠。在后续的发展中，四大金融资产管理公司延续救助金融机构的路径，逐步收购困境机构的金融牌照，并最终发展成为混业经营的综合性金融集团。除不良资产业务以外，它们还拥有银行、保险、券商、期货、信托、公募基金、金融租赁等金融牌照。2021年，第五家全国性金融资产管理公司——中国银河资产管理有限责任公司正式开业，金融资产管理公司首次扩容。

一、业务范围

1999年7月21日，国务院办公厅转发人民银行、财政部、证监会《关于组建中国华融资产管理公司、中国长城资产管理公司和中国东方资产管理公司意见》（国办发〔1999〕66号）。该意见规定金融资产管理公司的业务范围包括"收购并经营相应银行的不良资产，债务追偿，资产置换、转让与销售，债务重组，企业重组，债权转股权及阶段性持股，发行债券，商业借款，向金融机构借款，向中央银行申请再贷款，投资咨询与顾问，资产及项目评估，财务及法律咨询与顾问，企业审计与破产清算，资产管理范围以内的推荐企业上市和股票、债券的承销，直接投资，资产证券化等"。这是金融资产管理公司业务的起点，四大金融资产管理公司定向收购承接四大国有银行不良资产，开展不良资产业务。

2004年4月，《金融资产管理公司商业化收购业务风险管理办法》《金融资产管理公司投资业务风险管理办法》《金融资产管理公司委托代理业务风险管理办法》《金融资产管理公司资产处置管理办法（修订）》陆续发布，对四大AMC的商业化不良资产收购处置业务进行规范，为四大AMC商业化转型打下了基础。商业化收购业务是指四大AMC根据市场原则购买出让方的资产，并对所收购的资产进行管理和处置，最终实现现金回收的业务。银行定向对四大AMC剥离不良贷款的政策性业务时期终结。

探索商业化转型以来，金融资产管理公司在国家有关部门支持和指导下，按照商业化转型要求，坚持不良资产管理主业，并根据各自优势和条件，确立了一系列符合自身发展实际并行之有效的发展战略，以此为指导搭建各有侧重的商业化平台和综合化产品业务体系，构建金融控股平台，开展以不良资产管理为主导的综合金融业务。在商业化业务高速发展的阶段，也曾出现过各类市场乱象，一些机构借道不良资产业务违规开展信贷类业务，业务发展偏离不良主业。2018年以后，监管部门不断加强对金融资产管理公司的监管力度，重点就违规放贷、违规开展涉房类业务、假出表等业务出台政策约束，倡导金融资产管理公司回归主业、正本清源。

二、业务模式

当前金融资产管理公司占比规模最大的业务可概括为三类，分别为不良资产收购与处置、问题企业救助和市场化债转股。不良资产收购与处置业务是传统支柱型不良业务，问题企业救助和市场化债转股业务属于"大不良"范畴的业务。各机构对这些业务的具体名称具有差异，例如：中国华融将问题企业救助类业务定义为"重组业务"，中国东方将所有与不良资产相关的业务均定义为"不良资产管理与处置"。除此以外，各机构根据自身发展战略及业务偏好，还有财务顾问业务、第三方资产管理、个贷不良收购处置业务等，但这些业务规模占比较小，未能形成主要利润来源支撑。

(一)不良资产收购与处置业务

不良资产收购业务根据收购资产性质可分为金融不良资产收购和非金融不良资产收购两类。

金融不良资产收购业务是指管理机构以自行经营、处置为目的,向金融机构收购不良资产,资产类型包括债权、股权、实物类资产等。从业务模式来看,管理机构根据对资产的尽职调查及估值结果,通过公开或非公开的方式参与收购不良资产,收购后通过各类处置手段实现盈利。金融不良资产收购可采用公开或非公开转让的方式,由资产出让方发出邀标,管理机构完成尽调及估值,收购价格达成一致后,双方签订资产转让协议并支付转让价款。完成收购后,管理机构对资产进行投后管理及处置,通过司法拍卖、债权转让、以物抵债等多种途径实现资产的处置。从业务选择偏好来看,这类业务的盈利模式为"低买高卖",因此金融资产管理公司在业务选择时偏向收购价格与估值差距大、抵(质)押物产权清晰且足值、可供执行财产线索明确、无显著司法瑕疵的资产。

非金融不良资产收购业务是指管理机构以自行经营、处置为目的,向金融机构或工商企业收购所持有的非金融不良资产,具体形式可包括:委托贷款、信托计划、资管计划、应收账款等。从业务模式来看,非金融不良资产收购常采用单户协议转让的形式,收购后常见于通过债务重组的手段完成处置,收益形式为固定收益加超额收益。与金融不良资产收购业务不同的是,非金融不良资产收购业务的投后管理重心为对抵(质)押物的管理和对企业修复盘活,而金融不良资产收购业务更注重通过司法或交易途径完成债权处置。从业务选择偏好来看,由于收购后着重通过债务重组完成处置,因此,在尽调时管理机构更关注企业的基本面,需要选择主体信用和资产信用较好,只是陷入短期流动性危机的企业。

（二）问题企业救助业务

问题企业救助业务是指管理机构单独或联合其他机构运用收购债权、资产重组、托管经营、债转股、人力支持、技术支持等方式，对问题企业的资金、资产、人才、技术、管理等要素进行重新配置，构建新的生产经营模式，帮助企业摆脱经营与财务困境，恢复生产经营能力和偿债能力，实现企业价值再造和提升。从业务模式来看，金融资产管理公司可通过收购标的企业的债权或股权介入，约定获取公司的董事会或股东会席位，以此获得对企业的管理权，并根据企业经营情况提供进一步财务支持或实施转股。问题企业救助业务的收益模式通常为固定收益与超额收益结合，金融资产管理公司根据其投入的资金对企业计收资金占用费，并通过股东分红或财务顾问费的形式获取超额收益。与收购处置类业务不同，问题企业救助业务是对整个企业的救助和风险化解，而非对单一债权的处置。因此，问题企业救助业务的投后管理类似私募股权投资机构对被投企业的管理，需要深入企业日常经营管理，对业务、管理、人事、法务等方面进行把控。为了提升管理的专业性、降低金融资产管理公司的人力占用，金融资产管理公司通常聘请律师事务所或会计师事务所等第三方中介机构实施驻场式管理，委托中介机构行使管理职能。从业务选择偏好来看，单体地产项目公司、ST类的上市公司是问题企业救助业务的重点拓展对象，这类企业具有资产质量较好、公司体量适中、易盘活、营收来源明确、抵（质）押物价值足值的特点，能够满足问题企业救助项目交易结构的要求。监管部门大力倡导开展的困境房企纾困和中小金融机构风险化解，就属于问题企业救助类业务。根据监管部门发文要求，困境房企纾困通常可采用债权收购、债转股、资产重组等模式开展，而中小金融机构风险化解更多采用托管经营这一轻资产模式开展业务。

（三）市场化债转股

市场化债转股是指管理机构通过市场化收购或投资取得的债权，根据前期转股约定转换为上市公司股权或拟上市公司股权，最终通过资本市场转让、大股东或其指定第三方回购等形式退出。市场化法治化债转股作为降杠杆减负债的一项重要措施，能够优化企业资本结构、降低企业债务风险、减轻企业债务负担，提升企业持续发展能力。从业务模式来看，管理机构可从已收购的存量不良资产包中筛选具有转股价值的不良债权实施转股，也可主动收购其他金融机构或非金融机构债权。债转股的收益模式通常为固定收益与超额收益结合，金融资产管理公司根据其投入的资金对企业计收资金占用费，并通过股东分红或资本收益的形式获取超额收益。从业务选择偏好来看，金融资产管理公司对债转股主体的选择倾向于央企和国有企业子公司，例如中国中铁、中国铁物，这类企业具有所在行业产能过剩、子公司负债率高、行业特性与经济周期错配的特征，但自身为业内龙头企业，资产质量相对较好，股东背景强大，主体信用突出。由于资本市场退出是市场化债转股最主要的退出路径，因此，金融资产管理需要承担资本市场波动的市场风险，对于转股股价走势的判断，将是市场化债转股项目成败的关键。

三、业务特色

四家金融资产管理公司拥有着相同的起点，但是历经20余年的发展，各家股权结构、资产规模、业务偏好出现差异。公开信息显示，从股权结构来看：中国信达、中国东方和中国长城的控股股东均为财政部，财政部持股比例最高的为中国长城（73.53%），持股比例最低的是中国信达（58%）；中国华融最大股东为中国中信集团（26.46%），第二大股东为财政部（24.76%）。从资产规模来看，截至2021年末，中国华融总资产规模最大，达到1.57万亿元，净资产1 039.84亿元；中国长城总资产规模最小，达到6 428.76亿元，净资产646.65亿元。

从业务偏好来看，四家机构在不良资产主业的基础上，结合"大不良"概念，业务模式和涉足行业存在明显偏好。中国信达自2021年以来持续在不良股权领域发力。公开资料显示，中国信达2021年落地实施市场化债转股项目260亿元，2022年通过S基金、债务重组、实质性重组、债转股等多种方式落地股权资产投资64.7亿元。从不良债权向不良股权延伸的背后反映出一项业务逻辑，中国信达正在聚焦现阶段实体经济重点领域和薄弱环节，主动融入新发展格局，助力供给侧结构性改革。股权项目重点布局了新材料、新医药、通信半导体、高端装备制造等新经济领域实体企业，通过困境化解和结构调整的方式，推动"专精特新"企业高质量发展。在过去，股权投资曾是金融资产管理公司的禁忌之地，与债权类业务相比，股权投资存在风险高、项目周期长等特点。随着传统不良资产包业务的白热化竞争，高企的拿包价格在吞噬着金融资产管理公司的盈利空间，中国信达率先探索出S基金等特色化不良股权投资路径，是金融资产管理公司向股权投资进军的领路人。

中国东方则把业务重心放在房地产纾困项目上，从业务分类上来看属于问题企业救助类业务。公开信息显示，中国东方涉房类项目敞口1 500亿元左右，居四家金融资产管理公司之首，反映了中国东方一直以来对地产类业务的偏好，其地产类业务大多通过非金融不良资产收购的交易模式开展。随着民营房地产陆续"爆雷"，中国东方存量涉房类业务面临资产质量下迁的风险。但中国东方敢于抓住逆周期特征，在地产行业已在底部震荡多时后，积极响应监管部门对金融资产管理公司的号召，将业务重心放在了房地产纾困项目上。公开信息显示，中国东方2022年落地房地产风险化解项目29个，投放金额137亿元，推动保障1.98万套房产按期交付，协助解决2.32亿元农民工工资和23.92亿元上游材料供应商欠款支付问题，实现74.70亿元房地产企业理财产品兑付，带动935.79亿元房地产项目复工复产。中国东方参与地产纾困的主要交易结构为收购非金融债权，包括违约债券、信托计划、理财产品、供应商欠款、职工薪酬，收购后实施债务重组，对还款安排、利率、风控措施与债务人进行重新约定，另有部分项目通过共益债投资的形式完成放款。

第二节　金融资产投资公司

金融资产投资公司曾一度被视作金融资产管理公司的复刻，因为金融资产投资公司与金融资产管理公司均是脱胎于四大国有银行，但是随着时间的推移，金融资产投资公司也展现出一些与四大资产管理公司不同的经营思路和商业模式。为推动市场化、法治化银行债权转股权健康有序开展，规范银行债权转股权业务行为，原银保监会于2018年6月公布《金融资产投资公司管理办法（试行）》（以下简称《AIC管理办法》）。

一、业务范围

金融资产投资公司是指经国务院银行业监督管理机构批准，在中华人民共和国境内设立的，主要从事银行债权转股权及配套支持业务的非银行金融机构。《AIC管理办法》提出，鼓励金融资产投资公司通过先收购银行对企业的债权，再将债权转为股权的形式实施债转股，收购价格由双方按市场化原则自主协商确定。涉及银行不良资产，可以按不良资产处置的有关规定办理。鼓励银行及时利用已计提拨备核销资产转让损失。2018年6月24日，中国人民银行决定通过定向降准支持市场化法治化债转股和小微企业融资，并鼓励5家国有大型商业银行和12家股份制商业银行运用定向降准和从市场上募集的资金，按照市场化定价原则实施债转股项目。随后，5家国有大型商业银行分别设立金融资产投资公司。

2020年2月，中国人民银行联合多部门及上海市人民政府联合发布《关于进一步加快推进上海国际金融中心建设和金融支持长三角一体化发展的意见》（银发〔2020〕46号）。该意见提出，支持符合条件的商业银行按照商业自愿原则在上海设立金融资产投资公司，试点符合条件的金融资产投资公司在上海设立专业投资子公司，参与开展与上海自贸试验区临港新片区建设以及长三角经济结构调整、产业优化升级和协调发展相关的企业重组、股权投资、直接投资等业务。从这一政策可以看出，AIC与AMC被赋予了不同的使命任务：AIC与股东银行融合程度更高，可视为银行的"债转股实施机构"，是银行股权投资的一项重要通道，具有私募基金管理人资质；而AMC的使命为防范和化解金融风险，维护社会经济稳定。

二、业务模式

根据《金融资产投资公司管理办法（试行）》，金融资产投资公司的业务可以分为不良资产收购与处置、债转股业务和配套支持业务三大类,其中不良资产收购业务规模占比较小且多为债转股业务的配套辅助手段,债转股业务占比规模最大。

(一)不良资产收购与处置业务

不良资产收购业务是指从银行收购不良资产。与AMC不同的是,AIC对股东银行依赖度高,一般仅从其股东银行收购不良资产,收购的目的是实施债转股。若未能实施债转股,AIC将自行对债权进行重组、转让和处置。

(二)市场化债转股业务

市场化债转股是指AIC将取得的债权,根据前期转股约定转换为上市公司股权或拟上市公司股权,最终通过资本市场转让、大股东或其指定第三方回购等形式退出。与AMC不同的是,AIC的债转股业务多为与股东银行的联动业务,依托股东银行丰富的客户资源进行广泛的业务拓展和资源整合利用,开拓重点客户,开发优质项目,帮助标的企业化解财务困难,降低企业负债率。债转股业务可分为收购正常债权或不良类债权。

1. 正常类市场化债转股业务

金融资产投资公司对正常企业实施市场化债转股主要通过以下两种模式开展业务:一是发股还债模式,即以现金对价受让标的企业股东既有股权或对标的企业直接增资,股权转让价款或增资款将专项用于标的企业偿还存量债务;二是收债转股模式,即根据市场化原则及监管要求向金融机构收购标的企业债权,后续将债权转换为对标的企业的股权,从而达到降低标的企业资产负债率的目的。

2. 风险及不良类市场化债转股业务

针对风险及不良类企业实施市场化债转股业务,由于企业可能已经处于资不抵债的状态,存量债务已经形成损失,净资产较低甚至为负数，无法按照正常流程进行股权投资再归还借款，因此，需针对企业实施必要的资产重整和债务重组，重构资产负债表。金融资产投资公司对风险及不良类企业实施市场化债转股业务的主要模式有以下三种：一是收债转股模式，即根据市场化原则及监管要求向金融机构收购企业债权，以所收购的金融债权，参与企业债务重组或破产重整，并转化为企业的股权，以化解企业财务危机，推动企业脱困重生；二是发股还债模式，即通过市场化原则及监管要求，收购企业持有的第三方股权或对企业进行增资，股权投资价款用于偿还企业金融负债，从而缓解企业流动压力，降低企业资产负债率；三是以股抵债模式，即企业通过向债权人发行股份抵销债务或以持有的第三方公司股权抵销债务，从而实现降低金融负债之目的。

（三）债转股配套支持业务

债转股配套支持业务是指配合债转股业务的资金筹集类业务。

1. 市场化债转股投资计划

金融资产投资公司设立市场化债转股投资计划，接受投资人委托，并作为管理人开展市场化债转股投资。投资人通过认购市场化债转股投资计划份额，将资金委托给AIC进行投资管理。依托于专业的资产管理能力，AIC可根据投资人的风险承受能力、收益偏好和要求，为投资人提供资产管理和投资顾问服务。

2. 市场化债转股私募基金业务

市场化债转股私募基金业务，由金融资产投资公司下属的私募基金管理公司作为普通合伙人，发起设立私募股权投资基金，募集社会资金，投资优质市场化债转股项目，并负责投后管理和退出。这类项目反映出，AIC不仅以买方投资人的身份参与债转股，也输出投资管理能力，募集社会资金，扩大自身投资规模。

三、业务特色

金融资产投资公司与金融资产管理公司在公司定位上类似,但是在业务模式和业务特色方面存在一定的差异。金融资产投资公司比较金融资产管理公司更加强调金融风险的化解模式,而金融资产管理公司则更加强调金融资产的承托能力。金融资产投资公司虽然可以收购不良资产并且参与市场化处置和转让,但是监管机构对于金融资产投资公司的业务仓位权重提出了结构性要求,这导致金融资产投资公司比较金融资产管理公司会更加倾向于股性投资特色。金融资产投资公司归属于银行体系,金融资产管理公司则已经从银行体系中独立出来,因此金融资产投资公司的生态圈建设更加依赖银行体系,而自身可以以强总部的形式存在,对属地分公司的设置需求没有金融资产管理公司强烈。

第三节 地方资产管理公司

一、业务范围

地方资产管理公司的业务主要包括不良资产收购与处置、债务重组以及针对地方政府的业务等(如表11-1所示)。在业务模式上,地方资产管理公司积极探索通过发行公司债券拓宽融资渠道,通过资产证券化方式处置不良贷款和融资,通过开展基金化不良资产合作新模式破解债务难题,以及通过与产业资本搭建新平台打通产业资产融通渠道等创新业务模式。

地方资产管理公司源于《金融企业不良资产批量转让管理办法》(财金〔2012〕6号)相关规定,并在后续相关政策文件的规范下逐渐发展完善。自2012年财政部、原银监会印发《金融企业不良资产批量

表 11-1 部分地方资产管理公司主营业务

地方资产管理股份公司	主 营 业 务
浙江省浙商资产管理有限公司	围绕不良资产,大力推进不良资产收购处置业务、资产经营业务、基金管理业务、投行服务业务与融通服务业务五大业务类型
江苏资产管理有限公司	省内金融不良资产的批量转让,从事企业资产的并购、重组(法律法规禁止的除外),对外投资,受托资产管理,企业项目策划,企业上市,风险管理服务,受托管理私募股权投资基金,从事投资管理及相关咨询服务业务,企业破产清算服务等
湖北省资产管理有限公司	参与省内金融企业不良资产批量转让业务(凭湖北省人民政府文件经营),资产管理、资产投资及资产管理相关的重组、兼并、投资管理咨询服务,企业管理咨询及服务,对外投资,财务、投资、法律及风险管理咨询和顾问
江西省金融资产管理股份有限公司	省内金融企业不良资产批量收购、管理和处置,金融企业、类金融企业及其他企业不良资产收购、管理和处置债务追偿、债权转股权及对企业阶段性持股,资产管理范围内公司的上市推荐及债券、股票发行承销,对外投资及财务性投融资等
山东省金融资产管理股份有限公司	以不良资产经营为核心,以资产管理和特色投融资为两大板块(债务重组、市场债转股)

转让管理办法》允许各省级人民政府原则上设立或授权一家资产管理或经营公司,到2019年原银保监会办公厅公布《关于加强地方资产管理公司监督管理工作的通知》(银保监办发〔2019〕153号)进一步完善监管框架,地方资产管理公司蓬勃发展,其数量已从2014年的首批5家扩展至2021年的58家。

二、业务模式

目前地方资产管理公司的业务类型主要有三类:不良资产收购处置业务、困境企业财务救助业务、不良资产衍生品投资业务。

(一)不良资产收购处置业务

不良资产收购处置业务是指以银行不良债权包为主的标的资产交易业务,借助地方资产管理公司的批量转让权限从商业银行收购,向后端投资者进行直接交易。业务模式与四大AMC的金融不良资产收购与处置相同,不同的是,四大AMC可向全国范围内的金融机构收购资产,而地方AMC仅能收购所在地机构的资产。同时,地方AMC的收购处置业务属地性更明显,因此在业务开展过程中需要向地方派驻团队维护生态圈,与当地的银行、金融资产管理公司、中介机构保持较为良好的关系。由于地方资产管理公司受限于较低的资本实力,比较四大AMC更愿意收购单体资产规模较小的债权。

(二)困境企业财务救助业务

困境企业财务救助是地方资产管理公司的新业务发展方向,在金融资产管理公司中这类业务通常概括为非金收购业务,各地方资产管理公司的此类业务虽分类不同,但本质上均为困境企业的财务救助。困境企业财务救助业务通常由地方资产管理公司总部承接业务,以存量债权承接的方式介入交易,收益形式为固定收益加超额收益,风险源头集中在交易对手,资产管理公司自身的运营风险敞口相对较小。在业务资产选择方面,困境企业财务救济业务偏向选择兼具主体信用和资产信用的融资对象,一方面交易对手需要具有一定的主体信用确保固收产品的收益可实现性,另一方面交易对手需要提供足值的抵(质)押物用于为债权提供担保。

(三)不良资产衍生品投资业务

不良资产衍生品业务是指基于不良资产收购处置业务的衍生品投资业务,包括不良资产证券化次级投资、不良资产分期、不良资产基金合作处置等。不良资产收购处置业务具有较高的收益不稳定性,因此在交易结构过程中会引入新的参与方进行风险缓释,减少地方资产管理公司的直接风险。不良资产证券化次级投资业务是地方资产管理公司直接购买商业银行发行的不良资产证券化产品，主动认购次级部分帮助银行分担风险，次级资金有义务向优先级资金提供风险备抵，地方资产管理公司利用自身先进的风险计量能力甄别产品质量。不良资产分期业务和不良资产基金合作处置是地方资产管理公司作为资产持有人，为资产购买方提供的债性或股性的资金支持。在不良资产分期业务中，交易对手认购资产并且向地方资产管理公司寻求资金支持，交易对手认缴保证金后地方资产管理公司向交易对手转让资产处置权并事前约定资金收益，当交易对手无力完成资产处置后地方资产管理公司则没收保证金。不良资产基金合作处置则是向交易对手提供股性资金，双方共同承担不良资产收益波动性。在业务资产选择方面，地方资产管理公司通常会选择具有一定处置实力和资金实力的民间机构进行合作处置。

三、业务特色

相比金融资产管理公司和金融资产投资公司，地方资产管理公司的资产配置会更加侧重于传统不良资产收购处置业务，更加关注不良资产处置链条的后段整合，与地方政府的合作风险化解也是地方资产管理公司的相对特色。地方资产管理公司在不良资产管理链条上处于相对偏后的位置，前段的收购来源包括商业银行和金融资产管理公司，而金融资产管理公司则几乎不从商业银行以外的来源收购不良资产，因此整体上来看同样是不良资产收购处置业务，金融资产管理公司会更偏向收购，地方资产管理公司会更偏向处置。

地方资产管理公司的优势在于属地资源以及与地方政府的配合程度。这有利于地方资产管理公司开展终端资产处置以及产融协同相关的本地企业纾困。但是全国性大型企业的纾困业务，则通常需要金融资产管理公司介入化解。为了与金融资产管理公司产生错位竞争，地方资产管理公司通常会选择体量相对较小的风险化解项目，或是通过政府渠道获取一些项目的优先参与权。与金融资产管理公司的特色化发展类似，地方资产管理公司在主业竞争之余，正在逐步探索具有属地特色的业务，例如河南的地方资产管理公司下设有航空租赁相关业务，利用股东方提供的天然优势增加不良资产主业产融协同。未来地方资产管理公司的不良资产业务会向着各具特色产融协同的方向发展。

第四节　民营资产管理公司

一、业务范围

民营资产管理公司是指不持有资产管理公司（AMC）牌照的投资机构，因此，无法直接参与不良资产一级市场批量转让业务，但可向金融资产管理公司和地方资产管理公司购买或直接向银行购买（非批量）不良资产，收购后进行处置或重组。民营资产管理公司主要包括非持牌资产管理公司（投资管理企业、资产管理公司）、私募股权投资公司等。此外，一些房地产公司、上市公司也频繁参与不良资产收购，以此低价获取地产项目或股权，这类公司在不良资产业务中通常扮演产业投资人的角色，因此收购的资产往往是与其主业高度相关的资产。上述企业投资人在活跃交易市场、终端处置资产等方面作出了重大贡献。民营资产管理公司一般在当地非批量收购不良资产，项目规模以百万、千万级别为主。

二、业务模式

民营资产管理公司的主要业务类型是不良资产清收处置或相互

交易，这是因为不良资产交易与处置具有严格的市场区分与分工。在一级市场中，银行及其他金融机构向金融资产管理公司及地方资产管理公司出售资产；在二级市场中，金融资产管理公司向地方资产管理公司及非持牌资产管理公司出售资产。从这个产业链条来看，民营资产管理公司处于收购端的下游，批量或单户收购持牌资产管理公司出售的资产。收购资产后，民营资产管理公司由于受监管约束少，因此其处置手段往往更加灵活，除了常见司法处置、债务重组、债转股以外，一些具有产业背景的民营资产管理公司倾向于资产重组，与自身现有产业资源相整合。私募基金类投资人，可将所持资产设计成为基金产品，募集投资人基金，实现资产证券化。一些民营资产管理公司受限于资金规模，存在与持牌资产管理公司联合投资的情况，投资资金进行结构化分级，民营资产管理公司通常为次级投资人，承担处置清收工作。

三、业务特色

横向比较金融资产管理公司和地方资产管理公司，民营资产管理公司的业务定位偏向投资人与服务商相结合。一方面，民营资产管理公司具有一定的收购资产的资金实力；另一方面，民营资产管理公司具有较强的资产处置盘活能力。若持牌资产管理公司与民营资产管理公司合作，可实现双方优势互补的效果，持牌机构发挥资金优势，民营资产管理公司发挥处置优势或资源整合优势。

第五节 国际资产管理公司

一、业务范围

国际资产管理公司是指外资控股的不良资产投资机构。在中国加入世界贸易组织之初，国际资产管理公司就开始进入中国不良资产市场，当时的参与主体主要是投资银行。2008年国际金融危机爆发，国际资产管理公司在中国不良资产市场的参与度有所下降。2015年中国不良贷款率攀升，国际资产管理公司对中国市场的兴趣再度上升，除投资银行以外，一些知名对冲基金也参与其中。当前中国不良市场上的国际资产管理公司主要包括高盛集团（Goldman Sachs）、橡树资本（Oaktree Capital）、龙星基金（Lonestar Funds）、黑石集团（Blackstone）、贝恩资本（Bain Capital）等。

2019年12月，原银保监会发布《关于推动银行业和保险业高质量发展的指导意见》（银保监发〔2019〕52号），提出"吸引……不良资产处置……等领域的外资金融机构进入境内市场"。2020年1月，中美政府签订第一阶段经贸协议，约定省级AMC牌照对外资开放，美国金融服务提供者可直接从中资银行收购不良贷款。2020年2月，国际知名资产管理公司橡树资本的全资子公司OAKTREE（北京）投资管理有限公司完成工商注册，经营范围为"投资管理；投资咨询；资产管理"。2021年4月，中国人民银行、原银保监会、证监会、外汇局四部委发布《关于金融支持海南全面深化改革开放的意见》（银发〔2021〕84号），提出"支持海南引进外资，参股地方性资产管理公司"。

二、业务模式

国际资产管理机构主要偏好本金5亿至10亿元人民币的资产包，从持牌AMC收购不良资产包并进行处置后获利，具体往往以离岸形式进行操作。与其他持牌AMC不同的是，国际资产管理公司通常采用基金的交易结构收购资产，这是由于国际资产管理公司大部分由投行转型而来，轻重资产并举的交易结构更符合其投资习惯。从目前国际资产管理公司在境内的展业情况来看，外资主要参与长三角、珠三角等东南沿海地区的不良资产市场，除北京以外的中国北方地区涉猎较少。

三、业务特色

横向比较国际资产管理公司与其他市场参与者，可以发现国际资产管理公司可以分为两类：一类是专门从事次级资产投资的专业基金，另一类是国际资本集团的另类资产投资部门。后者在业务定位上并没有直接定位在不良资产，而是范围更广的另类投资，如此可以更加有效避免不良资产业务机会释放的周期性问题，而专业的次级投资基金则是通过全球配置来跨越周期。国际资产管理公司在生态圈阶层方面更加偏向顶层配置，主要与金融资产管理公司竞争核心资产，而对于地方资产管理公司关注的下沉市场竞争力度不高。业务的组织形式方面，国际资产管理公司通常会采取基金形式在海外募集资金，并且聘请国内专业服务商团队进行全过程咨询和资产管理，基金本身只专注资产组合的管理和资金方对接，是一种比较轻量化的参与方式。

未来，国际资产管理公司将进一步参与我国不良资产市场。外资加速进场，能助推我国不良资产管理行业发展持续走向规范化、标准化，对行业而言机遇大于挑战。

本 章 小 结

我国不良资产市场的核心管理机构，主要有五大金融资产管理公司、地方资产管理公司、金融资产投资公司、民营资产管理公司（非持牌）、国际资产管理机构。五大金融资产管理公司除银河资产外，均已有20余载历史，逐步发展成为商业化经营的金融集团。其发展的优势与劣势均与其历史悠久、央企身份、金融集团背景有关。目前金融资产管理公司主要业务类型包括不良资产收购与处置、问题企业救助和市场化债转股。

同样脱胎于大型国有银行的金融资产投资公司则专注于大型企业的债转股业务。金融资产投资公司依托银行系，具备规模优势及资金成本优势。金融资产投资公司持续在债转股业务上展开运作，并努力拓宽业务范围。金融资产投资公司业务目的与金融资产管理公司存在区别，专注于与股东银行联动的市场化债转股业务。

地方资产管理公司近年来蓬勃发展，数量已从2014年的首批5家扩展至2021年的58家，其发展状况与区域经济发展状况关联较大，发展的优势与劣势均与其地方属性、非金融机构属性、经营时间相对较短等因素相关。非持牌投资人主要包括民营资产管理公司和国际资产管理机构。民营资产管理公司不持有资产管理公司牌照，可向五大金融资产管理公司和地方资产管理公司购买或直接向银行购买（非批量）不良资产。国际资产管理机构一直是我国不良资产管理行业的重要参与者，未来将进一步参与我国不良资产市场。

本章重要术语

五大金融资产管理公司

金融资产投资公司

地方资产管理公司

复习思考题

1. 金融资产管理公司的业务特色是什么?
2. 金融资产投资公司的业务特色是什么?
3. 地方资产管理公司的业务特色是什么?

第十二章

辅助管理机构的业务特色

大部分综合服务商是从核心管理机构的轻资产业务发展而来，自身具备了不良资产管理的全流程经验后，通过输出承揽能力、项目质控能力、投后管理能力，充分利用自身的人才、资源和技术优势，形成可批量化可复制的标准化不良资产服务。

辅助管理机构是指围绕不良资产行业产业链上下游提供多种商业服务的服务商。辅助管理机构可以分为处置服务商、专业服务商、交易服务商和综合服务商。不良资产处置是一项综合型业务，各类辅助管理机构各司其职，在不良资产处置领域发挥各自协同作用，共同实现资源的高效运转，提升不良资产行业的活跃程度和运作效率。

第一节 处置服务商

一、业务范围

处置服务商是指为不良资产的拥有者或投资者提供债权转让、诉讼追偿、企业重组、市场化债转股、破产重整、破产清算和资产证券化等不良资产处置服务的机构。这类机构常见于非持牌资产管理公司、咨询公司、投资公司等。从服务范围看，部分处置机构提供全方位的处置服务，部分处置机构专精于某一领域的处置服务。从区域范围看，部分处置机构覆盖全国，部分处置机构深耕于某一地区。由于不良资产处置具有较强的地缘属性，因此委托方通常会选资产所在地的处置机构，以此提升资产处置质效。目前，受限于监管部门政策[①],选择处置服务商的投资人多为民营投资者或外资机构。目前,已有一批口碑良好、处置业务突出的处置服务商脱颖而出,为银行、AMC等金融机构提供"保底清收""合作处置"服务。

二、业务模式

处置服务商的业务一般围绕不良资产的收购和处置展开,根据不同投资方的需求偏好和不良资产的类型、特点提供差异化的业务内容,可提供的服务贯穿投前、投中和投后。概括来说,处置服务商主要包括三种业务模式,分别为投前咨询服务、交易咨询与策划、投后处置与资产监管。

(一)投前咨询服务

投前咨询服务是指,服务商参与不良资产市场调研,根据各投资人的业务偏好,为其寻找、匹配投资标的,约定交易场景、交易规则、投资限制等条款,是投资前的重要环节。处置服务商首先需充分了解投资人的业务偏好和风险偏好,以此为投资人找寻规模、标的物、地区、预计处置周期、预期收益率相匹配的业务资源,明确初步投资规划框架。处置服务商还应当与投资人明确投资规划框架的修正方法,即当外部市场环境发生变化,以及投资人本身投资需求发生变化时,处置服务商应当对投资规划进行的修改预案。在发现匹配标的后,处置服务商应针对具体的项目开展尽职调查和估值,尽职调查内容包括债权基本情况、抵(质)押物权属及权利限制情况、案件司法进展、债务人财务状态、当地司法环境等,并根据尽调情况为投资人出具详

[①] 《金融企业不良资产批量转让管理办法》(财金〔2012〕6号)、《关于地方资产管理公司开展金融企业不良资产批量收购处置业务资质认可条件等有关问题的通知》(银监发〔2013〕45号)等政策。

细的收购计划和估值。若投资人与资产出让方对资产的估值产生偏差，处置服务商应站在投资人的立场，尽量以最优的收购条件促成交易。

（二）交易咨询与策划

交易咨询与策划是指，当投资人认可处置服务商推荐的项目时，处置服务商应站在投资人的立场，与资产出让方确定交易细节，积极促成交易达成，是投资过程中的重要环节。处置服务商应明确资产收购的形式、收购价格、交易通道、交易结构、收益分配规则等。通常优质资产会有多头买家进行同时交易，为了促成交易，资产持有人通常会要求组包或搭售，这时需要处置服务商在中间做好谈判职责，尽可能为投资人考虑权衡资产配置。若资产通过竞价的方式出让，处置服务商可受托参与竞价环节，并受托与资产持有人进行成交确认，在投资人的配合下完成付款与资产交割。通常交易档案归属投资人所有，但由于处置服务商需持原始档案开展处置工作，因此，资产的原始档案可视情况由处置服务商代为保管。

（三）投后处置与资产监管

投后处置与资产监管是指，处置服务商受托开展资产处置，并定期对债权及其项下抵（质）押物开展监管工作。在投后环节，处置服务商应重点关注底层资产管理、处置进展、司法进展、债权营销。处置服务商会对底层资产进行分类，分类管理物权、股权、债权。对于物权管理，处置服务商会定期判断实物资产的确权属性和管理权限。对于股权处置，服务商则会关注相关的行权能力。对于债权本身，处置服务商则会更加关注债权的有限时效，避免处置周期过长导致无法行权。在进行分类管理后，处置服务商应开始进行灵活多变的资产处置，包括对不良资产的一次性交易退出，对底层资产的合作经营回现，与交易对手合作处置等方式。另外也存在与债务人进行合作的债权退出方式，例如债务重组、债务和解、债转股等形式，这些交易形式都是关注到债务人本身资质尚可，或是底层资产市场化变现较为困难，转而从债务人纾困的角度寻求退出。同时，处置服务商应关注生态圈维护和资产营销。为了实现精准营销，处置服务商需要建立数据信息系统跟踪监测全市场交易数据的趋势，明确存量资产的潜在买家特征，从而更加精准定位退出路径，节约投资人时间。为了维护数据信息系统，处置服务商需要保持较大规模的生态圈建设，长期保持对金融机构、政法机构、政府部门等关键信息掌握机构的沟通联系，确保数据获取具有长期渠道。

三、业务特色

处置服务商在行业内发展多年，已形成了成熟的业务模式，各机构在司法资源、信息技术、资源整合能力等方面各具优势。如上市公司类的处置服务商摩恩投资，战略定位是为核心管理机构提供资产风险定价、资产收购、资产清收处置服务，业务具有全流程化的特点。再如民营资产管理公司类的处置服务商文盛资产，业务偏好为与投资人联合收购单体地产特殊机会资产，收购后输出商管运营服务能力，以及困境地产重整投资人的引入能力。不少持牌资产管理公司均与文盛资产开展过业务合作，持牌机构发挥其资金及牌照优势，文盛资产发挥其资源整合能力。专业化信息化催收类的处置服务商永雄资产，以信用卡、消费金融等个人信贷催收为特色，在个贷批转放开的政策环境下，快速抢占了个贷处置商的蓝海市场。永雄资产发挥自身信息系统和大数据优势，在个贷评估定价和催收方面与持牌资产管理公司开展合作，为构建社会信用体系与和谐稳定发挥其优势能力。

第二节 专业服务商

一、业务范围

专业服务商是指律师事务所、会计师事务所、资产评估所等提供专业服务的中介机构。在实务中，律师事务所专注于法律服务的全流程跟踪，一般提供法律尽职调查、不良资产收购法律服务、不良资产处置法律服务、破产重整投资法律服务、围绕投资主体提供其他法律服务等。会计师事务所擅长会计处理和信息审计，一般提供债务重组解决方案、借贷人解决方案、破产解决方案、企业重组咨询等服务。资产评估所一般以独立第三方身份提供对不良资产的专业评估和判断服务，通过综合考虑、认定处置方案与资产内在价值的关系，给出对资产价值的评估，供市场参与者参考。

律师事务所、会计师事务所、资产评估所在不良资产业务中提供差异化的专业服务，律师事务所主要围绕债权明确各主体权责并执行法律顾问服务，会计师事务所则是在企业重组时参与债务化解和再融资能力重建，资产评估所主要关注债权底层标的价值评估。律师事务所关注的是债权和债权利益相关方，会计师事务所关注的是债务企业的财务状况和提升方案，资产评估所关注的则是债权押品的现实估值。专业服务商与处置服务商的服务模式存在区别，专业服务商服务常见的工作形式是完成委托方委托的单一事项，不对收购结果或处置结果负责，其收益与完成项目数量或工作量挂钩。而处置服务商贯穿于整个不良资产业务的投前、投中和投后，对处置结果负责。专业服务商通常是全国联合的事务所机构，核心管理机构通常会选定战略合作伙伴，并且与该事务所的各地分所对接具体业务，因此在区域布局上专业服务商较处置服务商有一定的先天优势。

二、业务模式

(一)律师事务所

律师事务所(以下简称"律所")为不良资产业务可提供的服务包括非诉类的法律尽职调查、出具资产重组方案和起草相关协议等,诉讼类的司法诉讼、司法清收、破产重整等。非诉类案件的服务模式为律所出具相关法律文书,委托方按照约定的金额向律所支付费用。而诉讼类案件的服务模式可分为两类:一类为全风险代理,由律所自行开展一切司法活动,在收获处置回款后,委托方按约定的服务费用比例,按回款金额支付律师费;另一类是半风险代理,委托方先支付律所一部分固定费用,用于律所推进项目司法程序,待项目完成处置回款后,再按照约定的费用比例支付律师费。律所在不良资产业务中扮演着重要角色,因为业务的收益率与司法进展高度相关,尤其是传统的不良资产收购与处置业务对律所的依赖度更高。优质的律师通常能更加有策略地推进项目进度,为投资人早日回收资金。

(二)会计师事务所

会计师事务所为不良资产业务可提供的服务包括财务尽职调查、财务重组方案设计、企业重组咨询和破产方案设计等。会计师事务所配合不良资产债务重组的工作主要有财务尽调和重组方案设计,当债务人处于暂时性财务压力或底层资产没有明确变现路径时,投资人会希望推进债务重组以重置债权,确保新的债权能够形成有效的现金回流。会计师事务所主要负责为重组提供财务分析和财务建议,包括对债务人还款能力的重新评估和新负债能力的评价,确保重置后的债权能够充分安全。会计师事务所的工作旨在提高债务人、投资人、其他资金方之间的沟通便利性,提升债务人的还款能力,降低经营成本等。

(三)资产评估所

资产评估所在不良资产业务中主要向核心机构提供评估服务,包括资产价值评估和主体信用评级两类。资产价值评估服务主要是服务核心机构从事不良资产收购处置业务相关的债权包整体估值定价,而主体信用评级服务主要是服务核心机构从事困境企业财务救济时需要对被救济企业整体价值进行评估。

三、业务特色

(一)律师事务所

律所在不良资产业务中承担着重要的角色,可提供法律服务贯穿于不良资产业务的全部流程,对项目能否成功落地实施起到关键作用。通常不良资产收购与处置业务依赖律所的诉讼类服务更多,债转股和问题企业救助类业务依赖律所的非诉类服务更多。律所作为独立第三方起到了委托方与债务人之间的沟通纽带作用,确保多方利益能够获得共同实现。

(二)会计师事务所

会计师事务所配合不良资产的企业重组的主要工作是融资建议。会计师事务所在企业无法履行近期义务、短中期内有违约或失败风险的情况下,提供重组咨询服务。首先,会计师事务所需要研究分析困境企业的财务指标和历史经营业绩,通过行业研究分析财务困境出现的根源,提供非核心资产剥离和优质资产货币化策略建议。其次,会计师事务所需要明确融资方关注的企业关键人员,并且对其施加合适的管理方案,满足融资方对企业人员布置相关需求。再次,会计师事务所需要调解债权人和债务人诉求差异,利用财务手段整合企业价值,增强债权人信心。然后,会计师事务所需要从清算角度重新考量企业价值，计量债权人剩余价值和潜在亏损，作为沟通债权人和债务人的辅助手段。最后，会计师事务所需要派驻人员跟进企业的债务重组进度，监督企业经营活动，及时向债权人反馈财务指标和风险状况。

（三）资产评估所

不良资产评估一般是资产评估所的重要业务之一，但相较于律所和会计师事务所侧重有所不同，律师事务所专注于法律服务的全流程跟踪，会计师事务所集中在会计处理和信息审计，而资产评估所则注重资产价值评估和主体信用评估。由于不良资产多为债权资产，因此评估工作本质上分为多个层次，首先是对底层实物资产的清算估值，其次是对债务人剩余还款能力的评价，再次是对担保人还款能力的评价，三项估值叠加则能够获得不良资产估值的最终价值。在企业重组业务中，评估师主要是配合会计师进行企业估值定价，共同协助投资人决定困境企业救助的定价成本。评估师在企业估值中最重要的价值就是提供企业权益资金和债务资金的有效价格，用于匹配投资人的心理价位。在评估企业价值时通常使用的方法是收益法，但需要综合考虑多种外部环境情景以及企业发展的多种风险折现因子等，最终确定合理的风险定价。尤其是在不良资产相关的企业定价方面，评估师需要结合会计师的建议，充分考虑战略投资人引入后企业性质的变化以及企业估值假设的变化，为投资人决策提供良好建议。

第三节　交易服务商

一、业务范围

交易服务商，指发布资产标的信息、撮合交易、有独立的交易系统和结算系统保障交易的稳定性和安全性的第三方交易平台。交易服务商包括线上线下的交易平台、交易所等。交易平台可以是一级市场中不良资产供给方和资产管理公司对接的平台，也可以是二级市场的信息披露和展示平台，将信息提供给更多的需求方，从而撮合交易的完成。

交易服务商可以分为线下交易平台、线上交易平台、交易所。线下交易平台以传统的拍卖行为主。传统的拍卖行以现场拍卖的形式进行不良资产拍卖，不过已逐渐被在线拍卖所取代。线上交易平台以最高人民法院认定的五家互联网交易平台为主，其他一些民间互联网交易平台作为补充。交易所主要包括银行业信贷资产登记流转中心有限公司（即银登中心）和各地的金融资产交易所。

二、业务模式

交易服务商的业务模式主要有线上模式和线下模式两种。交易服务商的线下网点数量和覆盖范围均十分有限，这造成早期不良资产市场具有地域性分割的特点。全国性投资人与全国性资产配置并没有实现匹配，市场机制并未有效发挥作用，出现了交易不透明或交易成本过高等现象，进而导致交易垄断以及不良资产处置效率过低等问题。线下模式的收费以收取信息服务费和交易佣金为主。

线上模式的兴起以2016年最高人民法院公布五个互联网交易平台（淘宝网、京东网、人民法院诉讼资产网、公拍网和中国拍卖行业协会网）作为司法拍卖在线服务提供商为标志。2019年，最高人民法院又增加中国工商银行的融e购和北京产权交易所两大交易平台。其中，淘宝网-阿里拍卖和京东拍卖是最受关注的两大在线拍卖平台。

线上交易平台在信息撮合以及资源对接方面为参与方提供便利，

刺激社会化投资机构进行全国的资产配置，促进资金流动和交易达成。线上交易平台不仅仅满足于参与挂牌交易过程，还将服务聚合的互联网商业模式应用到不良资产交易中，向双方提供聚合的各种专业服务和融资中介服务。对于像民营资产管理公司以及司法拍卖中的个人买家等专业能力不够全面或资金实力较弱的处置方而言，可以根据需要向线上交易平台申请各类专业服务和融资服务。由于不良资产业务的单笔业务金额相对比较大，线上交易平台除了获取传统的信息服务收费和交易佣金收费外，还可以取得可观的手续费和资金占用费收入。

三、业务特色

线上交易平台的发展是近年来不良资产业务发展的重要推力。线上交易平台以国际互联网的全网络覆盖性和信息流通便利性，极大地提高了信息撮合以及资源对接方面的效率，为社会化投资机构进行全国的资产配置提供了便利。通过聚合专业服务和融资中介服务，提升了全社会处置机构的综合能力，也从侧面推动了不良资产处置效率的提升。

银登中心是最具有政策代表性的交易服务平台。银登中心于2014年6月注册成立，注册资本3.5亿元，业务上接受中国银行保险监督管理委员会监管，是我国银行业重要的金融基础设施。银登中心可以进行公司不良贷款交易和批量个人不良贷款交易。与纯商业性的交易服务平台相比，银登中心的优势在于更具有品牌背书和政府信用支持。

金融资产交易所具有明显的本地化特色。各地的金融资产交易所往往具备有线下交易网点的优势，使得金融资产交易所在不良资产的挂牌交易方面会有更多的本地交易者绑定。此外金融资产交易所由于具备多种金融资产挂牌交易能力，因此能够实现内部资源的整合。金融资产交易所正在寻求挂牌加配资的综合服务模式，试图与线上交易平台竞争，交易所的优势在于本地政府的信用支持和资金支持，让本地客户更愿意参与交易所的业务撮合。而其劣势则在于本地化特色优势难以复制到全国市场，发展规模受到区域市场环境的限制。

第四节 综合服务商

一、业务范围

综合服务商是指辅助核心管理机构提供从端到端的收购处置全程服务的机构。虽然行业内提出综合服务商概念的时间较短，但综合服务商是服务商模式发展的终极方向。综合服务商是服务商与核心管理机构深度融合的结果，不良资产市场的发展方向一定是信息化、资本化、复合化发展，综合服务商要学会从复杂信息资料中挖掘处置方案，要协助核心管理机构面向资本市场。从目前业内情况来看，大部分综合服务商是从核心管理机构的轻资产业务发展而来，自身具备了不良资产管理的全流程经验后，通过输出承揽能力、项目质控能力、投后管理能力，充分利用自身的人才、资源和技术优势，形成可批量化可复制的标准化不良资产服务。

二、业务模式

综合服务商兼具多种服务商能力，较一般服务机构的优势在于更加专注于不良资产行业和能够提供不良资产的一站式服务。首先，一般的律所或评估所承揽多种业务，不良资产服务只是业务类型之一，人员投入仅为一两个工作组，因此对于不良资产行业的专注度相对较低。其次，不良资产业务属于高风险高回报业务，服务机构如果不深度介入交易环节难免让投资人不信任，而这与各类事务所的"工程队"

经营模式有较大逻辑冲突，后者更愿意精减人员和缩短工期以追求服务效率。在补齐传统服务商的短板后，综合服务商主要以三种业务模式参与不良资产业务。

（一）不良资产自营管理

通过招投标、拍卖等公开方式从出售方购入不良资产，并通过司法追偿、资产转让、与债务人和解、司法重整等多种方式对受让的债权及项下抵（质）押资产进行清收处置，获取处置收益。综合服务商具有完整的不良资产收购与处置能力，并且能够参与更深层次的资本化操作，协助投资人完成"投、融、管、退"的完整项目生命周期。

（二）特殊机遇管理服务

在企业经营过程中通常会出现一些暂时性的融资需求，或者有部分优质资产需要抛售变现，这类业务短期收益较高而风险较大，此时专业的投资机构会参与其中获取能力报酬。综合服务商可以为特殊机会投资人提供不良资产的投资管理服务，包括对机遇投资项目进行投前尽职调查和估值、竞价咨询服务、清收处置服务等。根据尽调、资产收购、清收回款收取服务费以及跟投情况收取一定的投资收益。在投资活动中，综合服务商通常扮演劣后级角色，为财务投资人压降金融风险，提高收益稳定性。

（三）信用违约救助服务

在大型企业发生金融风险时，配合地方产业基金以及政府机构参与纾困，为产业基金赋能整体盘活困境企业。综合服务商具备不良资产相关专业能力以及中介机构的多种能力，因此能够配合地方政府对大型企业进行财务纾困计划制订和再融资安排，协助处置低效资产，提高企业经营效率，降低企业生产经营成本，实现企业自救能力提升。

三、业务特色

我国金融风险呈现出结构化调整,一方面可以看到国家宏观经济层面不断承压,大型企业出险债券违约的事件层出不穷,另一方面从AMC收购银行不良资产的实际体验看,银行推送资产包的规模和频率下降较快,这说明不良资产的表现形式发生了结构性变化。随着金融风险的隐蔽性和复杂性增强,AMC对不良资产处置的能力需求有了较大程度的提升,大多数AMC都在苦练内功以增强资产收购和处置的能力,同时也在寻求外部资源导入,这就为综合服务商提供了较好的资源对接机会。

从近期的金融风险特征看,金额规模相对较小的不良资产已经暂时性出清,剩余金额规模较大的项目成分复杂并且专业化程度较高,通常都涉及某个特定产业资产和资源。常规的司法拍卖变现逻辑对于这类风险资产不成立,因为资产类型过于小众导致清算价值极低,项目缺乏实施必要性。综合服务商通过建立在特定行业的专业能力,提升专业壁垒,降低所处赛道的竞争烈度。

从事不良资产综合服务商的门槛相对较高,需要辅助管理机构在不良资产行业的市场地位、专业能力、属地资源、资金实力兼备的情况下才能进入综合服务商市场。有一部分综合服务商由AMC转型而来,通过在表外建立服务平台拓展资产管理规模,打破国有企业资产管理规模限制等。另一部分综合服务商由处置服务商之间整合转型而来,原先这些处置服务商长期与AMC合作,随着业务深化和资源积累,这些机构逐步形成投资能力,在原先的服务基础上配合财务投资人进行配套资金支持。

显然,综合服务商的进场还是有门槛的,而且综合服务商的出现预示着不良资产行业有着整合趋势,未来单一的投资人和单一的服务商都将越来越小众,具有投资能力的处置服务商或具有服务输出能力的投资商将会成为市场的主流参与者。

本 章 小 结

辅助管理机构是不良资产行业重要的支持性机构,并且随着市场边沿的扩张、投资人需求的多样化、金融风险的复杂化,市场对辅助管理机构的能力要求也更加多元化,原先简单的尽调支持、外部评估等常规需求已经难以满足市场需求。未来不良资产投资机构将会越来越依赖辅助管理机构提供能力,来应对越加复杂的市场环境。辅助管理机构除了要坚守自身在法律、评估等常规职能的专业能力之外,还需要深度介入交易,熟悉不良资产相关地区的司法环境、土地市场、政府规划、社会资本,还要熟悉不良资产相关行业的发展前景、市场容量、头部企业等。总体来说,辅助管理机构需要具有资源整合能力等投资银行所有的相关能力,为不良资产投资机构提供资金以外的大部分能力。

辅助管理机构是指围绕不良资产行业产业链上下游提供多种商业服务的服务商,能够提升不良资产行业的活跃度和运作效率。辅助管理机构可以分为处置服务商、专业服务商、交易服务商和综合服务商。

处置服务商为不良资产的拥有者或投资者提供债权转让、诉讼追偿、企业重组、市场化债转股、破产重整、破产清算和资产证券化等不良资产处置服务,常见于非持牌资产管理公司、咨询公司、投资公司等。从服务范围看,部分处置机构提供全方位的处置服务,部分处置机构专精于某一领域的处置服务。

专业服务商是指律师事务所、会计师事务所、资产评估所等提供专业服务的中介机构。律师事务所专注于法律服务的全流程跟踪,一般提供法律尽职调查、不良资产收购法律服务、不良资产处置法律服务、破产重整投资法律服务、围绕投资主体提供其他法律服务等。会计师事务所擅长会计处理和信息审计，一般提供债务重组解决方案、借贷人解决方案、破产解决方案、企业重组咨询等服务。资产评估所一般以独立第三方身份提供不良资产价值评估服务。

交易服务商是指发布资产标的信息、撮合交易、有独立的交易系统和结算系统保障交易的稳定性和安全性的第三方交易平台。交易服务商包括线上线下的交易平台、交易所等。

综合服务商是指辅助核心管理机构提供从端到端的收购处置全程服务的机构，是服务商与核心管理机构深度融合的结果。从目前业内情况看，大部分综合服务商是从核心管理机构的轻资产业务发展而来，自身具备了不良资产管理的全流程经验后，通过输出承揽能力、项目质控能力、投后管理能力，充分利用自身的人才、资源和技术优势，形成可批量化可复制的标准化不良资产服务。

本章重要术语

处置服务商

专业服务商

交易服务商

综合服务商

复习思考题

1. 处置服务商的特色是什么？
2. 专业服务商的特色是什么？
3. 交易服务商的特色是什么？
4. 综合服务商存在什么门槛？

第十三章

不良资产业务的主要风险

主体信用是随时间变化的，要关注主体信用变化的趋势和信号。资产管理机构不仅要关注交易主体本身，还需要关注与之相关的周边环境和其他要素的变化。

不良资产业务的主要风险可以分成五大类：操作风险、信用风险、市场风险、合规风险和其他风险（如图13-1所示）。其中：操作风险包含合同拟定不严密、项目立项不严谨、项目尽调不充分、项目评估不客观、交易结构不合理、人为失误和道德风险等；信用风险包括主体信用不可靠、保证金不足与押品贬值；市场风险包括估值价值偏差和投后资产贬值；合规风险包括监管政策变化等；其他风险包括现有业务中未被识别的风险和新业务发展中新引入的风险。

不良资产业务按照风险源头大类还可以分为内源风险和外源风险，内源风险主要由机构内部人员工作失职和操作不当造成，外源风险则

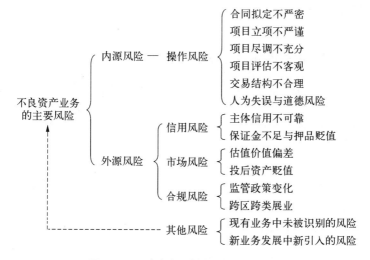

图13-1　不良资产业务的主要风险分类图

是由外部的交易对手或市场整体传导进入机构，两者来源具有本质性差异。通常内源风险指代操作风险，这是一种无补偿的自我犯错，管理机构在面对内源风险时可以采取相对更为主动的控制行为。与内源风险相对的是外源风险，通常指代信用风险、市场风险和合规风险。管理机构可以通过定价方式转移或对冲外源风险，或适时跟踪监管政策调整合规操作，但在面对外源风险时相对被动。

第一节　操 作 风 险

不良资产业务与金融业务类似，操作风险也是业务风险中最主要的一部分。由于本书是讨论业务，下文不涉及公司战略、财务管理、服务商管理等层面。为便于在风险的分类上将内源性和外源性风险进行区分，本书将管理机构开展业务过程中与合同、法律相关的合规性列入操作风险。单独分类的合规风险仅仅包括监管政策变化、跨区展业等外源性风险。

一、操作风险的基本概念

不良资产业务的操作风险广泛存在于业务执行、资产交割、流程管理等环节。传统不良资产业务以资产处置为主要价值实现形式和风险退出形式，即便是结构化的不良资产业务，其底层资产仍是以传统的处置模式进行，因此业务执行与交割过程中的风险贯穿了不良资产业务的全过程。

在业务执行环节中，风险来源可能有机构从业人员的操作规范失误、交易对手及辅助中介机构的操作失误等，这种操作失误可能来自信息化程度不足或者沟通交流不畅通等,对于大型机构而言业务执行的操作风险每天都在发生。

除了沟通不畅带来的项目执行失败以外,风险监测执行不到位也会造成操作风险。交易对手的信用状态和市场环境通常是随时间变化的,因此不良资产处置机构非常依赖风险特征的实时跟踪。但是与其他金融机构相比,不良资产处置机构较难获得一个行业公认的对标指标,因此项目风险大量依靠人力测算和主观判断,而工作量越大也意味着工作疏漏的可能性越大。不准确的内部风险监测报告或未经检验的外部报告都会给经营带来负面影响。

二、合同拟定不严密

合同是管理机构为开展不良资产业务拟定的最重要的法律文件。合同是所有不良资产业务执行的基础。完整的合同拟定需要业务人员、法务人员、审核人员、管理人员等一系列的操作,操作环节众多,是操作风险关注的重点。

首先,合同拟定不严密会导致管理机构在业务开展过程中签订的合同不满足基本的合规性。不符合国家法律规定的合同,无法获得法律的认可,不具备法律约束力。不良资产业务合同需要满足三个方面的合规性:

(1)合同主体的合规性,主要是指合同主体应当具备签署该合同的能力和资质,如果合同主体不具备相应的行为能力,则其所签署的合同效力便存在瑕疵,可能面临无效或被撤销的法律风险;

(2)合同内容的合规性,主要是指合同的交易内容应当符合法律法规的规定,包括交易整体的合规性和个别交易条款的合规性进行审查;

(3)合同程序的合规性,主要是指合同签订程序应当符合法律法规规定的程序，否则可能会影响合同的生效或者有效。

其次，合同条款不严密会导致业务开展缺乏可操作性。参与方会发生争议，拖延项目处置进度导致最终搁置。合同的条款之间逻辑通顺，形式规范，符合通常的思维模式和交易流程，否则会影响对合同的理解，甚至会在履行过程中造成不必要的耽误或障碍。

最后，合同条款不严密导致管理机构的权利主张失效，利益受损。如在债权催收过程中，由于合同条款不严密导致对于债权的抵押资产确权失效，或不能依据合同向法院申请顺利取得债权执行人身份，债务人提出辩诉导致资产处置中止。

三、项目立项不严谨

项目立项，指管理机构收到银行或其他金融机构的邀请投标函，或收到业务人员主动上报的拓展类业务信息，经过内部程序和论证，对业务信息进行评价和筛选，判断项目是否满足管理机构的准入条件，确定是否参与项目竞争的过程。未经立项的项目，得不到管理机构后续在各方面的资源投入支持，也不能进入后续正常的项目流程。

项目立项不严谨可以分为两种情况：决策过程的不严谨和授权方式的不严谨。

决策过程的不严谨会导致前期项目跟踪的资源浪费和后期项目执行过程中的收益不达预期。项目立项过程应该足够谨慎。随意立项会导致业务部门盲目地跟踪不符合管理机构风险偏好或可行性低的项目，严重浪费管理机构资源。在项目立项阶段，业务部门需汇总整理项目交易对手和底层资产的各项财务、经营、市场信息，明确交易对手的整体信用和经营质量，明确底层资产的市场估值和真实流动性。在项目立项阶段，业务部门对资料的收集不够彻底，缺失债务人隐藏的优质资产信息，没有能够辨析出底层资产市场估值和真实流动性之间的区别等，这些都会导致项目立项阶段的执行失败，影响后续估值和投后管理。

授权方式的不严谨会导致指令混乱和授权滥用。未经正式授权或未以书面形式授权的立项，在后续的项目开展过程中极易造成混乱，也会有损管理机构的品牌形象。一般来说，合规经营的机构中授权需要清晰的书面授权，上级领导的口头授权不应当作为业务操作的主要依据，否则极易被恶意操纵。

四、项目尽调不充分

项目尽调对于项目开展的重要性不言而喻。不掌握清晰、准确、全面的尽调信息，管理机构做决策无异于盲人瞎马，是十分危险的。但项目尽调并不总是像管理机构预期的那样做到信息的充分掌握和披露。项目尽调环节充满了各种主观努力不足和客观条件障碍，难以做到对信息的充分调查和展现。项目尽调的不充分主要体现在以下几个方面。

（1）原始债权信息模糊。对于不良资产项目来说，很多原始信息或由于年代久远，或由于经办人疏忽，或由于转出方有意设置障碍，导致原始债权信息缺失或模糊，在项目尽调过程中难以核对和查证，造成尽调工作的不充分。

（2）底层资产信息更新不及时。不良资产转让是相对复杂的过程。经过银行决策审批，资产组包，招投标、公告、移交资料等一系列过程，往往经历数月甚至数年之久。在这期间，底层资产信息有时已发生巨大变化，如遇到拆迁、改造等各种因素。如不能及时更新信息，管理机构面临的风险也是巨大的。往往需要通过二次尽调甚至多次尽调来消除信息差。

（3）项目底层资产存在分布区域广或数量巨大等障碍。业务部门需要通过现场尽调和非现场尽调对项目相关的资产真实性进行核验，审查项目是否存在法律瑕疵，并且对项目的关联人开展类似的调查。在业务实操中项目尽调存在多种多样的困难，例如现场尽调成本巨大、底层资产分散在全国各处、银行留给资产管理的尽调时间窗口有限等，这导致尽调在出价前无法彻底完成。债务人的关联人存在协助"逃废债"的可能，但债务人的关联人数量众多、关系复杂，管理机构难以查验。这些障碍对管理机构来说都蕴含风险。

（4）尽调过程不规范。因尽调人员未勤勉尽责或者缺乏经验和专业能力等导致的风险，包括但不限于：尽调人员未严格执行真实性、准确性、完整性的尽调原则，本人未现场尽调，故意隐瞒重要的项目信息等。

五、项目评估不客观

项目评估的结果直接影响到对项目的定价。对管理机构而言，这既是竞争力的核心环节，又是经营利润的保障。如果在项目评估环节做不到客观，管理机构会在市场上失去竞争力，难以获得理想的经营业绩。

在实际的项目评估操作中，项目评估方法的不足和评估资产的多样性是一对矛盾。不同评估机构之间对于评估结果也存在很大差异，导致评估工作难以得到客观的市场结论。

从评估方法看，主流的评估方法仍然存在各种局限。虽然市面上存在各种各样的评估方法，但主流评估方法背后的逻辑，还是成本法、市场法和收益法三种。这三种方法的应用都存在一定的局限性，无法独立用某一种方法来完成整个评估工作，往往需要人为综合多种评估方法的结果来作出判断。引入人为因素的同时也引入了非客观的内容。

从资产看，不同类型资产之间评估方法差异巨大。实物资产与股权资产的价值评估方式差异巨大。同为实物资产，房地产与矿产也难以用同一估值方法进行评估。

不同机构之间对于评估结论也无统一标准，往往存在很大的分歧。不良资产管理机构需要比较内设评估部门和外部评估机构的估值建议，评估方法应当能够从资产区域和资产品类中取得不同的估值结果。

最后，人为因素无法被排除出项目评估过程，造成评估结论的不客观。以某家金融资产管理公司为例，某省份总经理在任期间收购了某标的资产，该总经理后升任总部评估评级部门总经理，在任期间原任职单位正与社会投资人接洽欲处置该资产，处置方案报总部评估评级部门后，时任部门总经理示意压低估值，最终该标的以低于市场估值的价格处置给社会投资人。经该金融资产管理内部审计，处置过程和评估流程完全合规，并且也没有追究评估评级部门的责任。但后续该社会投资人由于其他案件被收押，审讯过程中将这一笔交易的详细经过供述出来，至此此案才最终破获。从该案例中可以看出内部治理很多时候会失效，因为在国内企业文化的环境中上级领导通常不会明说指令意图，其中可能有更深层次的市场博弈，也有可能仅仅为上级领导掩盖个人私利意图的方式，从事具体工作的基层员工不愿意也没有能力探究上级领导的真实想法，在这种企业环境中内部治理失效也就可以理解。

六、交易结构不合理

交易结构直接关系到交易的效率和税费的高低。不合理的交易结构往往导致交易过程缓慢、交易税费高企，无法保障资产安全，无法做到资产隔离,甚至导致整个交易无法完成,对管理机构造成损失。具体来说,交易结构的不合理会导致管理机构在交易的安全性、隔离性、收益性等方面的风险。

(1)交易结构设置影响项目资金的安全性。如果不能合理地设计交易结构,项目资金的安全运行无法保障,管理机构的业务是无法持续经营的。如在不良资产的配资收购类项目中,通过设置收益权转让路径,设立资管计划以及资金分级模式等条件,来保障资金的安全性。

(2)交易结构设置影响资产的隔离性。资产的隔离性对于资产证券化等业务至关重要。没有资产的隔离性,从主体信用到资产信用的转变就无从谈起。如以资产证券化方式处置不良资产时,通过设立信托计划、资金第三方监管、现金流瀑布等交易结构条件,来保障底层资产的隔离性。

(3)交易结构设置影响项目的收益性。不同的交易结构对于税负率的影响很大,最后体现在管理机构的经营业绩上就是收益率的差异。如在不良资产的基金管理类项目、金融投资类项目中,通过设立有限合伙企业、项目公司等交易实体,来达到控制税负成本,提高项目收益性的效果。

最后,设计交易结构还需要考虑复杂性和时间的长短。业务方案制定过程中需要关注项目的表内外运作结构。业务若按表外模式开展,管理机构还需考虑外部投资人的投资诉求和管理要求,交易结构越复杂,项目周期越长,交易参与方越多,过程中需要考虑的潜在风险也越大。

七、人为失误和道德风险

人为失误和道德风险较难区分,因为两者在结果上很可能是同质的,目前有的管理分析手段也很难判断个人的真实道德水平和隐藏目的。项目人为失误和个人道德风险之间的差异可以从利益占有的角度观察,如果业务人员自身及其关联方在失误发生时有较大获益可能,那么就视作个人道德风险,反之则认为是人为失误。

例如在不良资产交易过程中,机构内部前台与中后台沟通不顺畅会导致错失业务机会和忽视潜在风险,不良资产交易具有短时间和大金额的特性,若前台业务人员在向中后台报送业务信息时不准确或不完整,例如估值报表所需的关键信息缺失、债务人关联方信息缺失、复杂交易结构中付款对象不明确等,中后台职能部门出于管理规范会抑制业务推进,从而丧失原本应获得的业务机会。

不良资产交易具有非标性和不透明性,因此内部员工欺诈的成本较低且不易被发现,公司通常在员工离职后才发现损失。常见的内部员工欺诈方式有员工与卖方勾兑拉抬资产收购价格,或是与买方勾兑压低资产处置价格,从而在差价中谋取个人利益。除了直接在交易中实现不合法收益,不良资产从业人员还能从中介机构服务费中赚取收益,例如拉升对中介机构的服务费率从而与中介机构分享服务费等。性质更为恶劣的还有个人通过飞单给自己开设、持有股份、关联人持有股份的第三方,或者自行代表管理机构与自己开设、持有股份、关联人持有股份的交易对手交易等。以上两种情况属于长期攫取利益,危害极大。这种行为通常都是对管理机构核心利益的侵害。这些都形成内部人员的道德风险。

第二节　信　用　风　险

信用风险又称违约风险,是指交易对方不履行到期义务的风险。

对银行和证券业来说是指借款人、证券发行人或交易对方因种种原因，不愿或无力履行合同条件而构成违约，可能导致银行、投资者或交易对方遭受损失。在不良资产业务中，存在交易对方或债务人不能履行交易或如约还款的风险。信用风险包括两类：一类来自交易对手，如债务人、担保人等；一类来自抵押资产，如抵押房产、质押股权等。即主体信用风险和资产信用风险。

信用的意思是"托付"或"相信"。债权人基于这样的信念提供资金，相信债务人可以根据商定的条款受托偿还本金和利息。这种信念必然基于两个基本原则：债务人愿意偿还借款，债务人有能力偿还这些资金。前者通常依赖于债权人对债务人的声誉背调，而后者通常基于债权人对债务人财务状况的了解。

一、信用风险的基本概念

根据定义，现金交易不会产生信用风险，交易双方钱货两讫。但是不良资产处置机构在交易不良债权时通常会给予下游一定的付款期限。此外，不良资产处置机构还直接介入困境企业的流动性救济纾困，信用风险随之产生。

资产包交易付款期限带来的信用风险是一种可以选择的信用风险，不良资产处置机构可以选择屏蔽掉无法现金支付的交易对手，确保自身不受信用风险的困扰。但是作为代价不良资产处置机构将会丧失大量潜在交易对手，从而降低资产流动性，拉长资金周转周期。对困境企业的流动性支持则是无法避免的信用风险，不良资产处置机构正是通过承担高额的信用风险来获得较高的风险回报。需要指出的是，不良资产处置机构在真实的业务环境中无法彻底摆脱信用风险，因此需要选择性地接受信用风险，并且优化管理信用风险。为了更好地管理信用风险，不良资产处置机构需要尽可能准确地估计信用风险。

二、主体信用不可靠

交易中交易主体信用的不可靠直接带来信用风险。不同的不良资产业务类型有不同类型的交易主体，所以主体信用来源的类型也是多样的。即使对于特定的业务类型来说，同一交易中的不同交易主体，对其主体信用关注也应该是差异化的。如不良资产配资收购类业务，对于同为交易对手的银行和委托方来说，需要更加关注委托方的主体信用不可靠的可能性。对于投行类处置业务来说，被重整企业是主体信用变化关注的重点，被重整企业主体信用的恶化会直接导致项目运作失败。

主体信用是随时间变化的，要关注主体信用变化的趋势和信号。资产管理机构不仅要关注交易主体本身，还需要关注与之相关的周边环境和其他要素的变化。

（1）交易主体的还款能力与还款意愿。交易主体泛指债务人、担保人。

（2）经营环境、区域经济、营商环境等外部条件对违约概率和违约损失程度的影响。

（3）交易主体资质特征，如交易主体属于公共机构、金融机构等。

（4）主体提供的风险缓释措施，例如抵押品情况、担保人情况、信用增级方法等的质量和充分性。

（5）对主体的信用授予周期的长短，周期越长信用，风险越大。

主体信用不可靠判断的层次按照涉入深度的不同可以分为四个层次，每一种层次都是主体信用风险的具体表现，并非发生实质性违约才能认定信用风险：

（1）交易主体发生实质性违约，未能履行合同约定义务；

（2）交易主体发生实质性违约的概率增加；

（3）假若交易主体发生实质性违约，可回收金额低于合同约定预期或风险敞口高于合同约定预期；

（4）交易主体已经支付保证金准备交易，但是最终交易不成功。

三、保证金不足与押品贬值

不良资产处置机构在接收不良债权后的首要工作就是明确自身对债权项下抵（质）押物的处置权利，对困境企业救助纾困时通常也会要求交易对手提供抵（质）押物，因此无论何种业务模式都要求详细的押品分析。不良资产处置机构不同于银行，由于接手资产的信用主体通常已经确认失信，因此关注焦点下沉至抵（质）押物评估。

（一）保证金与押品的基本概念

保证金概念主要用于场内交易，抵（质）押品则主要用于场外交易和协议合同，两者在本质定义上是趋同的，但是场内交易通常交易双方互有敞口，因此保证金也表现为双边保证金，场外交易和协议合同中通常是一方对另一方有单边敞口，因此抵（质）押品是单边抵押。

由于抵（质）押品通常可以在债务人违约时出售，它为债权人提供了担保。抵（质）押品的预期损失也使债务人有偿还义务的动力。通过这种方式，抵（质）押品的使用往往会降低违约的可能性，更重要的是，通过向债权人提供全额或部分赔偿，从而减少违约时债权人损失的严重程度。总的来说，抵（质）押品往往会降低或减轻贷方面临的信用风险，因此被归类为信用风险缓释。当信用对象发生违约时，可以视作一次性支付抵（质）押品价值并且中止合约。

（二）不良资产业务中的押品风险

虽然不良资产业务不像场内交易可以对标市场调整保证金估值，但是不良资产处置机构依然需要建立起完善的押品管理体系，参照盯市原则对抵（质）押品进行有效管理，保证抵（质）押品的价值与项目成本维持合同约定比例。在大多数情况下，不良资产处置机构会要求交易对手超抵押，例如要求银行资产包组包中抵（质）押物充足，或者要求寻求融资的困境企业提供超抵押的资产。但这些都是理论上的风险抵消，实际中仍然存在法律障碍和再抵押问题。而且抵（质）押品并没有消除项目风险，只能说抵（质）押品的引入缓释了信用风险，同时也衍生出以抵（质）押品为基础的市场风险、操作风险、流动性风险。

市场风险来源于抵（质）押品的价格波动，波动会引发抵（质）押率不足的经营焦虑，由于是场外交易，因此不良资产交易通常不会追加保证金或抵（质）押品。操作风险来源于对抵（质）押品的管理，通常不良资产项下的抵（质）押物地理分布较广，人力有限的不良资产处置机构难以分散管理力量去覆盖遍布全国的抵（质）押品，因此处置机构无法及时跟踪抵（质）押品情况和调整相应管理策略。流动性风险是指抵（质）押品的流动性与估值之间存在较大偏差，市场环境变化导致抵（质）押物及时变现会付出较大的流动性折价，而这在合同约定时往往没有充分考虑。

第三节　市　场　风　险

市场风险可以定义为由于市场价格波动给管理机构带来损失的风险。对不良资产行业来说，债权资产的价格波动和债权资产项下的底层抵（质）押物（主要是房地产）的价格波动都会引入市场风险。一般来说，两者的市场价格正相关，但并不总是完全同步。在特殊时点，也会出现背离的状态。两个市场自身的波动性会对管理机构带来市场风险。两个市场波动性的叠加有时候甚至会放大市场风险。在不良资产市场交易中，估值价值偏差和投后资产贬值都会给管理机构带来损失。

一、估值价值偏差

估值价值偏差来源于市场参与者之间对资产价值的认知偏差和方法偏差。

资产交易的上下游对资产基本面的尽调程度和尽调侧重点不同会引发认知偏差，即便使用相同的估值模型仍然会得到不同的输出结果。一般来说大型金融机构之间的尽调方法是类似的，但不良资产行业是一个新生的行业，其中有大量新进入的市场主体，在统一的方法论产生之前认知偏差会持续产生。此外不良资产市场的变化也在产生机构之间的认知偏差，当不良资产市场的交易机会从债权包收购处置转向对困境企业纾困，各家机构便会产生不同的基本面理解，对于困境企业的纾困价格也会不同，这些认知偏差都来自市场环境变化。

另一种估值价值差异来源是方法偏差。估值方法存在多种理论体系，对同一资产的估值也会产生不同的结果，这就是由估值方法引发的结果偏差。例如对企业估值时有现金流折现和可比估值方法，这两种估值方法背后有着完全不同的逻辑链条。现金流折现是一种结构化且复杂的方法，当市场价格与现金流折现不同时通常会认为市场价格偏离价值，估值时以现金流折现的结果为准。相反，可比估值方法则是认为市场价格就是终极价格，选择相信市场并且从标的的同业平均水平中取值得到合理价格。两种估值方法的偏差背后是机构对市场的理解程度。回到不良资产行业实际情况，即便是对不良债权项下的抵（质）押品估值，也会由于估值模型的选择而产生差异，例如对机器设备是采用经营视角的现金流折现方法还是采用清算视角的二手设备横向对比估值，这些分析方法之间的差异都会体现估值乃至报价之间的差异。

二、投后资产贬值

不良资产处置机构的优势和劣势都在于距离金融市场较远。这种距离是优劣势的本源，正是因为这种距离导致不良资产处置机构获得便利融资的难度较大且融资成本较高，但也正是因为这种距离让不良资产处置机构能够以相对低的频率重估存量资产市场价值，避免账面价值波动过于剧烈侵蚀资本。从2008年金融危机可以得到启示，金融机构的资本在剧烈的市场波动面前非常脆弱，而竞争环境下金融机构又需要用有限的资本金来换取高杠杆和高盈利，显然频繁的重估值会引发投后风险。

从不良资产处置机构的角度出发，虽然不需要频繁的每日净值重估，但是仍然需要关注投后的资产贬值风险，因为不良资产处置机构仍然需要通过资产交易来实现价值。投后的贬值风险除了从业人员管理不善导致的操作风险以外，还有市场因素导致的市场风险。

市场因素带来的投后贬值主要来源于资产的固有特征与经济的相关性关系。经济周期对行业和资产带来的冲击波动是不一致的，不良资产处置机构在投后管理时不仅要关注操作层面的日常管理，更要关注经济周期变化对资产市场价值的不利影响。通常当通胀发生时商品和土地的价格会发生较为大幅增长，此时持有不良资产并且寻找机会处置抵（质）押品是一个相对比较合适的剪刀差。相反当市场开始通缩时，商品和土地价格回归甚至下挫，此时抵（质）押物处置的不确定性将进一步增大。

真实的市场环境要比经济模型复杂得多，而且政府干预以及其他市场主体的非理性行为也会给价格带来不可测变数，为了避免市场非理性波动带来的负面影响，不良资产处置机构应当主动管理市场风险，借助主动交易规避。

第四节 合 规 风 险

不良资产管理机构产生合规风险通常源于其所具备的政策工具属性与商业企业属性的定位冲突，站在政府角度不良资产管理机构需要保持对不良资产主业的定力。资产管理机构既要保持不良资产主业在业务结构中的绝对占比，同时也要降低财务杠杆率来保持自身风险稳定。由于合规风险是管理机构的定位冲突所致，不良资产管理机构就需要严格遵守监管意见，同时了解清楚自身的经营偏好和监管要求的兼容程度。

一、监管政策变化

不良资产监管条例较多，每次监管政策的变化都会导致可选业务类型的收缩或扩大。例如2012年，财政部和原银监会联合发布《金融企业不良资产批量转让管理办法》（财金〔2012〕6号），要求地方资产管理公司购入的不良资产应采取债务重组的方式进行处置，不得对外转让，这就给企业经营的灵活性带来较大限制，不良资产自行清收的不确定性完全由地方资产管理公司承担会造成企业经营的失衡。后期随着政策调整地方资产管理获得了交易处置的能力，相同的业务模式也就变得合规与可持续。

不良资产处置机构展业过程中必须符合监管要求，主动配合监管思路，不得进入监管禁止的展业领域。目前的金融监管大方向是所有金融业务都融入行为监管整体框架，不存在游离在监管意志之外的市场主体，所有的金融业务都需要持牌进行，因此过往的模糊地带很有可能退出历史舞台，不良资产管理机构主动配合监管是一个比较合适和务实的选择。基于以上分析，不良资产管理机构对监管要求的响应速度直接决定了其是否产生合规风险。

二、跨区跨类展业

不良资产管理机构的展业包括展业区域和展业类型，这两者的越界都构成了展业不审慎。通常，全国性的金融资产管理公司不存在区域展业的限制，展业区域不审慎的问题主要发生在地方资产管理公司，由于监管要求原则上地方资产管理不得跨省经营主业，大部分跨省域经营主业的地方资产管理公司都存在合规展业的疑虑，虽然监管一直未对这种现象表态，但是随着全行业的监管文件[①]落地，地方资产管理公司仍要回归所在区域。

展业不审慎不仅会引发监管方面的压力，地方资产管理公司的实际经营过程也会受到各种压力，具体来说在省外展业时地方资产管理公司与普通民间投资者无异，不具备本地资源支持且展业成本提高，间接增加了展业风险。地方资产管理公司在省外展业之前应当主动评估自身的经营能力，合理配置属地以外的不良资产。

另一种展业不审慎来自业务类型的不审慎，在不良资产行业语境中这通常指代违规开展融资业务。《关于加强地方资产管理公司监督管理工作的通知》（银保监办发〔2019〕153号）规定地方资产管理公司

---

① 《中国银保监会办公厅关于加强地方资产管理公司监督管理工作的通知》（银保监办发〔2019〕153号）。

"不得以收购不良资产名义为企业或项目提供融资",但实务中不良资产处置机构介入困境企业流动性纾困救济的业务,存在被地方监管部门判定为向企业违规提供融资的风险。

第五节 其他风险

不良资产处置机构的风险来源主要是内生风险,相对来说外源风险相对较少,这说明不良资产行业尚且处于初级发展阶段,交易结构相对简单,交易对手引入层次相对较少,与资本市场的融合程度也比较低,总体而言金融化手段使用还不够充分。从机构管理的角度来看,不良资产处置业务还处于资产贸易向金融服务和资产管理的中间过渡态,不良资产处置机构需要苦练内功以提升风险的辨识和评估能力,进而提高风险管理和整体控制能力。

存量业务风险中,核心管理机构通常使用银行的信用风险、市场风险、操作风险进行分类,但是高于业务层面还有一项流动性风险需要关注,这也是近年来监管持续提示的重点风险。流动性风险来源于核心管理机构资产端和负债端期限不匹配造成的挤兑危机,资产端通常会出现处置进度不及预期或资产变现价值收缩等,引发负债端交易对手的主动收缩账期,促使挤兑危机出现。流动性风险是资产和负债双向错配导致的风险,因此复杂程度要高过其他业务层面的风险,但是从银行的角度来看流动性风险才是最后导致金融机构倒闭的最终风险,无论是市场风险还是信用风险都只会在资本层面消耗金融机构,类似于我国早期四大行的技术性破产,而非真正的破产。其他风险还可能来自环境风险、政治风险等,而且严重信息不对称阻碍了核心管理机构识别和控制风险。

新业务会带入新的潜在风险,这些风险可能是常规业务风险的变化,也有可能是完全未知的风险。例如当核心管理机构从不良资产业务切入资本市场,开始从重资产运营公司向轻资产管理公司转型,从事不良资产ABS发行加处置服务,此时市场风险就会从间接风险转化为直接风险。在不良资产业务资本化前,核心管理机构面临的市场风险仅仅是估值变动风险,不会直接影响资产的账面价值和资本损失,但是当资本化后不良资产ABS便成为债务工具,不仅底层资产价值变动会直接影响市场定价,而且外部的利率变动也会影响市场定价,多种因素都会干预底层资产价值从而导致可控性下降。除了已知风险的变化,新业务也可能带来新型风险,例如个贷不良风险化解业务可能会涉及个人信息泄露问题。

第六节 市 场 案 例

以不良资产为标的的私募基金爆雷

2018年12月,东方成安旗下三款基金产品出现延期兑付,是因为当时国内整个不良资产行业受到经济大环境和金融市场环境影响,处置进度一再延缓。而东方成安实际控制人韦健和总裁缪宏杰此前已失联。据东方成安内部员工透露,两人失联后,公司已无法正常运转。据悉,东方成安和中润国盈两家公司旗下数十只产品规模约有70亿,涉及不良资产债权包价值约110亿。

2019年10月21日,大连市公安局中山分局成立专案组,对东方成安资产管理有限公司大连分公司以涉嫌非法吸收公共存款立案侦查。

与东方成安几乎同时"爆雷"的还有东融集团,其前身为P2P平台速贷邦,主营银行不良资产处置业务。一方面其通过自身渠道收购、管理、处置不良资产;另一方面其通过上述项目由多个线上线下平台吸引资金投资。

2018年,东融集团合计18期共计金额3.69亿元的基金产品出现部分违约。但随着影响面的扩大,流动性枯竭问题暴露,兑付危机全面爆发,共形成74.54亿元债务,涉及投资者2.8万人,投资额在5 000元以下的7 000多人,大部分投资人投资额在几百万元不等,更有个人投资上亿元的。

而在其中,东融集团的员工及其家属也参与了投资,共有超过5亿元的资金无法收回。东融集团解释,这一次出现的流动性危机,是因为宏观经济波动带来的行业性系统风险。

不良资产类投资非常关键的一环,在于后续的处置。处置能力的强弱直接决定了这项投资的盈利水平。处置环节的效率,直接关系到不良资产的变现速度。无法快速变现的不良资产,甚至会变成机构手中的"坏账",导致机构运转陷入困局。

目前市场对于不良资产的处置时间,通常需要两到三年,如果处置时间延长,则会引发不良资产背后的投资产品的延期,甚至是违约情况的出现。

因此行业整体收益近年来有一定下滑,风险也有所暴露。上述股权私募投资基金无法正常兑付的原因可能有两个:一是募集后用于处置不良资产的基金,因为受经济下行压力影响,资产变现能力降低,周转速度和回报变得漫长,效率低下,进而无法如期对基金份额持有人进行兑付;二是"挂羊头卖狗肉",穿透后基金财产流向不符合合同规定,资金被挪为他用。

案例中的管理机构以基金管理方式进行不良资产收购和处置的过程中，既存在项目立项不严谨、项目评估不客观、人为失误和道德风险等内源的操作风险，也存在主体信用不可靠、投后资产贬值、监管政策变化等外源的信用风险、市场风险和合规风险，最终造成严重的损失，十分值得不良资产从业者反思。

本 章 小 结

操作风险是核心管理机构的主要风险，这源于不良资产业务的非标性。无论是交易对手之间还是机构内部员工之间，都存在大量信息不对称环节，这种信息不对称一方面给予核心管理机构超额利润，另一方面也引发层出不穷的员工道德问题或交易对手欺诈。为了控制内外部信息不对称，核心管理机构通常会强化立项、尽调、评估环节的人力投入，这本身是一种将不可控风险损失置换为可控成本的权衡策略。此外核心管理机构还在面临复杂的实际利益分配和意外事项，因此需要专业人员设计和维护交易架构和合同条款，同样是用成本换风险的管理策略。操作风险是核心管理机构需要重点控制的风险，因为操作风险是内生于机构而不是附着于产品，无法通过交易向外转移操作风险，因此核心管理机构需要通过强化企业文化、监督监管、前置审核、平行尽调等方式控制操作风险。

信用风险是核心管理机构收回应收款项的不确定性，虽然核心管理机构通常使用交易方式退出资产，但是仍然存在信用风险。不良资产业务主要围绕不良债权剩余价值的回收，核心管理机构的求偿权源于债权的本金回收诉求，但由于主体信用早已破产，信用风险源下沉至抵（质）押品信用，或更广泛地说，资产信用。此外核心管理机构还广泛参与困境企业纾困融资，信用风险源则是主体信用和资产信用的混合，抵（质）押品提供了主体信用的风险缓释。

市场风险来源于不良资产底层抵（质）押品的价值波动，对核心管理机构而言市场风险的冲击是相对可控的，因为不良资产属性特征具有个异性，分散化投资可以利用驱动因子不同而降低组合风险。在业务层面，核心管理机构需要关心的是初始估值是否与市场一致价格存在显著偏差，并且资产在收购后是否发生持续贬损，持续贬损本身也代表了初始估值不够审慎。为了控制偏差产生，核心管理机构需要建立科学的估值参数体系和估值方法选择标准，减少人为判断和主观加价权的使用空间。

合规风险通常源于不良资产管理机构所具备的政策工具属性与商业企业属性的定位冲突，站在政府角度不良资产管理机构需要保持对不良资产主业的定力，但同时作为一个独立的市场主体，管理机构既要保持不良资产主业在业务结构中的绝对占比，同时也保持经营的可持续发展。因此资产管理机构需要尽可能扩大资产管理规模、丰富业务模式与结构来稳定企业经营。由于合规风险是管理机构的定位冲突所致，不良资产处置机构就必须严格遵守监管意见，同时了解清楚自身的经营偏好和监管要求的兼容程度。

本章重要术语

内源风险

外源风险

复习思考题

1. 操作风险来源包括哪些?
2. 信用风险来源包括哪些?
3. 市场风险来源包括哪些?
4. 合规风险来源包括哪些?

第十四章

不良资产业务的风险管理措施

业务稽核工作底稿是稽核人员在实施业务稽核过程中形成的稽核工作记录和取得的证据资料，不仅是形成业务稽核结论、发表稽核意见的直接依据，也是证明稽核人员按照独立稽核原则要求完成稽核工作、依法履行职责的依据。

在分析、识别不良资产业务中不同类型的主要风险来源之后，管理机构的下一步工作就是采取风险管理措施来应对和控制各类风险的发生及其影响，将各类风险可能导致的损失控制在可接受的范围之内，保障公司不良资产业务的可持续发展。

根据不同的风险来源，资产管理机构应采取与之相对应的风险管理措施来取得最佳的应对效果（如图14-1所示）。操作风险的管理措施主要有合同审查、尽调管理、挂牌管理、稽核管理和结项管理等。信用风险的管理措施主要有核保、出账管理等。市场风险的管理措施主要有估值管理和投后监管等。合规风险的管理措施主要有特殊目的载体

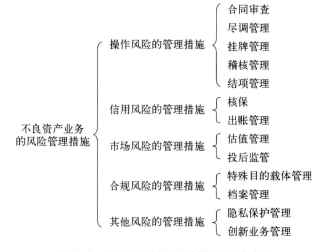

图14-1 不良资产业务的风险管理措施分类图

管理、档案管理等。其他风险的管理措施主要有隐私保护管理和创新业务管理等。这些都是与业务紧密相关的日常风险管理措施。

同时还要认识到,风险管理工作除了与业务相关的日常风险管理措施外,更为重要的是在管理机构全域内建立风险管理体系和培养风险文化意识。管理机构要清晰地认识到自身的风险偏好和风险管理原则。通过风险管理体系的建立和日常风险管理措施的操作互动,真正实现风险的全面管理。有关风险管理体系的内容将在另行编撰的行业管理专题教材中详细介绍。

第一节　操作风险的管理措施

操作风险是最大的风险来源类别。操作风险的管理措施也比较丰富,包括合同审查、尽调管理、挂牌管理、稽核管理、结项管理等。根据不同的风险来源,采用不同的风险管理措施。管理机构或采用某项措施为主,或几项措施共同作用,来应对来自各个风险来源的挑战,如表14-1所示。

表14-1　操作风险来源于管理措施对应表

风险来源	管理措施	基本管理手段
合同拟定不严密	合同审查	防范法律风险
项目立项不严谨	稽核管理、结项管理	保证制度流程严格执行。结项统计促进立项管理
项目尽调不充分	尽调管理	明确尽调要求和尽调内容
项目评估不客观	挂牌管理、稽核管理	进行市场化定价、保障流程规范
交易结构不合理	特殊目的载体管理、合同审查	对整体交易专业化审查
人为失误和道德风险	稽核管理、挂牌管理	内部控制、信息公开

从基本手段上来看，管理机构主要通过专业的整体交易方案审查、市场化定价、加强信息披露、保障制度流程规范执行、明确标准要求等管理手段达到控制和减少风险损失的效果。

一、合同审查

合同审查是防范法律风险的重要手段。合同是商业行为的契约基础，是一切商业交易的起始。通过合同明确各方的权利和义务，保障不良资产交易和管理活动的顺利实施。在不良资产管理机构中，合同审查的主要责任部门是法务部门。

首先要识别并控制管理机构拟签订的合同中可能存在的法律风险，法务人员需要根据自身的专业知识和执业经验发现合同中存在的问题或潜在的法律障碍。法律风险是指由于违反法律规定或不符合法定要件而产生的风险，通常会影响合同或者合同条款的法律效力，或者可能给当事人带来不利的法律后果。识别风险后，需要对风险进行评估分析，根据识别出来的风险，提出针对性解决方法和建议。

对于识别出来的法律风险，法务人员根据法律规定、管理机构的交易地位、交易步骤、交易目的、交易习惯、履约能力等综合因素，提出具备合法性和可行性的法律风险防范方案。合同审查需要区分法律风险是违反法律强制性规定，还是属于法律允许自由约定事项。若是影响合同的法律效力或者会给管理机构带来较大的法律风险，如违反管理性规定、规章、政策、上级政令、监管要求等，应向管理机构明确提出否定意见并力争修改和完善。法律风险会导致合同无效或承担法律责任最终会导致合同目的落空。如果属于法律允许自由约定事项，经提示后，由管理机构综合考量其他方面因素自行决定。

防范风险是合同审查的基本要求与目的，但促进交易是合同审查的落脚点。法务人员应始终秉承促成合同目的的达成的理念，排除合同中的违法因素，围绕交易目的，考量风险，梳理合同各方的权利义务，在合同中形成管理机构合同目的实现的机制，积极促进合同依法成立并生效。

合同审查在于发现合同条款在交易目标、交易愿景、法律规定之间是否存在冲突或其他缺陷，发现影响交易顺利进行的障碍，从而调整合同各方权利义务的边界，以使各方利益平衡后实现交易。故而不是所有的审查点都能得到修改和调整，需要达成平衡以实现交易。在不良资产的实际合同审查工作中，应采用整体交易方法和运用反向诉讼思路。

（一）合同审查的整体交易方法

采用整体交易方法要求进行合同审查时应跳出待审合同文本自身，先识别交易目标、了解交易背景与交易结构，从宏观上核实法律需求，然后审查每份合同文本的结构、条款、文字符号。

1. 识别交易目标，了解交易背景与交易结构

识别交易目标，了解交易背景与交易结构是进行合同法律审查首先应该完成的工作。如果未能有效识别合同的交易目标，了解交易背景，准确理解交易结构，就着手进行合同审查修改，会导致修改出来的合同"只见树木不见森林"，出现缺少必要交易文本、缺失合同有效条款、风险防范疏漏等问题。

交易目标有直接与间接、表面与实质、过程与终极之分，有时候因交易的复杂或隐蔽性，交易当事人未能准确表达或者难以表达交易目标，故而首先需要识别交易目标，领悟管理机构的真正商业目的，获得更多细节，以明确合同审查的方向、理清思路、落实定位，更快、更精准、更高效地为管理机构提供交易文本。例如，以自营商业化

收购处置为交易目的而受让不良债权与以再次转让为目的而收购不良债权，交易形式相同但商业目的不同，合同条款设计会有所不同。又如，为了尽快扩大资产规模与为了取得土地而收购目标公司，虽然是同类合同，但因为交易目标不同，故权责重心与条款设计也理应有所不同。

交易背景信息包括管理机构的交易动机及所期望的交易条件、安全底线、合同地位（处于甲方优势地位还是乙方劣势地位）、合同条款可协商程度以及项目遇到的困难及不利因素等。这些信息了解得越多，就越能更好地确定合同条款修改的边界。例如，管理机构处于优势交易地位的，在交易模式、合同条款的确定上的话语权和主动权优于另一方，法务人员对合同条款就具有更大的主动修改完善的可行性。

2. 核实法律要求，了解法律环境

通过识别交易目标和了解交易背景与交易结构，法务人员对于待审项目的商业逻辑和实质内容有了较为全面深入的了解，接下来便是核实商业交易的法律需求，了解拟交易所处的法律环境，以避免违反法律规定导致交易内容有效力瑕疵，引发风险或出现损失。法律条款有强制性和授权性、指引性和任意性规范之说。对于法律的强制性要求，在交易时应严格遵守合同相关约定，避免与强制性规定冲突；对于法律给予当事人可以自由约定事项，应充分运用法律给予的授权发挥主观能动性，举一反三发现问题、提供解决方案，在法律框架内实现当事人合法权益的最大化。

3. 审查合同文本，寻找最优方案

审查具体的合同文本遵循先整体后局部的原则。先审查交易所需的合同文本类型及数量是否有缺漏，然后审查每份合同文本的结构及条款、文字符号、遗漏事项、条款的准确性和可操作性。

首先，梳理项目交易结构项下所需具体的文本类型及数量。复杂的交易结构往往需要多个相互配套的合同文本，这些文本之间以合同交易目的为连接点而相互配合与支撑，紧密有机联系在一起。如通过下设特殊投资主体（有限合伙公司）收购债权的项目，需要的文本包括投资主体设立法律文件、合伙协议、债权收购（转让）协议。如债权项下有担保增信措施的，还应该根据担保类型配套有保证合同、抵（质）押合同。如是非典型性担保，配套的应该是非典型性担保合同。

其次，对交易项下每份具体合同进行审查，审查文本所建立的法律关系，如是民法典规定的有名合同应对照分析合同是否涵盖必备的条款，是否存在漏项，合同的主要商务条款内容是否清晰明确、权利义务是否完整，条款之间的逻辑联系是否有序，如是无名合同或复杂的交易合同还需要参考类似有名合同的规定，根据具体交易结构与细节进行细化。此外，对合同文字符号的审查应侧重于使用法言法语进行封闭性的表达，条款之间的指代应明确、前后清晰统一，条款的表述应无歧义。

（二）合同审查的反向诉讼思路

运用合同审查的反向诉讼思路，是指为实现经济交易目的，对当事人自身及市场上同类主体曾经遇到或发生过的诉讼风险点进行识别、评估，归纳总结运用于待审项目合同，针对性地设计相关风险防范条款。

合同的一般审查是指按照正向的逻辑去理解和审查合同。一般审查离不开法律思维。法律思维是一种理性的思考方式，它基于事实和法律依据进行逻辑判断，不断排除不可能的选项直到得出有根有据的结论。其逻辑被法律职业人员共同熟练地运用于法律诉讼业务和非诉讼业务中。

合同的一般审查与运用反向诉讼原则的支撑点都应是围绕事实、法律和逻辑展开。诉讼思维是聚焦于既成事实，通过事实、证据与法律去争取一个有利的结果，首要考虑的便是证据是否无效、是否违法、谁承担责任、承担何种责任问题；而合同的一般思维首先要考虑如何实现交易利益，其次才是交易会遇到的法律问题，需要反向运用诉讼思维，通过事实约定与法律预先理解适用，对于已经存在或发生过的风险进行事前防范控制，尽可能避免未来不确定性因素可能带来的不利影响，合同的许多条款是面对未来可能发生也可能不发生的问题，双方为实现某种资源交换而达成的一致意见，既是一种经济交易行为，又受到法律规范的调整，成为法律行为。

二、尽调管理

尽调管理是通过尽职调查的手段解决不良资产业务过程中信息披露的真实性和信息更新的及时性的问题。尽职调查可以发现不良资产业务中的潜在风险和潜在价值。不良资产管理机构的尽调管理以商业银行的风险资料为基础，是传统商业银行风险的延伸调查，需要通过由表及里的层层剖析来还原项目的真相。

（一）尽调管理的总体要求

尽职调查的内容主要包括资产权属关系判断、资产法律关系与状态判断以及资产价值判断等。不良资产收购估值尽调维度应包含债权转让的合规性、债务结构、法律信息、风险信息及处置信息等。尽职调查的范围应当包括资产包的基本情况及资产包质量的相关数据。

业务部门原则上应对金融不良资产进行阅档、访谈、实地勘查、到相关部门查询等程序，获取估值分析所需的信息。估值尽调应以法律尽调为基础开展相关工作。

（二）尽调管理的具体内容

业务部门应审阅资产档案，提取有价值的信息，着重审阅主/从债权的构成，主/从债权的合法性、有效性和资料的完备性，时效情况，诉讼情况，受偿情况，实现债权的障碍等。

业务部门应对债权（或其他资产形态）及其从权利的真实性、合法性、准确性、有效性及可转让性展开估值尽调，包括但不限于相关档案资料是否真实完整准确、主债权及担保权利是否有效成立、主债权及担保权利是否处于诉讼时效期间内、主合同中是否存在限制权利转让的条款、最高额担保的主债权是否已经确定等。

业务部门应对债务主体的涉诉情况及当地司法环境与政策展开估值尽调，包括但不限于涉诉当事人、诉讼标的、所处诉讼阶段、诉讼结果、执行情况、法院已采取的强制措施、诉讼主体/执行主体是否能够顺利变更至各经营单位名下等。

业务部门应对债务相关人员进行访谈，调查企业的生产经营现况、债务违约原因、债务主体偿债意愿及其他相关情况，调查时应做好相关记录，并编制相应底稿。

业务部门应对债务主体经营情况、资产进行实地勘查，重点查看相关资产的类型、数量、用途、位置、外观、使用情况及周边市场状况。

业务部门在估值尽调过程中，必须对不良资产涉及的抵（质）押品、维持生产经营的企业、有效担保人及其他有价值的标的物进行现场拍照取证。拍照取证时，照片中应当包含估值尽调人员的影响。具体要求如下：① 押品为土地、厂房等不动产时，需提供押品的全景照片；② 股权质押企业、债务企业或保证企业，如仍维持生产经营的，需提供企业现场尽调照片；③ 押品照片（不动产、动产）下方需提供押品名称、初步估值（抵押物可回收价值）、估值尽调人员签名、尽调日期等信息；④ 项目所有现场拍照取证的标的物，初步估值（抵押物可回收价值）合计至少100%覆盖资产包收购对价；⑤ 在项目方案中，应将现场照片作为附件上传。

业务部门应尽可能到相关部门进行查询：到工商局查阅债务主体的工商档案，了解债务主体的基本情况；到国土、房管、不动产登记部门查询不动产的产权登记、抵押及查封情况；到规划部门查询不动产的规划情况；到法院查询债务主体的涉诉情况；如果涉及其他查询事项，则需到相应主管部门查询。业务部门查询时应当尽可能取得相关部门盖章的查询原件。若不能取得原件，业务部门应尽可能通过拍照、录音等方式记录相关查询内容。若相关部门仅允许现场查阅时，业务部门应当编制相关工作底稿记录查询地点、查询时间、查询部门、查询内容，并在相关部门标志处进行合影。

三、挂牌管理

不良资产挂牌处置是监管的要求，也是管理机构防范道德风险和逆向选择的手段。通过公开信息，公开挂牌的处置定价形成市场化交易价格，实现处置收益的最大化。

（一）资产挂牌的前置要求

在处置不良资产时，应参照第三方评估机构的评估价值及收购成本确定首次挂牌价格，首次挂牌价格应不低于剩余收购成本且不低于第三方评估机构的评估价值。

处置方案中应该明确保证金比例，一般保证金数额可在起拍价的10%—20%范围内确定。若保证金数额低于起拍价的10%，业务部门须在处置方案中阐明理由，经审批后可实施。

资产处置方案中应明确拟挂牌资产的处置平台，资产处置平台以阿里拍卖平台为主；但存在区域性差异，北京、天津、河北、广东、湖北、四川及福建地区使用京东拍卖也较为普遍。

地方金交所、地方产交所等其他平台对拟处置项目推荐客户并达成处置意向的或地方政府出函指定挂牌平台的，业务部门可就该项目申请在该平台挂牌，并提交相应的书面函件作为处置方案附件，经审批后实施挂牌。

对于可能出现特殊情况，如无意向投资人、首次挂牌可能流拍（有意向方但未缴纳保证金）或跨省组包处置的项目，挂牌平台一般选择阿里拍卖平台或京东拍卖。

（二）处置挂牌的操作要点

经管理机构审批同意挂牌处置的项目，业务部门应根据决策拟定挂牌公告，公告期不得少于7个工作日。

挂牌公告应包括以下内容：

- 处置标的及基本情况；
- 竞买人的资格要求；
- 挂牌时间、地点、期限、竞价方式；
- 竞买保证金缴纳数额及保证金规则；
- 付款方式；
- 违约责任；
- 瑕疵风险提示；
- 其他需要公告的事项。

首次挂牌如果流拍，可以在首次处置底价的基础上适当下浮一定比例，重新确定挂牌价格。原则上应在同一资产处置平台进行二次或多次挂牌。具体包括下列情况：

（1）对重新确定的挂牌价格较首次挂牌价格下浮比例在10%—20%

（含）以内且不低于收购成本的，可进行二次或多次挂牌；

（2）对重新确定的挂牌价格较首次挂牌价格下浮比例超过区间，但低于收购成本的，一般须重新按照资产处置流程重新决策；

（3）如果出现重新确定的挂牌价低于收购成本的情况，一般须按照收购成本作为起拍价挂牌一次；

（4）每次挂牌距前一次挂牌流拍的间隔时间不得少于3个工作日。

四、稽核管理

稽核管理是管理机构通过业务稽核的手段，实现内控管理目标，防范业务风险。通过对业务活动的过程以及结果的检查监督并对业务活动的安全性和效益性作出审核，提升业务的真实性、合法性。稽核管理已经由原本单纯的检查监督工作，发展为检查、处理、评价、建议及反馈的一系列工作。稽核管理包括以下步骤。

（一）稽核准备

1. 业务稽核计划

稽核部门根据内部管理要求，以防范风险为导向，结合业务开展重点，于年底前编制下一年度的业务稽核计划。年度业务稽核计划应在全面、科学地分析业务风险状况后作出，具有针对性、可操作性的特点。

2. 业务稽核方案

稽核部门根据年度业务稽核计划、内控需要或相关部门委托，在开展业务稽核前，对被稽核业务制订业务稽核方案，确定稽核范围、内容、方式、时间和稽核小组成员，经批准后实施。业务稽核部以经批准的业务稽核方案作为实施依据。

业务稽核方案应包含以下内容：稽核目的、稽核方法、业务基本情况、稽核重点、稽核范围、稽核实施期间、稽核小组对业务开展稽核工作的起止时间。稽核实施过程中，如遇延伸稽核追加稽核程序或其他特殊情况可以根据需要延长稽核时间。

（二）稽核实施

1. 稽核工作底稿

业务稽核工作底稿是稽核人员在实施业务稽核过程中形成的稽核工作记录和取得的证据资料，不仅是形成业务稽核结论、发表稽核意见的直接依据，也是证明稽核人员按照独立稽核原则要求完成稽核工作、依法履行职责的依据。

在业务稽核项目实施过程中，稽核人员将取得的业务数据和相关稽核事实经核对后，录入业务稽核工作底稿，业务稽核工作底稿需由稽核经办人员签字确认、复核人员审核。

业务稽核工作底稿编制的基本要素：

- 被稽核单位名称；
- 稽核项目名称；
- 稽核项目时点或期间；
- 稽核过程记录，记载稽核人员所实施的稽核检查的性质、范围、样本选择等重要内容；
- 稽核结论或稽核发现问题的摘要及其依据，记录稽核人员对特定稽核事项的查证结果，是稽核人员通过一定的稽核方法或步骤，针对特定稽核事项作出的专业判断；
- 编制人员姓名及编制日期；
- 复核人员姓名及复核日期；
- 其他应说明事项，揭示稽核判断的其他重大事项，提供更详尽的补充信息。

2. 稽核询证与确认

稽核人员在检查相关业务数据和稽核事实过程中，对难以辨认或证据不全的业务数据或事实可向相关部门进行询证。稽核询证时，稽核小组应填列稽核询证函，以书面或邮件方式发送至被询证部门，被询证部门收到稽核询证函后应积极予以配合并进行回复，对不能确认的需说明原因。

稽核事实确认书是就稽核发现的具体问题与被稽核单位进行沟通的工具，也是稽核人员按照稽核程序取得有效证据并进行专业判断的依据。业务稽核工作底稿录入期间，稽核人员对发现的问题应编制稽核事实确认书，并以书面或邮件方式发送至被稽核项目的对接人。稽核事实确认书应在业务稽核部规定的期限内由被稽核项目的负责人签字确认回复。

(三) 稽核报告

稽核报告是稽核小组在实施完成业务稽核所有程序后，对被稽核单位作出的事实结论和评价意见的内部文书，是稽核小组履职开展稽核工作的工作成果，具有总结、评价、决策、公证和建议的作用。凡是下达过业务稽核通知书的业务（项目），在稽核实施阶段结束后，无论稽核有无发现问题，稽核小组均须根据检查情况出具稽核报告。

稽核报告的内容包括：

- 稽核的内容、范围、方式和时间；
- 被稽核单位的有关情况；
- 实施稽核的有关情况；
- 稽核评价意见；
- 如涉及处理、处罚的，应引证有关法律、法规、规章和具有普遍约束力的决定、命令的条款。

稽核报告完成后，稽核部门将经批准的稽核报告以书面方式或电邮方式送达被稽核单位及相关管理部门。

（四）稽核整改

业务部门在收到稽核报告后。根据稽核报告反馈的意见，制订并落实整改计划。整改计划规定期限到期后，稽核部门应对照整改计划，对被稽核单位的整改计划落实情况进行检查和监督。稽核部门的后续稽核检查可根据实际情况采取全查或抽查的方式。

五、结项管理

结项管理是指以资产包为单位，按照管理机构相关业务管理办法和决策通过的方案实施完毕，符合项目结项要求并办理结项手续的工作。由于管理机构收购的不良资产多以组包的形式收购，在资产包中存在好坏搭配的情况。如果不能很好地对整个资产包进行管理，将会出现容易处置的资产优先处置，而困难资产、风险资产沉底的情况。这不利于风险的真正化解。严重的情况下，大量的沉底不良资产还会影响到管理机构的现金流和资产质量。结项管理可以防范逆向选择风险的发生，暴露前期的估值风险以及市场风险的影响。

结项标准要求：可实现的经济利益已全部实现，相关风险报酬已全部转移或释放；相关费用已全部结清，不存在或有支付及其他义务；必备档案已收集、整理完毕，项目档案已归档。按照不同的不良资产处置方式的具体管理标准，结项标准如下。

其一，通过不良资产权益（债权或收益权）转让方式处置的：一次性支付转让价款已全部收取完毕且资产权益（债权）已向投资人完成交割；通过分期收款权益转让的，将首期款足额收取作为判断标准。

其二，通过抵（质）押物权实现、借款人和保证人追偿方式处置的：债权权益已实现，如债权本息实现全额回收，或已进行债务和解并全额收到和解款项，或已对债权权益进行了充分清收，无明确证据表明债权还有可回收来源；抵（质）押物权益已全部实现，包括抵（质）押物已拍卖且全部执行款已收回，或抵（质）押担保已和解并全额收到和解款项，不存在应退未退权益；保证担保权益已实现，包括全部保证人已无可追索财产，执行程序已实质终结，或保证人已和解并全额收到和解款项且已免除其剩余保证责任。

其三，通过以物抵债方式处置的：如抵债资产为自用固定资产的，抵债交易完成即可；如抵债资产非自用仍需对外转让处置的，该抵债的物权资产需完成对外处置。

其四，通过债权转股权处置的：以所转股权完成退出作为认定标准。

第二节 信用风险的管理措施

信用风险的管理措施主要是核保和出账管理。

针对信用主体、保证金和押品等重要的信用保障，核保工作发生在业务实际开展前，对主体信用的相关材料进行实地核实和记录在案，保证交易主体及其抵（质）押行为在法律上的有效性。出账管理则是在真正放款形成风险敞口之前，再次确认信用主体信息、担保信息和抵押信息等的真实有效和及时性。规范的流程化管理可以减少主体信用不可靠和保证金不足与押品贬值等带来的风险。

一、核保

核保，顾名思义，即核对担保。在不良资产管理中，核保即在业务实际开展前，对债务人（或负有偿还义务的当事人）、担保人的相关法律文件、合同或协议等资料的签署过程进行现场核实，以及对抵（质）押物是否真实办理相关手续等进行核实的工作。

诸多业务场景需要核保工作。如：涉及影响机构权益的各类合同文本、协议的签署；机构股东（大）会决议和董事会决议的核签；抵（质）押物登记的资料送审，抵（质）押物登记的办理及相关权利证明文件的领取；银行开户、预留印鉴的办理。

核保工作通常采用双人核保。人员组成可以采用内外部结合，或中后台管理部门交叉以及风险管理部门专人负责等形式。为避免道德风险和逆向选择，应该避免业务部门经办人员单独核保情形。

规范化的核保操作流程可参考如下。

（一）到达核保地点

双人于门牌前（带有该地名称）拍照：需保证核保人及门牌入镜，原则上若拍摄器材具有水印功能的，该照片需带有拍摄时间及地点标识的水印；对所在位置进行定位并截图保存。

（二）核保签署过程

核保签署过程应包括以下基本步骤，包括确认现场及人员，合同用印以及个人签署环节。一般应以完整清晰的视频方式记录。

现场确认过程：以视频方式扫视用印现场及人员。确认现场的真实性和到场人员的真实性。一般经过与现场人员确认后，可开始后续的过程。

合同用印过程：视频拍摄合同用印过程，该视频至少需清晰显示合同封面及用印页。

个人签署过程：个人身份证与本人核对；视频拍摄签署过程（至少包括签署人、签署合同封面及签署页）；签署人身份证复印件（注明原件与复印件核对一致、核保双人签字）。

（三）抵（质）押办理过程

抵（质）押办理的取件过程需要进行视频拍摄（办事大厅要求不可拍摄的情况下可省略）；取件地窗口或门牌处双人手持抵（质）押凭证拍照；抵（质）押凭证拍照。

（四）银行开户和预留印鉴核保核签要求

银行开户过程中，现场办理人员对预留印鉴卡、需用印文件、回执单等相关凭证需拍照留档；领取U盾的窗口或门牌处双人手持U盾拍照。

二、出账管理

出账管理是管理机构涉及不良资产的投行化处置类、金融投资类等类型项目，在实际出款或承担义务前，对相关资料的梳理和审核的管理行为。其目的是通过全面审视项目出账条件达成情况，确认业务交易对手、担保人的信用信息的真实有效，防范项目出款过程中因信息不一致导致的信用风险。

出账管理工作在事前需根据审核关注要点做好审核前的准备工作，事中需要按照要求提供各种审核材料，事后需要对出账材料进行整理归档工作。具体来说包括以下内容。

（一）出账管理的审核关注要点

出账管理的审核关注要点包括以下四个方面。

（1）材料完整性。审核拟出账业务资料的完整性和表面真实性，审查用途的合理性；审查决策意见落实情况。审核材料完整性避免出现遗漏或虚假材料。

（2）流程规范性。审查是否已完成必经的内部审批或审查流程；审查相关法律合同文本填写的完整性、规范性、有效性。审核流程规范性避免出现非授权事项。

（3）信息一致性。审查业务交易对手、担保人的信用信息，比对上报审批时的信息，并予以揭示。审核信息一致性保证信息的真实有效，并跟踪反映其变化。

（4）用途合规性。审查出账资金用途的合法合规、真实合理，资金支付方式是否符合支付管理的相关要求。审核用途合规性避免出现由于违反监管部门相关规定而导致严重后果。

（二）出账管理的审核材料要求

出账管理的审核材料包括必要信息和文件材料两大类。

必要信息是出账审核的核心要素信息。业务部门提交审核的必要信息包括：出账项目基本要素落实情况、增信落实情况、合同签订情况、资金用途、项目现状、出账金额合理性分析、各项费用、资料完备性、负面信息查询分析等。

文件材料是出账管理的支撑性文件。业务部门需准备与出账相关文件材料提交审查。文件材料可分为基础资料、常见法律合同文本/协议、抵（质）押担保资料、支付资料、其他资料五类。

（三）出账后工作

在业务出账后，业务人员应将出账业务要素齐全的资料扫描备份，原件[包括抵（质）押权人为机构的权证类资料]移交至管理部门，由出账审核人员监交。出账后置资料由业务部门按期移交归档。

第三节 市场风险的管理措施

市场风险的管理措施主要是估值管理和投后监管，分别对应市场风险来源中的估值价值偏差和投后资产贬值。在进行估值管理时，需管理好内部评估和外部评估的管理，在不相容岗位上严格做到分离。在利益相关方上需要采用回避原则。做好估值审核，减少发生估值偏差的范围。在投后监管中，根据不同的项目特点，采取普通监管和严格监管的模式，降低投后资产贬值发生的概率。

一、估值管理

估值是不良资产管理机构业务价值链中的核心环节。估值牵引业务部门的尽调要求和投后管理事项。

（一）估值工作要求

评估流程执行过程中应当关注模型的适用性和数据采集的合理性，确保估值流程合规有效。

在各类业务开展过程中，应根据每一个项目的具体情况，按照公正合理原则、成本效益原则和效率原则确定是否评估和具体评估方式。坚持科学、客观、公正原则，为业务的开展、处置资产提供价值参考依据。

估值时应结合经营目标，执行相关评估行业规范，充分考虑客观市场环境及金融不良资产的特性。估值目的要与特定的经济行为相适应。

估值工作坚持内控制约原则，估值审查必须与业务相分离，在机构设置与人员配备上与业务部门相分离，在估值审查流程上与业务审查相分离。

外部评估工作的管理实行设定权限、分级实施、注重实效、降低成本的原则。商业化资产包处置原则上采取委托外部专业评估机构的方式进行。委托的评估项目，从备选名单中选用适合的中介机构。

估值时，任何个人与估值对象、资产出让方、资产受让（受托）方、受托资产评估机构等利益相关方，在整个内部估值过程中均需予以回避。

估值过程中，业务部门应本着勤勉、尽职、科学的态度开展工作，严禁故意隐瞒资产线索、不按规定选择定价途径、不按规定进行估值测算和市场询价等行为。

（二）内部估值管理

内部估值建立在业务部门提供的信息资料基础上，运用估值的专业方法、程序进行估值。业务部门应确保提供的信息资料完整、真实、准确。资产包收购估值方式原则上为内部估值，必要时可聘请外部中介机构专业人员参与估值。

内部估值范围应同尽职调查中债权范围一致。估值人员应按照颁布的各项尽职调查指引的要求对拟估值资产进行尽职调查或补充调查，搜集估值所需资料。

业务部门内部估值时，应合理确定价值类型，收集必要的估值资料，按照颁布的各类模型对拟收购的资产及债权进行估值。

债权及资产预期回收价值定价途径：① 直接使用可获得的市场价格，易于在公开市场获取，如股票市场、债券市场、贵金属市场等；② 如不能获得市场价格，则应使用公认的模型估算市场价格，预期回收价值可以参考外部评估中介机构的评估结果或咨询结果；③ 市场询价，即以尽职调查作为基础信息来源，经过市场询价和推广，依据市场供求关系和买卖双方的谈判能力，合法、合理地认定资产的交易价格。

内部估值中资产定价影响因素：① 资产定价应综合考虑国家及地方有关政策（财政、金融、产业、外资限定、税收、外汇、人员安置等）、市场和环境因素（行业周期、司法环境、投资偏好、所处地区、资本市场和产权交易成熟度等），关注法律权利的有效性、外部评估报告与尽职调查报告、债务人（担保人、相关责任人）或承债式兼并方的偿债能力意愿、企业经营发展状况与净资产价值、实物资产的公允价值与交易案例等因素；② 收购价格定价分析应同时考虑交易对手情况、竞争策略、交易结构、处置资源等因素；③ 资产处置定价应同时考虑市场招商情况与潜在投资者报价等因素，同时关注交易的可行性、项目盈亏以及处置时机等。

（三）外部评估管理

业务类资产评估事项分为尽职调查涉及评估事项、不良资产处置评估事项、以财务报告为目的的评估（含风险分类涉及的债权价值重估、债权资产减值测试、合并对价分摊、商誉价值测试）。业务类资产评估事项涉及的中介机构由评估评级部门或分（子）公司评估岗在评估中介机构备选库中公开选聘确定。

不良资产处置评估实行评估机构与业务部门隔离方式进行。处置以物（股）抵债方式取得的物权（非上市股权）时，评估价值类型为清算价值。开展债转股业务时，当涉及多家机构共同债转股，可由机构及其他股权机构协商在机构评估中介机构库中确定一家评估机构对转股企业的股东全部权益价值进行评估。评估价值类型为市场价值。

（四）估值审核

内部估值审查应遵循抓大放小的原则：对于影响整体资产价格的重点单户进行重点审核；对于非重点资产，估值审核人员可按照标的资产的具体情况及瑕疵事项，根据估值经验判断前台业务部门估值的合理性。

涉及国有资产评估报告审查，应当经各级自主决策后报上一级机构审核，最终由评估评级部门统一上报上级国有资产管理部门进行核准或备案。

评估中介机构出具的业务类评估报告征求意见稿须经评估评级

部门审阅，审阅通过后方可出具正式评估报告。未经评估评级部门审阅的评估报告不得作为决策依据。评估报告审阅要点如下：

- 评估报告是否完整；
- 是否按要求完备签字盖章手续；
- 评估目的是否符合经济行为的要求；
- 评估范围是否出现遗漏；
- 评估基准日及评估结果的使用有效期是否明示；
- 价值类型是否符合评估准则要求，定义是否准确；
- 报告日期的合规性。

二、投后监管

投后监管是投后管理的重要组成部分。在业务出款后或开始承担实质风险至本金和收益全额收回或业务完全终止前，因风险防控需要，部分存续期业务需对底层资产或项目进行投后监管，投后监管方案依据业务性质、标的项目规模、资金回收路径和主要风险合理设计和确定，实施分级、分类的监管策略，常用的监管措施包括项目章证照监管、账户及资金监管、项目节点管控、项目保证金管控、舆情监测等。

投后监管方案应考量影响项目及资金回收的安全性和收益性因素，并在具备可操作性基础上，在交易结构各层级（包括但不限于SPV、平台、契约型基金、有限合伙基金、资产经营及项目等）中设置投后管理措施，通过直接管理或穿透管理，动态监控所投项目及影响所投资金安全回收的因素，及时发现风险隐患，相应进行调整、处置或退出，保障项目资产资金安全。特别是对于纾困业务，原则上项目尽调报告中应包含明确的投后管理章节，同时投后监管相关内容应清晰体现在项目决议中，并在合作协议、监管协议等文件中进一步细化明确。

投行化业务，围绕资金与开发两大层面，以开发、资金、成本、销售四大主线为核心，以资金全封闭运行、开发过程监管、抵押货值跟踪、资金归集能力跟踪、资金风险预警为抓手，并根据项目特点订制不同维度和深度的管控方案，具体区分为普通监管和严格监管两级监管模式。

（一）普通监管模式

可以通过对项目设置查询权限、定期资料提供、现场巡场等方式进行管控。同时，为确保事后管控的有效性和不利情形下的应对，应在交易文件中约定不利因素出现或实际与预期出现重大偏差时的处理机制，必要时升级监管策略。

（二）严格监管模式

实施多维度、动态和全景式的监管策略，对项目实施主动管控、专业管控、精准管控。视项目风控要求，对项目投资测算、动态估值、项目进度、资金归集、投入产出比、现场管理等实施监测，派驻现场监管人员或机构，对项目的重要印鉴、重要证照以及银行账户进行共管，并由风险管理部门进行事前审核。

在实际制定监管方案时要综合考虑项目方实力、项目区域、项目具体业态情况、与机构历史合作情况、用款期限等因素综合评定。监管措施只是手段，监管的目标是通过对项目开发进度、项目成本、项目销售、项目现金流的全面管控，实现对项目"可知、可测、可控"，最终保障管理机构能顺利安全退出。

第四节　合规风险的管理措施

在合规风险的管理中，管理机构广泛使用特殊目的载体工具，以起到隔离风险的作用。特殊目的载体能够避免监管政策变化或跨区跨类经营被判定违规所导致的严重后果冲击到管理机构主体，还能与其他机构合作引入资源。但特殊目的载体需要被严格管理，避免出现空转和滥用。不良资产业务档案的完备和规范作为满足监管部门合规的基础要求，档案管理需要得以特别的重视，以满足金融监管部门和管理机构自身的备查需求。

一、特殊目的载体管理

特殊目的载体是指为特定项目而创立的法律实体，具有没有雇员和固定资产、无实际办公场所等特征。在不良资产业务中，特殊目的载体设立的目的主要是防范合规性风险并实现风险资产的隔离。一般会涉及两种类型的特殊目的载体，一类是作为资产持有机构的特殊载体，另一类是作为普通合伙人平台（以下简称"GP平台"）的特殊载体。GP平台是指由管理机构出资设立，且管理机构对其具有重要影响，专门用于在管理机构特殊目的载体工具中担任普通合伙人的平台公司。

（一）特殊目的载体工具的基本要求

原则上，特殊目的载体向下嵌套层级不得超过两层（计算层级时含首层）。特殊目的载体的法律形式原则上为有限合伙企业。特殊目的载体的普通合伙人由GP平台担任；特殊目的载体的有限合伙人可以是管理机构本级、所属企业、合作伙伴或者上层特殊目的载体。

特殊目的载体的有限合伙份额可根据需要进行分层分级安排，原则上经穿透后只能认购优先级份额。

经穿透后对特殊目的载体的经营活动应实施重大影响，包括但不限于：在特殊目的载体的投资决策委员会中具有一票否决权；原则上应对特殊目的载体的财务、资金进行管理；原则上应对特殊目的载体的证章照进行保管。

未明确基础资产的不得使用特殊目的载体工具，特殊目的载体的基础资产须符合主营业务方向。特殊目的载体不得对外负债或对外担保。

（二）特殊目的载体工具运用的决策机制

管理机构本级是特殊目的载体工具运用的决策主体，特殊目的载体工具运用的决策不向所属企业授权。

投资决策委员会是特殊目的载体工具运用的决策机构，负责特殊目的载体工具运用的决策。业务决策委员会是特殊目的载体工具运用的前置审查机构，为特殊目的载体工具运用的决策提供审查意见。

业务单元需要通过特殊目的载体工具开展业务的，在通过业务决策委员会前置审查后，由基金管理部发起议案报投资决策委员会审批。

在投资决策委员会审议通过之后，如需要调整特殊目的载体工具核心要素的，需要重新由基金管理部发起议案报投资决策委员会审批。特殊目的载体的核心要素包括：

- 普通合伙人及普通合伙人认缴规模；
- 有限合伙人（含出资主体以及合作方出资主体）及其认缴规模；
- 特殊目的载体投资决策委员会设置；
- 特殊目的载体"证、章、照"及财务管控措施；
- 特殊目的载体的基础资产。

所属企业通过特殊目的载体开展业务的，在取得本级相关决议后，应依据所属企业的分级授权制度履行其内部治理程序，确保程序完备合规。

二、档案管理

不良资产业务档案是指不良资产管理机构在管理处置自营不良资产

和委托资产等业务过程中接收和形成的具有保存价值的各项资料，包括客户基础资料、不良资产基础资料、不良资产日常经营管理资料、不良资产处置运作资料及其他法律文件等。业务档案是重要的合规材料，需要严密妥善保管。业务档案采取分段管理、专人负责、按时移交、定期检查的动态管理模式。

（一）分段管理

业务档案按照状态可分为从银行或其他机构接收的原始不良资产债权档案和过程管理形成的业务档案两个阶段。原始的业务档案接收后由运营管理部门统一保管，过程管理档案由前中台各部门收集、保管并定期移交。

（二）专人负责

各部门专（兼）职管理档案人员，负责项目资料的收集、整理、管理和移交，专（兼）职管理档案人员对业务资料的完整性、真实性负责。档案管理部门专职档案人员对归档材料的整理方式、档案交接手续及档案借阅流程的规范性负责。

（三）按时移交

从外部机构接收的不良资产业务原始档案资料、非不良业务（其他债权收购、基金业务）项目实施档案应随时移交档案管理部门保管。金融不良资产业务的过程性档案由前台业务部门、中台职能部门分别负责收集、整理、保管，并按规定时间向档案管理部门移交。

（四）定期检查

档案管理部门负责对前台业务部门、中台职能部门资料收集、整理、保管、移交以及借阅情况定期组织检查，对于检查中发现的问题须及时落实整改。

第五节　其他风险的管理措施

其他风险主要有两类来源，一是在现有不良资产业务开展过程中出现的属于已知类别但暂未被识别的风险，二是在创新业务发展中引入的新风险类别风险。此类风险的出现与业务的深化与创新高度相关。例如批量个贷不良收购与处置业务是2021年获批的新业务，新业务的引入也使得隐私保护这一风险凸显重要性，加强对于隐私管理的措施十分必要。在业务持续创新的过程中，建立对于创新业务的风险管理长效机制也是管理机构必须重视的问题。

一、隐私保护管理

批量个贷不良收购与处置业务新近面临的法律问题是个人隐私保护问题。在《个人信息保护法》出台后，已在运行中的大数据画像及催收算法面临很大的挑战。目前有关金融个人消费者特别是消费金融方面的大数据中，有相当一部分是不应该保存或使用的。这使得个人隐私保护合规方面出现很多新的挑战。管理机构对隐私保护的管理包括以下三个方面。

（一）对标金融隐私安全保护的法律体系

管理机构应积极对标金融隐私保护的法律制度体系，尽快符合金融隐私保护法律法规要求。补齐法律短板和空白点，推进金融隐私信息的专门化、系统化保护。结合金融互联网化的发展趋势和特点，在法律层面上更加全面准确地界定金融隐私信息的定义及内涵，明确不同主体在收集使用等过程中所要遵循的原则。

（二）加强内部隐私信息保护制度建设

管理机构应当制定规范内部隐私信息保护管理的相关制度。细化日常操作流程、应急处理流程和预案，完善内部检查及监督机制。严格隐私数据的收集、存储和使用的要求，收集隐私信息遵循最小化原则。企业间共享数据，应该进行安全防护能力的评估，并签署数据保护责任书。建立隐私信息的安全评估制度，定期进行安全风险评估和检查，及时调整安全防护策略和措施。

（三）严密个人隐私保护的技术防护措施

由于个人隐私信息存在于相关数据的收集、传输、存储、使用、删除、销毁等生命周期，相应的技术防护措施要全面覆盖各个环节，做到万无一失。管理机构应该按照"责权一致、目的明确、选择同意、最少够用、公开透明、主体参与、确保安全"的原则，设计并实施金融隐私数据的技术安全防护策略。不断丰富个人隐私保护的技术手段，有效破解重点难点问题，为金融信息安全提供更加有力的支撑和服务。

从技术手段上来看，目前脱敏处理、安全隐私算法、联邦学习、安全多方计算等备受关注。从应用场景上来看，如果不能将规律落实到个人，可能对个人金融用处不大；而如果仅用于寻找一般性规律，也要防止落入"黑箱算法"。隐私保护管理应取得两者间的平衡，实现个人信息数据"可用且安全"的目标。

二、创新业务管理

创新业务包括但不限于涉及新产品、新技术、新市场等维度的业务，同时涵盖业务实践与风险管理经验较少的业务。创新业务往往表现出在风险识别、评估、管控机制等方面不健全的问题，是风险易发的重点领域。创新业务管理是为了应对在业务创新过程中引入的风险要素而实施的管理行为。

对于不良资产管理机构而言，无论是在政策性时期，或是商业化转型阶段，还是进入新时代改革发展的新征程，管理机构都要坚持守正创新，在不断强化业务创新的同时管控好风险，寻求管理机构可持续发展的业务模式。

（一）创新业务风险的表现特征

1. 经济形势波动加剧导致创新业务风险

创新业务领域的设计与推出通常是为了追求高收益。对于高收益产品，投资比例较大的是偏股权类和信用类的投资项目，以及市场波动性较高的资产标的。在经济周期、金融周期下行阶段，高收益的创新业务往往更加会呈现出高风险的特征。

2. 交叉风险传染机制放大创新业务风险

交叉风险传染机制是影响创新业务风险管理的重要因素。一般地，风险直接传染路径是通过产品投资渠道、客户关联渠道、合作机构渠道等渠道传导。当产品链底层资产出现问题时，就会传导到资金链上投资该资产的项目、合作机构、金融产品和投资客户，融资客户、担保人、合作机构或交易对手的风险也会迅速扩散到具有股权关系和实际控制关系的相关客户。

3. 交易结构复杂诱发创新业务风险

创新业务领域的交易结构通常更复杂，从而导致风险传导更加体现出多维、隐藏的特性。因此，管理机构在设计交易结构时，除了考虑业务本身的特点外，还应权衡和综合考虑各类风险因素。

现实中出现大量的明股实债、交易夹层等交易结构，根源在于业务交易结构设计反映交易双方不同的交易需求和目的。为实现降低杠杆率、规避贷款模式与投向限制、处置不良资产等目标，创新交易结构在实现特定交易目的的同时，会不可避免地引入额外的不确定性。

（二）创新业务风险管理措施

强化创新业务领域全流程、前瞻性管理机制建设，要求管理机构提高识别创新业务领域风险因素的主动性，充分研判创新业务领域潜在风险因子，审慎做好风险评估、监测与管控措施。

具体而言，对于创新领域风险管理，业务部门层面，严格准入，充分识别风险因子，体现一道防线风险管理意识；风险管理部门层面，强化研判，及时开展风险提示，反映二道防线风险管理能力；内部审计部门层面，深入排查，及时发现风险线索，提供三道防线风险管理保障。

首先，建立组织保障，成立业务小组和领导（管控）小组，通过试点和强管控约束业务风险，总结风险节点和管控措施。其次，通过初步的业务经验和业务数据将风险特征归类，依据市场因子驱动、交易对手个体因素、内部制度问题等归因，管理抓手分别落在因子控制、交易对手管理与缓释、内部员工管控等。最后，试点项目需要经常性复盘和假设调整，区分风险管控成果中归属于主动管理的部分和归属于当时环境的部分，提高管控手段复用的科学性。

本 章 小 结

在分析鉴别不良资产业务中不同类型的主要风险来源之后，管理机构的下一步工作就是采取风险管理措施来应对和控制各类风险的发生及其带来的损失，将各类风险导致的损失控制在可接受的范围之内，保障不良资产业务的可持续发展。

操作风险是最大的风险来源类别。操作风险的管理措施也比较丰富，包括合同审查、尽调管理、挂牌管理、稽核管理、结项管理等。根据不同的风险来源，采用不同的风险管理措施。管理机构或采用某项措施为主，或几项措施共同作用，来应对来自各个风险来源的挑战。

市场风险的管理措施主要是估值管理和投后监管，分别对应市场风险中的估值价值偏差和投后资产贬值。在进行估值管理时，需完善内部评估和外部评估的管理，在不相容岗位上严格做到分离。利益相关方需要采取回避原则。做好估值审核，减少发生估值偏差的范围。在投后监管中，根据不同的项目特点，采取普通监管和严格监管的模式，降低投后资产贬值发生的概率。

在合规风险的管理中，管理机构广泛使用特殊目的载体工具来起到风险隔离的作用。特殊目的载体能够避免监管政策变化或跨区跨类经营被判定违规所导致的严重后果冲击到管理机构主体，同时也是与其他机构合作引入资源的良好载体。不过，特殊目的载体需要被严格管理，避免出现空转和滥用。不良资产业务档案的完备和规范作为满足监管部门合规的基础要求，档案管理需要引起特别重视，以满足金融监管部门和管理机构自身的备查需求。

未知风险的出现与业务的深化与创新高度相关。在业务持续创新的过程中，建立对于创新业务的风险管理长效机制也是管理机构必须重视的问题。

本章重要术语

尽调管理

内部估值

估值审核

复习思考题

1. 尽调管理是什么？
2. 估值管理是什么？
3. 稽核管理是什么？
4. 挂牌管理是什么？

第十五章

中国不良资产管理的发展趋势

近年来将大数据信息、地理信息系统、集成性业务信息系统、无人机等智能化技术应用到估值、尽调、处置等环节日常工作领域已然成为趋势。

20多年来，国内不良资产管理行业在持续不断地变革。尤其是2014年首批地方AMC获批成立之后，随着竞争主体数量大幅增加导致市场竞争日益激烈，金融科技手段不断推陈出新、日新月异。整个不良资产行业也在顺应新变化。较为明显的是，为了在激烈竞争中分得一杯羹，市场参与主体不断延伸自己的业务触角，啃难啃的骨头。譬如一些领头企业早已将产融结合视为新的利润增长点。与此同时，乘着拥抱科技、拥抱未来的理念，AMC已纷纷布局金融科技，以提高科技能力来提升自身的应变能力，本章将重点阐述在新的变革中，不良资产管理行业的业务领域和技术领域呈现哪些发展趋势。

第一节　业务领域的发展趋势

一、业务模式从纯金融模式向产融结合模式发展

传统的不良资产业务模式以"三打"为主要特征，即打折、打包和打官司。在收包环节，通过银行打包出让、AMC打折收购的方式，实现不良债权从银行向AMC转移；在处置环节，主要通过诉讼即打官司的方式，实现债权清偿。无论是收购环节还是处置环节，围绕的重点始终是债权本身，纯金融思维贯彻始终，主导方也限于AMC一方。

随着重整重组案件增多，实体企业尤其是一些大型及超大型企业

集团、上市公司接连出险，已经成为不良资产的另一个主要来源。这些大企业的盘活并非单个资产包的处置，需要运用投行思维，采用一体化的思路，运用组合拳，才能统筹解决。这些企业的重组重整过程中，除了复杂的债权债务关系需要解决以外，更为重要的是要通过业务重构、治理与管理重构，真正让企业恢复造血能力。

不能否认的是，AMC毕竟是类金融企业，本身缺乏实体企业经营的经验，因此迫切需要和产业资本联手，一起发挥救生员的作用。AMC对债务人企业的重组重整，是一种主动性参与，往往需要具备多方资源整合的能力，既需要协调债权人和债务人，又需要引入战略投资人。前者主要涉及债权债务关系的化解，是AMC擅长的领域；后者需要极强的调动产业资本的能力，因为重组并不仅仅是止血，还需要输血和造血，没有产业资本的参与，就难以谈得上输血和造血。

中国长城与协鑫集团于2014年联手重整超日太阳的案例堪称AMC和产业资本联手的典范。彼时，超日太阳是国内主要从事晶体硅太阳能电池片、太阳能电池组件的研发、生产和销售的高新技术企业，但由于产能过剩，又误判形势，逆势扩张，导致连年巨额亏损，进而引发著名的"11超日债"违约兑付事件，开了中国资本市场公募债券违约先河。2014年4月3日，超日太阳被债权人以不能清偿到期债务，且资产不足以清偿全部债务、明显缺乏清偿能力为由诉至法院提请破产重整。尽管当地政府积极斡旋，超日太阳的重整仍然一波三折，但在中国长城携手协鑫集团进场后，重整得以顺利进行。中国长城是AMC，并不具备光伏产业资源，仅靠其一家之力，很难完成超日太阳的重组，而协鑫集团强大的产业背景，恰恰与中国长城金融资源形成互补。协鑫集团成立于1991年，总部设在香港，是全球规模最大、影响最广泛的光伏制造企业之一。产业资本联手金融资本，这是超日重整方案终成正果的关键所在。

目前,已有一些AMC与产业资本联合,设立专门的特殊机遇投资基金(如图15-1所示)。投资基金利用AMC获取低价资产的能力,收购急于缓解资金困局的低估优质资产,或基于经济或行业周期分析,进行逆周期投资。再借助于产业方的运营能力,完善公司治理和内控体系,提高企业经营水平,最终提升企业价值,实现投后增值。在退出上,通常待行业好转或企业盈利能力改善,通过出售给上市公司或推动其直接上市或出售给其他行业内企业的方式退出。

AMC深入产业的另一个引人注目的动作是帮助地方政府在各地实施的纾困行动(如表15-1所示)。从2018年的民营企业救助,到2022年的地产企业救助,无不存在AMC的身影。

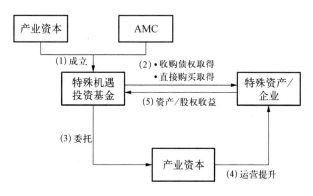

图15-1　特殊机遇投资基金结构

表15-1　部分AMC纾困行动计划

时间	内容
2018年12月	湖北天乾资产管理公司投资5 000万元参与天风证券成立的规模达10.5亿元的"证券行业支持民企发展系列之天风证券1号集合资产管理计划"
2018年12月	湖南实施"百亿"规模的纾困计划,湖南资产及其母公司湖南财信金控成为行动主角,救助对象包括克明面业、唐人神等上市公司

续表

2019年3月	中天能源公告称国厚天源通过纾困债券、设立纾困基金等方式，为中天能源在相应产业板块的建设经营提供流动性支持，化解其金融债权债务纠纷
2021年3月	媒体报道万科与四大AMC成立了泰禾纾困基金平台，提供盘活泰禾在建项目的增量资金，涉及启动金额达上百亿
2021年8月	江苏资产管理有限公司成功发行2021年非公开发行纾困专项公司债券
2022年1月	浙商资产联合复鑫宇公司，历时三年多，顺利完成台州恩都公司破产重整
2022年2月	中国东方100亿元金融债券发行计划获批，资金主要用于重点房地产企业优质项目的风险化解及处置，开展房地产行业不良资产纾困及房地产金融风险化解工作

二、业务对象和内容由银行对公债权向多元化转变

过去持牌AMC的业务对象主要是银行金融机构，业务内容主要是对公不良贷款的收购和处置。随着不良资产业务领域不断扩展，业务对象已经从银行对公不良扩展到个贷不良，从银行业金融机构扩展到信托、担保等非银行金融机构，又进一步扩展到了实体企业。

非银金融机构尤其是信托业这两年风险资产规模一直在增长（如图15-2所示）。2020年第一季度末，信托业资产风险率为3.02%，风险项目个数为1 626个，风险资产规模为6 431.03亿元，风险项目数量和风险资产规模同比增幅分别达61.63%和127.20%。尽管此后信托业协会已不再披露信托业风险资产情况，但市场预计信托公司资产质量进一步下滑已是不争的事实。为此，原银保监会办公厅在2021年下发了《关于推进信托公司与专业机构合作处置风险资产的通知》（银保监办发〔2021〕55号），明确指出信托公司可以委托专业机构提供风险资产管理和处置相关服务，如债权日常管理、债务追偿、债务重组

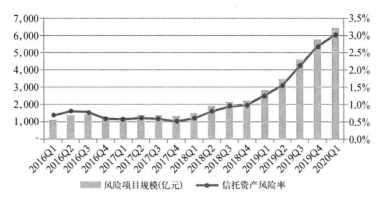

图15-2 2016年第一季度—2020年第一季度信托风险资产规模与风险率
（资料来源：中国信托业协会网站）

等，充分利用专业机构优势，在资产出险早期开展风险处置，以提高处置效率，实现风险处置关口前移。这意味着AMC可以名正言顺地参与处置信托业的风险资产，同时，信托公司风险资产转让时必须打折，损失由投资人与信托公司共担。

在实体企业不良方面，随着经济持续放缓后，实体企业的盈利能力普遍下降。一方面，大型企业有集中主业、处置低效资产的需求；另一方面，很多大型企业本身发生风险事件，仅私募和公募债违约数量就大幅增加，重组重整案件增多。尤其是"国企信誉"持续受到打击后，违约企业从民营主体转移到国有主体。根据《银行家》杂志和万得数据统计：2021年上半年，合计32家发行人发行的85只债券涉及违约，32家发行主体中，有21家为民营企业，合计违约519亿元，占全部违约规模的53%；涉及违约的地方国企和其他国企合计9家，违约规模达438亿元，占全部违约规模的45%；涉及违约的中外合资企业有2家，违约规模为27亿元，占比约为2%。违约债等成为不良资产市场中的重要品种。

与此同时，消费金融不良资产、问题股权投资、其他类金融不良等都成为"大不良"的组成部分，不良资产不再局限于不良贷款。

第二节　技术领域的发展趋势

一、智能化手段提升业务日常工作效率

近年来将大数据信息、地理信息系统、集成性业务信息系统、无人机等智能化技术应用到估值、尽调、处置等环节日常工作领域已然成为趋势。通过大数据信息可以对市场动态与趋势实现动态实时掌握。无人机尽调不受人员、道路等条件限制，在疫情管控的特殊时期更是凸显出独特的优势。地理信息系统与市场信息大数据的结合为不良资产行业提高日常处置工作效率提供了有力的信息保障。

管理机构纷纷通过建立自己的信息化系统，实现无纸化、移动化办公，大大提高了工作效率，突破时间和空间限制，实现业务处理和日常管理的随时、随地化。数据信息的保存、调用、分享也更加便捷及时。

一些管理机构还引入自然语言处理技术，通过机器智能识别，以解决人工处理面临的烦琐、低效、错误率高等问题。管理机构从银行方面接收的档案，绝大部分是纸质的。对于业务人员来说，将纸质档案分门归类建立起规范的电子文档，以便查询和后期使用，是一个费时费力的问题，往往为业务团队所埋怨。智能化识别和处理手段的提升，解放了业务团队的双手，可留出时间专注于处理与业务直接相关的事务。

二、数据化手段提升收包尽调全面性和估值准确性

尽职调查常见的问题是掌握的信息不准、不全、不能穿透。债务人的基本属性、所在行业及地区特性、关联图谱、财务状况、债务状况、违约状态和诉讼状态，这些信息在不良资产的卖方和买方存在着

严重的信息不对称。资产出让方往往没有义务向受买方提供关于资产尤其是关于债务人的一切信息，当然一些关键信息可能出让方本身就没有掌握。这就要求行业参与方尽可能地采集目标行业及其经营企业的基本信息、经营状态、违约涉诉情况等外部数据，如工商数据、财报数据、司法数据、行政处罚数据、舆情数据、征信数据等，建立覆盖相关行业和经营周期的，涉及市场风险、政策风险、信用风险、关联风险的数据仓库。AMC可以借助大数据技术对有关标的资产的资料进行深度分析，挖掘深度信息。

估值定价是准确判断合理收包价值区间的主要参考数据。不良资产估值不仅要建立数理模型、运用历史数据、敲定各类参数，还要综合考虑标的资产所处行业和细分市场、经济周期、担保措施、当地司法环境、市场交易活跃度，以及处置策略等多种因素。科学地把外部数据与所管理的标的资产具体特征进行有效关联，可以提高对估值的准确度。

不良资产评估定价也是制约不良资产创新处置模式发展的瓶颈，如不良资产证券化中底层资产的估值，同时受到客观环境与个性化因素的影响，因此估值需要大量的底层历史数据和历史资料做支撑。从技术角度上看，可以对债务人进行画像，构建定价模型对其还款能力、回收风险等指标进行综合评估，从而确定资产的预期回收率，再根据预期回收率情况及逾期总金额综合确定不良资产估值，为机构确定证券化的入池资产价值提供定价依据。

三、信息化手段提升处置和交易效率

（一）提升处置效率

信息化手段可以提高不良资产催收效率，被资产管理公司通过大数

据等信息化手段的应用，提升债权管理精细化、科技化、系统化水平，从而提升资产的处置效率。司法系统通过信息化手段的应用，提升案件审理、执行效率，提升我国金融纠纷批量化处理效率。

2020年8月，《深圳经济特区个人破产条例》发布。2021年1月，原银保监会下发《关于开展不良贷款转让试点工作的通知》。这两份文件正式开启了个人破产制度与个贷不良处置的篇章。个贷不良资产业务具有整包债权数量多，但是单笔债权金额低的特征。鉴于此情况，继续采用对公债权逐户处置的方法无法满足个贷处置的需求。因此，从资产管理公司角度来看，搭建大数据失联修复系统、诉讼管理系统、催收管理系统，是实现个贷处置的必要信息化系统。大数据失联修复系统，提供触达三大电信运营商的通道，具备修复聚合的功能，利用合法合规手段提高债务人的可联率。诉讼管理系统，实现诉讼流程自动化、规模化管理，快速将诉讼案件的各个工作环节进行模板化、图形化管理，重要环节自动生成提醒事件，提供批量化诉讼管理水平，确保诉讼资产在法律上的安全，避免因超过诉讼时效而导致的资产流失。催收管理系统，实现非诉处置批量化系统化管理，能够有效防范数据信息泄露，保障逾期追索的合规性、实现债权催收数据和催收结果反馈分析，实现公司内部催收、委外催收、律师催收的综合性管理。

与此同时，从配套司法资源角度来看，各地纷纷成立互联网法院，批量化处置金融纠纷打开了个贷债权处置的司法空间。2017年8月，我国第一家互联网法院在浙江杭州落地挂牌。2018年8月，最高人民法院印发《关于增设北京互联网法院、广州互联网法院的方案》（法〔2018〕216号），确定我国在北京、广州设立互联网法院。根据最高人民法院2018年9月公布的《关于互联网法院审理案件若干问题的规定》

（法释〔2018〕16号），互联网法院审理案件采取全程在线方式，包括案件的受理、送达、调解、举证、证据交换、庭前准备、庭审、宣判等诉讼环节一般应在线上完成。互联网法院的另一个创造性运用是对区块链技术存证等先进技术的采用。

（二）提升交易效率

信息化手段可以提高交易效率。网络平台可以成为高效的不良资产处置通道，其本质是利用流量优势提高不良资产处置效率。在互联网开放平台当中，参与机构与人员众多，方式与形式多样，具有传播速度快、覆盖面广、包容性强的特点，最重要的是潜在买家众多，线上交易的成交率较高。此外，依托大数据分析技术，相关数据平台可以为竞买人做精准化推荐，也可以寻找目标客群进行个性化广告投放，很大程度上降低交易的成本。例如，2020年上半年，中国华融通过与阿里、京东等线上平台合作，利用华融交易中心平台，成功举行了13场线上推介会，成交金额超过60亿元。线上推介与处置，有利于增加拟处置资产的曝光度，促进买家与资产的精准匹配，实现资产价值的最大化。未来，随着大数据、人工智能等技术的加速发展，不良资产的线上处置将成为新常态。资产管理公司联合互联网平台的线上推介会数量还将增多，形式也将更加多元化，而"线上+线下"的互动模式也将进一步提升不良资产处置效率。

本章重要术语

"三打"

区块链

复习思考题

1. 不良资产业务领域存在哪些趋势?
2. 智能化手段如何提升业务日常工作效率?
3. 数据化手段如何促进不良资产管理发展?

部分参考答案

第一章

本章重要术语

不良资产：不良资产（non-performing assets, NPAs）指现实状态下无法给资产持有者带来合理预期收益的资产。

不良资产管理：指赋予不良资产转让的流动性权利，在"时间"和"空间"两个方面对不良资产价值重新发现和再分配的过程。

核心管理机构：核心管理机构指不良资产的投资商。不良资产核心管理机构的格局可以概括为"5＋地方系＋银行系＋外资系＋N"："5"即五大金融资产管理公司（又称"五大AMC"），"地方系"指地方资产管理公司（又称"地方AMC"），"银行系"指金融资产投资公司（又称"AIC"），"外资系"和"N"分别指外资和民营资产管理公司。

辅助管理机构：辅助管理机构指不良资产的服务商。辅助管理机构围绕不良资产行业产业链上下游提供多种商业服务，具体可分为处置服务商、专业服务商、交易服务商和综合服务商。

复习思考题

1. 不良资产管理的目的是什么？

不良资产管理的目的可概括为：风险防范与化解，价值发现与实现。前者以保障金融安全为责任起点，体现了不良资产管理的宏观价值；后者以实现市场化为功能起点，体现了不良资产管理的微观价值。

2. 不良资产管理机构分为几种类型？

不良资产管理机构分为核心管理机构（投资商）和辅助管理机构（服务商）。核心管理机构主要包括金融资产管理公司、地方资产管理公司、金融资产投资公司、外资和民营资产管理公司等。辅助管理机构主要包括处置服务商、专业服务商、交易服务商和综合服务商。

3. 不良资产管理的主要业务有哪些？

不良资产管理的主要业务包括四大类业务类型，分别是不良资产收购业务、不良资产处置业务、不良资产的金融投资类业务和不良资产的管理类业务。

4. 什么是根雕理论，有什么借鉴意义？

根雕理论是指在不良资产处置中探索运用投资银行手段不断丰富和提升不良资产内在价值实现回收价值最大化的理论。这样的做法可以比喻为把"枯树根"雕刻成为"艺术品"。对于不良资产，资产管理公司可以选择长期持有及精雕细琢，以时间换空间获取更大的利益。根雕理论在长期持有资产、以时间换空间方面具有借鉴意义。

5. 什么是冰棍理论，有什么借鉴意义？

冰棍理论认为，不良资产的价值随着时间的推移慢慢损失，就像冰棍一样逐渐融化，最终损失殆尽。该理论强调在保证回收率的前提下，应当提高不良资产处置的时效性。冰棍理论对于不良资产的处置周期管理方面具有借鉴意义。

第二章

本章重要术语

尽职调查：尽职调查是一个核实信息、发现风险和评估价值的过程。尽职调查人员根据调查得到的信息，判断不良资产的价值、债务人和保证人的偿债能力和债权中的法律风险，并初步确定实现债权价值的途径，总结债权价值实现的可能性，为后期购买、处置提供价值参考依据。

资产组包：一般不良资产出表方按照自身资产处置需求及不良资产投资方的偏好，按不同地域、行业、类别拟批量转让不良资产的范围和标准，对不良资产予以分类整理，将一定户数和金额的不良资产组合成为资产包，根据不良资产分布和市场行情，合理确定批量转让不良资产的种类和规模。

复习思考题

1. 根据目的和实施阶段的不同，尽职调查可分为几种类型，各有什么作用？

根据目的和实施阶段的不同，尽职调查主要可分为三种类型。买方尽职调查、资产日常管理尽职调查和资产处置尽职调查。

（1）买方尽职调查：管理机构作为意向购买人，根据资产转让方提供的资料和调查条件进行尽职调查，对相关资产的状况、权属关系、市场前景及收购或受托的可能性进行调查，预测收入和成本，预测风险和损失，为收购决策提供依据。

（2）资产日常管理尽职调查：管理机构对接收或受托的资产根据日常管理或定期估值需要，补充、更新资产信息，了解资产的变动情况和价值变化趋势,为资产处置时机和资产处置方式的选择提供基础。

(3)资产处置尽职调查:管理机构对接收或受托的资产进行尽职调查,全面了解处置资产情况,分析处置时机,为资产处置方式选择、资产估值以及方案的制定和实施提供依据。

2. 估值定价的基本方法有哪几种?

不良资产估值定价的基本方法主要有市场法、成本法和收益法。使用市场法对不良资产进行估值定价时,以可比参照物的市场价格作为资产价值确定的基础来评估资产价值。使用成本法对不良资产进行估值定价,是通过确定被评估资产的重置成本,并在此基础上扣除相关的贬值来进行估值。使用收益法对不良资产进行估值定价时,以被评估资产的预期收益作为资产价值确定的基础,在此基础上将预期收益通过选取合适的资本化率或报酬率进行折现来确定资产价值。

3. 常见的组包方式包括哪几种类型?

常见的组包类型包括三种类型,分别为转让方混搭组包、出包方自行组包、商议组包。资产组包的目的是促成不良资产交易的达成,资产组包后通过批量交易的方式,提高资产流转效率。

4. 在组包过程中为什么会采用行业性原则?

一般行业的流动性风险往往会打破区域限制,造成某一省市,甚至某几个省市、全国范围该行业相关企业的金融贷款坏账,甚至造成该行业上下游产业链引发的一系列多产业不良资产爆发。故银行等不良资产出让方往往会将该行业及相关产业有关的不良资产集中出让,投资者也往往是与该相关产业有关的产业投资者,对该类不良资产出让方而言,该类投资者的收购价格往往有一定优势,也有利于该类不良资产的化解与盘活。

第三章

本章重要术语

金融不良资产：指金融机构在经营中形成或通过购买及其他方式取得的不良信贷资产和非信贷资产。根据监管部门的要求，金融机构不良资产的认定，需要遵循严格的认定标准。

非金融不良资产：指非金融机构所持有，但不能为其带来经济利益，或带来经济利益低于账面价值，已经发生价值贬损的资产，以及各类金融机构作为中间人受托管理其他法人或自然人财产形成的不良资产等其他经监管部门认可的不良资产。

批量转让：金融企业对3户及以上不良资产进行组包，定向转让给资产管理公司的行为。

公开转让：出让方通过公开的方式转让不良资产，具体方式包括公开拍卖、招标转让、竞价转让等。

协议转让：通过签订非公开协议的方式转让不良资产，具体分为主动协议转让和被动协议转让。

复习思考题

1. 不良资产的主要来源有哪些？

不良资产的主要来源有金融不良资产和非金融不良资产。金融不良资产的出让来源包括国有及国有控股商业银行、政策性银行、信托投资公司、财务公司、城市信用社、农村信用社以及中国银行保险监督管理委员会依法监督管理的其他国有及国有控股金融企业（金融资产管理公司除外）。非金融不良资产的出让来源包括金融机构因受托管理而持有的非金融不良资产（如银行委托贷款、信托计划、资管计划等）和工商企业持有的非金融不良资产（如工程欠款、贸易欠款等）。

2. 什么是不良资产批量转让？

批量转让是指根据财金〔2012〕6号文及银监办便函〔2017〕702号文等监管规定，金融企业对3户及以上不良资产进行组包，定向转让给资产管理公司的行为。

3. 什么是不良资产交易的真实洁净整体转让？

出让方按市场公允定价将不良资产转让至资产管理机构，且不承担任何回购义务，实现资产和风险的真实、完全转移。

第四章

本章重要术语

受托收购业务：指管理机构接受委托方的委托，按双方约定的价格、收购方式，代理委托方对特定不良资产进行收购的业务。

全额受托收购：指收购资金由委托方提供，管理机构仅承担受托收购职责的受托收购业务行为。

配资受托收购：指在受托收购业务过程中，管理机构为委托方提供资金垫付，并收取一定的资金占用费的业务行为。

复习思考题

1. 受托收购主体的优势有哪些？

一是具有收购不良资产的牌照，二是具有一定的资金优势，三是具有一定的品牌优势，四是具有如国企背景、强大股东等信用优势。

2. 受托收购业务交易模式有哪些？

受托收购业务交易模式包括全额受托收购和配资受托收购。全额受托收购不良资产是指投资者向管理机构提供全额出资，委托管理机构向资产来源方收购不良资产。配资受托收购是指因为非持牌的投资者拟出资受让一级不良资产市场的不良资产的资金有限，持牌管理机构对其提供融资及通道服务，具体的业务模式为配资模式或分期付款模式。

第五章

本章重要术语

远期收购：指交易双方通过约定的方式，在未来的某个时间按照约定的条件进行用资金购买资产的业务。

复习思考题

1. 为什么说不良资产远期收购业务是一种全周期业务？

不良资产远期收购业务目的是降低债权出险可能性，对正常项目起到风险防范的作用，这需要通过输出债权管理能力，全流程掌控项目进度和债权履约情况，因此业务周期从资金投放前端介入至债权回收终端，覆盖债权全生命周期。

2. 不良资产远期收购业务的盈利模式是什么？

前端债权管理服务赚取财务顾问费，属于服务型模式；若触发收购，后端的债务重组或其他处置方式，赚取利息收益或处置收益。

3. 不良资产远期收购业务的债权管理措施包括哪些？

资金收付监管、经营行为监管、偿债风险监测、不良资产处置等。

第六章

本章重要术语

以物抵债：指当管理机构无法以货币资金收回贷款时，经与债务人协商一致，收回债务人名下资产以抵偿债务的行为。

不良资产证券化：以银行或不良资产管理机构作为发起机构，将不良资产信托给受托机构，由受托机构以资产支持证券的形式向投资机构发行受益证券，以该财产所产生的现金支付资产支持证券收益的结构化交易活动。

债权收益权：即基于债权的收益权，将债权主体与收益权利相分离，以合同约定方式确定的拟转让的收益权利（例如，债权未来可实现的利息收益权等）。

复习思考题

1. 传统处置类业务包含哪些方式？

直接催收、司法清收、债权/收益权转让、破产清收、委托处置、资产证券化等。

2. 为什么说破产清收属于经济性较差的模式？

因为破产企业资产价值通常存在大幅贬值，即使是有财产担保的债权，也难以全额受偿，债权人需要承担一定的损失。

3. 委托处置包括哪几种模式？

根据风险是否转移，可分为风险代理和合作清收两种模式。风险代理是指管理机构委托第三方时，前期不支付委托费用，双方以实际回收的现金按约定比例进行佣金分配的清收方式，在该模式下，受托方收取的报酬与清收结果直接挂钩（不包含常规诉讼代理）。合作清收是指管理机构委托第三方时,由第三方负责清收并承诺保底清收金额,具体金额由双方协议约定分配。在该模式下,原则上第三方应支付全额保证金;在清收金额未达到保底清收金额前,合作处置方不享受收益分配;清收金额达到保底清收金额后,按照双方约定比例对处置收益进行分配。

4. 不良资产证券化业务存在哪些特点?

不良资产证券化可以视作是债权收益权转让加反委托清收的组合模式,能够大规模处置资产,又能快速收回价款。

第七章

本章重要术语

债转股:即债权转换为股权,将投资人持有的信贷资产按照双方协商一致的定价转为债务企业的股权,原来的债权债务关系转变为股权投资关系,原来的债权人变为股东。

共益债:指在破产程序中,为债权人、债务人的共同利益所负担的债务。在破产程序中,管理人或者债务人为了恢复和维持企业正常经营,为债权人和债务人共同利益所负担的经营性借款,通常为支付企业正常运营的相关费用,属于破产重整程序中的一种融资行为。

破产重整:指针对可能或已经具备破产原因但又有维持价值和再生希望的企业,经由各方利害关系人的申请,在法院的主持和利害关系人的参与下,进行业务上的重组和债务调整,以帮助债务人摆脱财务困境、恢复营业能力的过程。

复习思考题

1. 什么是不良资产的债务重组？

债务重组是指债权人和债务人协商一致，就债务清偿生成新的重组方案及还款计划。具体债务重组可采取调整本金及利率、调整还款安排、以资抵债等多种方式。

2. 破产重整业务的基本流程是什么？

申请重整—裁定重整—债权申报及确认—制订提交重整计划—重整计划表决和批准—重整计划执行—重整计划执行终结。

3. 简述市场化债转股业务的特点。

（1）退出渠道广泛，若投资人持有非上市公司股权，可通过股权转让、股东回购、股权置换等方式实现退出。投资人可以通过资本化运作，促成持股企业与上市公司开展并购重组、自行IPO上市等，将所持股权由非上市公司股权转换为上市公司股权，上市公司股权的流动性将大大提高，投资人可通过证券二级市场进行股票减持。

（2）募集资金来源广泛，政策鼓励多类型实施机构参与市场化债转股，除金融资产管理公司等国有投资机构以外，鼓励引入社会资本，发展混合所有制。因此投资人在设计债转股项目交易结构时，可充分利用结构化交易的优势，吸收社会资本，扩大投资杠杆比例。

（3）市场化程度高，市场化债转股则是各相关主体之间自愿协商与主动实施的转股行为，属于市场化投资行为。

4. 简述共益债业务的特点。

共益债业务一般为企业进入破产程序后，引入增量资金的融资业务行为，其业务风险远高于正常投资业务。该业务具备以下特点。

（1）认定标准严格，共益债的申请需经过债权人会议决议通过，或者第一次债权人会议召开前经法院许可,未经法院或债权人会议认定的,无法认定为共益债。

(2)清偿顺序优先,共益债优先于普通债权清偿,劣后于破产费用及有财产担保的债权清偿。

(3)偿还方式灵活,共益债可在破产程序中由债务人财产随时进行清偿,与破产费用的清偿方式一致。

(4)信息公开透明,破产重整全程由管理人负责,受法院监督,经过长达数月的债权申报和审计,重整企业真实的资产负债情况将梳理清晰,潜在问题也无处遁形。

第八章

本章重要术语

不良资产证券化次级投资:指管理机构以投资银行或其他金融机构发行的基于不良资产作为底层资产的资产证券化产品次级份额的形式开展的不良资产投资和管理业务。

流动性风险:是信用风险的一种,即无法按期足额兑付证券利息的风险。

违约债券投资业务:指不良资产管理机构投资已经出险的违约债券,以获取信用修复后的债权清偿或后期介入重整机会的业务。

上市公司股票质押纾困业务:指资产管理机构通过收购券商、金融机构等债权人所持有的上市公司股票质押类风险资产,并通过债务重组、债转股等方式为上市公司及其控股股东化解股票质押违约风险的业务。

复习思考题

1. 不良资产的金融投资类业务包括哪些？

不良资产的金融投资类业务包括不良资产证券化次级投资业务、违约债券投资业务、上市公司股票质押纾困业务等。

2. 简述不良资产证券化产品内部流动性支持方案。

设置内部流动性储备账户来保障下一期证券利息的兑付。流动性储备账户的资金来源于资产池现金流，一般将本期的一部分现金流回收款计提至流动性储备账户在下一个支付日进行使用可以起到一定流动性支持的作用，又可以在一定程度上保障投资者的利益。

3. 上市公司股票质押纾困业务的交易模式有哪些？

上市公司股票质押纾困业务的交易模式包括债权收购+债务重组、债权收购+债转股、上市公司破产重整（预重整）、股票质押回购违约处置协议转让等。

（1）债权收购+债务重组。资产管理公司通过收购股票质押债权后展期或调整收益等方式，重点解决企业的短期流动性困难。

（2）债权收购+债转股。收购目标企业相关债权并转为股权，实现其降低股权质押比例、压降债务规模等诉求（特别是针对一些上市公司控股股东或其关联方流动性负债，可以采取债权收购+债转股的方式来盘活股票类资产）。

（3）上市公司破产重整（预重整）主要通过充分调动各方利害关系人的积极性，共同拯救企业，从根本上恢复企业生产经营能力，实现企业的再生价值。

（4）股票质押回购违约处置协议转让：股票质押式回购交易的出质人违约后，质权人依据业务协议的约定行使质权，由出质人将标的股票转让给质权人或者第三方。

第九章

本章重要术语

受托管理：指管理机构作为受托管理人，受托管理的资产的所有权不变的条件下，以契约形式在一定时期内将受托管理的资产的全部或部分经营权、全部或部分资产的处置权让渡给管理机构经营或管理的业务。

破产管理：指管理机构作为破产管理人，在法院的指导和监督之下全面接管拟关闭、破产、清算企业或金融机构的财产、负债和人员，并负责对其进行保管、清理、估价、处理和分配，以使其完成从市场退出过程的业务。

基金管理人：是凭借专门的知识与经验，运用所管理基金的资产，根据法律、法规及基金章程或基金契约的规定，按照科学的投资组合原理进行投资决策，谋求所管理的基金资产不断增值，并使基金持有人获取尽可能多收益的机构。

复习思考题

1. 投行顾问类业务是什么，有什么特点？

投行顾问业务是指管理机构以顾问的身份，提供咨询服务协助金融机构、工商企业或投资者完成不良资产相关管理或交易活动的业务。投行顾问类业务可以与其他资产管理业务相结合，充分发挥管理机构在人才、知识、规模、信息、品牌、资源等领域的优势，同时也可以将该项业务作为独立的产品进行开展，增加中间业务收入，有效解决收入结构调整的瓶颈问题。投行顾问类业务不占用管理机构资本,成本相对较低,收益却十分明显。

2. 基金管理类业务是什么,有什么特点?

基金管理业务指的是管理机构通过成立基金并募集资金,用于不良资产、债权型、权益性等类型资产的投资。在投资实施过程中考虑将来的权益增值、资产增值、退出机制等因素,最后通过企业上市、并购重组等方式取得收益的业务。基金管理业务具备募集资金的功能,具体来说,募集社会资金并管理资金,在为投资人获得资金的增值收益的同时,为被投资企业提供资金支持、化解不良资产、提供增值服务、整合相关资源,最终促进实体经济的健康发展。

3. 受托管理类业务是什么,有什么特点?

受托管理业务是指管理机构作为受托管理人,在出资者或其代表在所有权不变的条件下,以契约形式在一定时期内将企业的法人财产权部分或全部让渡给管理机构经营或管理的业务。受托管理方式能够在不改变或暂不改变原有产权归属的前提下,直接开展企业资产的重组和流动,从而有效回避企业破产、并购中的某些敏感性问题和操作难点。

第十章

本章重要术语

批量个人不良贷款:指由金融企业进行批量组包的个人不良贷款。

银登中心:指银行业信贷资产登记流转中心。

数据修复:指数据服务公司在获得借款人有效授权的前提下,借助与电信运营商、房管部门和户籍部门的合作,查找债务人公开信息,具体可包括:债务人住址、工作单位、联系方式、名下财产等,以提升债务人可联率,匹配清收处置资源等服务。

复习思考题

1. 什么是批量个人不良贷款收购处置业务?

由不良资产管理机构对批量个人不良贷款开展的收购处置业务称为批量个人不良贷款收购处置业务。

2. 批量个人不良贷款收购的准入条件是什么?

5家金融资产管理公司、符合条件的地方资产管理公司和5家金融资产投资公司可以批量转让个人不良贷款。地方资产管理公司批量受让个人不良贷款不受区域限制。

3. 数据修复和个人征信在个人不良贷款处置中的作用是什么?

提升债务人可联率,匹配清收处置资源,提高债权整体回收率。

第十一章

本章重要术语

五大金融资产管理公司:指全国性AMC,具体指华融、信达、东方、长城、银河五家资产管理公司。

金融资产投资公司:指经国务院银行业监督管理机构批准在中华人民共和国境内设立的主要从事银行债权转股权及配套支持业务的非银行金融机构。

地方资产管理公司:指经省、自治区、直辖市、计划单列市人民政府依法设立或授权,并经国务院银行业监督管理机构公布名单,主要从事本省、自治区、直辖市、计划单列市范围内金融机构和非金融机构不良资产收购、管理和处置等业务的有限责任公司和股份有限公司。

复习思考题

1. 金融资产管理公司的业务特色是什么？

初期，四大AMC定向收购承接四大国有银行不良资产，开展不良资产业务。探索商业化转型以来，四大AMC在国家有关部门支持和指导下，按照商业化转型要求，坚持不良资产管理主业，并搭建各有侧重的商业化平台和综合化产品业务体系，运用各种工具和手段，充分发挥综合经营的协同效力，促进经营业绩不断发展。具体来看，信达在股权投资、东方在房地产纾困、长城在上市公司救助等方面都各具特色。

2. 金融资产投资公司的业务特色是什么？

金融资产投资公司与金融资产管理公司在公司定位上类似，但是在业务模式和业务特色方面存在一定的差异。

（1）金融投资公司比较金融资产管理公司更加强调金融风险的化解模式，而金融资产管理公司则更加强调金融资产的承托能力。

（2）金融资产投资公司虽然可以收购不良资产并且参与市场化处置和转让，但是监管机构对于金融资产投资公司的业务仓位权重提出了结构性要求，这导致金融投资公司比较金融资产管理公司会更加倾向于股性投资特色。

（3）金融资产投资公司归属于银行体系，金融资产管理公司则已经从银行体系中独立出来，因此金融资产投资公司的生态圈建设更加依赖银行体系，而自身可以以强总部的形式存在，对属地分公司的设置需求没有金融资产管理公司强烈。

3. 地方资产管理公司的业务特色是什么？

相比金融资产管理公司和金融资产投资公司，地方资产管理公司的资产配置会更加侧重于传统不良资产收购处置业务，更加关注不良资产处置链条的后段整合，与地方政府的合作风险化解也是地方资产管理公司的相对特色。地方资产管理公司的优势在于属地资源和地方政府和配合程度，更加有利于地方资产管理公司开展终端资产处置以及产融协同相关的本地企业纾困。

第十二章

本章重要术语

处置服务商：为不良资产的拥有者或投资者提供债权转让、诉讼追偿、企业重组、市场化债转股、破产重整、破产清算和资产证券化等不良资产处置服务的机构。

专业服务商：指律师事务所、会计师事务所、资产评估所等提供不良资产相关专业服务的中介机构。

交易服务商：指发布不良资产标的信息、撮合交易、有独立的交易系统和结算系统保障交易的稳定性和安全性的第三方不良资产交易平台。

综合服务商：为不良资产核心管理机构提供收购处置全过程综合服务的辅助管理机构。

复习思考题

1. 处置服务商的特色是什么？

具备足够的专业技能和信息搜集能力去应对不良资产处置中的各式问题，一般来说，包括尽调能力、资产管理能力、处置能力等。

2. 专业服务商的特色是什么？

律师事务所专注于法律服务的全流程跟踪，一般提供法律尽职调查、不良资产收购法律服务、不良资产处置法律服务、破产重整投资法律服务、不良资产投资主体设立法律服务等服务。会计师事务所擅长会计处理和信息审计，一般提供债务重组解决方案、借贷人解决方案、破产解决方案、企业重组咨询等服务。资产评估所一般以独立第三方身份提供对不良资产的专业评估和判断服务，通过综合考虑、认定处置方案与资产内在价值的关系，给出对资产价值的评估，供市场参与者参考。

3. 交易服务商的特色是什么？

发布资产标的信息、撮合交易、有独立的交易系统和结算系统保障交易的稳定性和安全性的第三方交易平台。

4. 综合服务商存在什么门槛？

需要具有在不良资产行业的市场地位、专业能力、属地资源、资金实力兼备的情况下才能进入综合服务商市场。

第十三章

本章重要术语

内源风险：指产生于不良资产处置机构自身的风险，主要由机构内部人员工作失职和操作不当造成，通常指代操作风险。

外源风险：指产生于不良资产处置机构外部的风险，由外部的交易对手或市场整体传导进入机构，包括信用风险、市场风险和合规风险。

复习思考题

1. 操作风险来源包括哪些？

合同拟定不严密、项目立项不严谨、项目尽调不充分、项目评估不客观、交易结构不合理、人为失误和道德风险等。

2. 信用风险来源包括哪些？

主体信用不可靠、保证金不足和押品贬值。

3. 市场风险来源包括哪些？

包括估值价值偏差和投后资产贬值。

4. 合规风险来源包括哪些？

监管政策变化和跨区跨类展业。

第十四章

本章重要术语

尽调管理：指通过尽职调查的手段，来解决信息不对称的问题。通过尽职调查手段发现不良资产包中的潜在风险和潜在价值。

内部估值：指建立在业务部门提供的信息资料基础上运用估值的专业方法、程序进行估值。

估值审核：指评估评级部门负责对前台业务部门提交的估值底稿进行审核，并及时沟通反馈审核意见。

复习思考题

1. 尽调管理是什么？

通过尽职调查的手段，解决不良资产业务过程中信息披露的真实性和信息更新的及时性问题。

2. 估值管理是什么？

评估流程执行过程中应当关注模型的适用性和数据采集的合理性，确保估值流程合规有效。

3. 稽核管理是什么？

管理机构通过业务稽核的手段，实现内控管理目标，防范业务风险。通过对业务活动的过程以及结果的检查监督，提升业务的真实性、合法性，并对业务活动的安全性和效益性作出审核。

4. 挂牌管理是什么？

通过公开信息，公开挂牌的处置定价形成市场化交易价格，实现处置收益的最大化。

第十五章

本章重要术语

"三打"：代指以打折、打包、打官司为主要手段的传统不良资产处置模式。在收包环节，通过银行打包出让、AMC打折收购的方式，实现不良债权从银行向AMC转移；在处置环节，主要通过诉讼即打官司的方式，实现债权清偿。

区块链：去中心化的交易和数据管理技术，具有不可篡改、全程留痕、可以追溯等特点。

复习思考题

1. 不良资产业务领域存在哪些趋势？

不良资产业务领域呈现出以下趋势，业务模式从纯金融模式向产融结合模式发展；业务对象和内容由银行对公债权向多元化转变。

2. 智能化手段如何提升业务日常工作效率？

将大数据信息、地理信息系统、集成性业务信息系统、无人机等智能化技术应用到估值、尽调、处置等环节日常工作领域。通过大数据信息可以对市场动态与趋势实现动态实时掌握。无人机尽调不受人员、道路等条件限制，在疫情管控的特殊时期更是凸显出独特的优势。地理信息系统与市场信息大数据的结合为不良资产行业提高日常处置工作效率提供了有力的信息保障。

3. 数据化手段如何促进不良资产管理发展？

提升收包尽调全面性和估值准确性。

从尽调全面性方面来看，数据化手段帮助尽可能地采集目标行业及其经营企业的基本信息、经营状态、违约涉诉情况等外部数据，如工商数据、财报数据、司法数据、行政处罚数据、舆情数据、征信数据等，建立覆盖相关行业和经营周期的，涉及市场风险、政策风险、信用风险、关联风险的数据仓库，对有关标的资产的资料进行深度分析，挖掘深度信息。

从估值准确性方面来看，可以对债务人进行画像，构建定价模型对其还款能力、回收风险等指标进行综合评估，从而确定资产的预期回收率，再根据预期回收率情况及逾期总金额综合确定不良资产估值，为机构确定证券化的入池资产价值提供定价依据。

参 考 文 献

［1］沈晓明. 金融资产管理公司理论与实务［M］. 北京：中国金融出版社，2014.

［2］陈成. 金融资产管理公司转型问题研究——国际经验与我国现状［J］. 改革与战略，2012，28(11)：83-85.

［3］陈延庆. 疫情对不良资产市场的影响及应对［J］. 中国金融，2020(18)：54-55.

［4］陈磊. 不良资产处置与资产管理公司实务精要［M］. 北京：法律出版社，2019.

［5］高世超. 对互联网平台背景下不良资产处置模式的分析［J］. 现代经济信息，2017(23)：294.

［6］胡海峰，曲和磊. 中国不良资产处置与金融资产管理公司发展研究［M］. 北京：中国市场出版社，2009.

［7］胡建忠. 不良资产经营处置方法探究——基于价值重估和分类管理的视角［M］. 北京：中国金融出版社，2011.

［8］刘慧慧，娄刚. 新形势下地方资产管理公司未来发展之路［J］. 经济研究参考，2021(3)：94-103.

［9］苏世松. 解析不良资产处置的互联网模式［J］. 银行家，2016(2)：63-65.

［10］王海军. 金融不良资产市场结构、双重垄断与交易机制重构［J］. 制度经济学研究，2019(2)：141-161.

［11］王海军，张海亮. 不良资产处置与管理［M］. 北京：中国金融出版社，2017.

［12］徐荣梅. "自上而下"与"自下而上"：不良资产两种处置模式评析［J］. 金融理论与实践，2001(10)：23-25.

［13］杨凯生. 金融资产管理公司不良资产处置实务［M］. 北京：中国金融出版社，2004.

［14］章凌. 大数据背景下商业银行不良资产管控创新研究［J］. 时代金融，2018(12)：79-80.

［15］曾刚. 金融科技助力特殊资产行业发展［J］. 当代金融家，2020(11)：71-73.

［16］郑万春. 金融不良资产处置关键技术探究［M］. 北京：中国金融出版社，2008.

［17］周小川. 重建与再生——化解银行不良资产的国际经验［M］. 北京：中国金融出版社，1999.

图书在版编目(CIP)数据

中国不良资产管理操作实务/李传全,刘庆富,余晶编著.—上海:复旦大学出版社,2023.8
(2023.10 重印)
中国不良资产管理行业系列教材
ISBN 978-7-309-16551-7

Ⅰ.①中⋯　Ⅱ.①李⋯ ②刘⋯ ③余⋯　Ⅲ.①不良资产-资产管理-中国-教材　Ⅳ.①F123.7

中国版本图书馆 CIP 数据核字(2022)第 201024 号

中国不良资产管理操作实务
ZHONGGUO BULIANG ZICHAN GUANLI CAOZUO SHIWU
李传全　刘庆富　余　晶　编著
责任编辑/张　鑫

复旦大学出版社有限公司出版发行
上海市国权路 579 号　邮编:200433
网址:fupnet@ fudanpress.com　http://www.fudanpress.com
门市零售:86-21-65102580　团体订购:86-21-65104505
出版部电话:86-21-65642845
上海盛通时代印刷有限公司

开本 787 毫米×1092 毫米　1/16　印张 27.25　字数 327 千字
2023 年 10 月第 1 版第 2 次印刷

ISBN 978-7-309-16551-7/F・2941
定价:79.00 元

如有印装质量问题,请向复旦大学出版社有限公司出版部调换。
版权所有　侵权必究